すぐに役立つ 入門図解

知っておきたい
障害年金・遺族年金受給のためのしくみと手続き

社会保険労務士
林 智之 [監修]

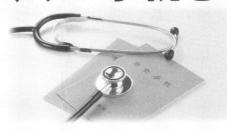

三修社

本書に関するお問い合わせについて

　本書の記述の正誤に関するお問い合わせにつきましては、お手数ですが、小社あてに郵便・ファックス・メールでお願いします。大変恐縮ですが、お電話でのお問い合わせはお受けしておりません。内容によっては、お問い合わせをお受けしてから回答をご送付するまでに１週間から２週間程度を要する場合があります。

　なお、本書でとりあげていない事項についてのご質問、個別の案件についてのご相談、監修者紹介の可否については回答をさせていただくことができません。あらかじめご了承ください。

はじめに

　障害年金は、病気やケガで障害を負った人に対して給付される年金です。老齢年金と違い、若くても受給できます。国民年金の加入者が障害を負った場合の給付を障害基礎年金といい、厚生年金加入者の場合は、障害厚生年金といいます。厚生年金加入者の場合、障害基礎年金と障害厚生年金の両方をもらえるのが原則です。障害基礎年金は、障害等級１級か２級でないと受給できないのに対し、障害厚生年金には１級・２級に加え３級と、一時金である障害手当金の制度があります。

　一方、公的年金の加入者、老齢年金・障害年金の受給権者が死亡したとき、残された家族に対して支給されるのが遺族年金です。国民年金の加入者が死亡した場合は遺族基礎年金が、厚生年金保険の加入者が死亡した場合は、遺族基礎年金に加え、遺族厚生年金をそれぞれ受給できます。

　障害年金の場合は請求者が何らかの障害を抱えており、遺族年金の場合は近しい家族を失い精神的にも肉体的にも疲弊している場合が多くあります。特に障害年金は、生活にどのように影響しているかを表現し、主治医に診断書の依頼をする時の説明も簡単ではありません。そのため、受給を検討している場合、障害年金、遺族年金を専門にしている社会保険労務士に相談し、手続きを依頼するのがよいでしょう。社会保険労務士に手続きを依頼することで専門的な部分を任せ、依頼主のさまざまなストレスを軽減させることができると思います。

　本書は、複雑な障害年金や遺族年金のしくみや請求手続き、提出書類の書き方を具体的にわかりやすく解説した入門書です。請求に際して生じるさまざまな問題点を想定し、解説しています。また、請求に必要な「年金請求書」、障害年金の請求に必要な「病歴・就労状況等申立書」など、書式サンプルを多数掲載しています。この他、遺族年金については、現在検討されている遺族年金見直しの改正案についても解説しています。

　本書を通じて皆様のお役に立てていただければ監修者として幸いです。

監修者　社会保険労務士　林　智之

Contents

はじめに

第1章　障害年金のしくみ

1 年金にはどんな種類があるのか　　10

2 障害年金はどんなしくみになっているのか　　12

　資料　障害等級表（1級と2級）　　17

　資料　障害等級表（3級）　　18

3 障害基礎年金のしくみと受給額について知っておこう　　19

4 障害厚生年金のしくみと受給額について知っておこう　　22

5 障害手当金のしくみと受給額について知っておこう　　33

6 併合（加重）認定について知っておこう　　35

　資料　併合判定参考表　　39

　資料　併合（加重）認定表　　44

　資料　現在の活動能力減退率及び前発障害の活動能力減退率表　　45

　資料　差引結果認定表　　45

7 労災や健康保険の給付も同時に受給できるのかを知っておこう　49

8 損害賠償と年金の支給調整について知っておこう　　52

　書式1　第三者行為事故状況届　　55

　書式2　確認書　　59

　書式3　同意書　　60

第2章　障害年金の請求と準備

1 障害年金の請求パターンについて知っておこう　　62

2 障害年金はいつから受給できるのかを知っておこう　　66

3 受給するために何から始めればよいのか　　68

4 提出書類を用意するときに気をつけること　　71

5 その他の書類を準備し提出する　　76

第3章　ケース別障害年金の請求と書式の書き方

1 精神疾患による請求と書類作成の注意点　80

2 慢性疾患による請求と書類作成の注意点　83

3 肢体障害による請求と書類作成の注意点　85

4 ガンによる請求と書類作成の注意点　88

5 視力や聴力などの悪化による請求と書類作成の注意点　90

6 知的障害・発達障害についての障害年金の請求と書類作成の注意点　92

7 子どもの時の傷病が原因の障害（二十歳前障害）による請求　95

8 診断書の調査票が必要なとき　97

9 複数の障害（傷病）を併発している場合　98

10 コロナの後遺症・既往症が重症化した場合　100

11 アルコール依存症の場合　101

12 違法薬物による後遺症（不支給）の場合　102

13 交通事故による高次脳機能障害の場合　103

14 申請したら不支給になった場合　104

15 障害認定日から大幅に時間が経過している場合　105

16 障害認定日時は軽かった障害が後から重くなった場合　107

17 同じ傷病で、時間をあけて受診している場合　108

18 第三者証明によって初診日証明をする場合　109

19 交通事故により保険で損害賠償を受けた場合　110

20 人工関節を入れた場合　111

21 不安障害の場合　112

22 精神疾患で、もともとＡＤＨＤがある場合　113

23 労災の年金と障害年金を併給する場合　114

24 年金請求書など、申請書式の書き方   115

   書式1 年金請求書（国民年金障害基礎年金　その1）   121

   書式2 年金請求書（国民年金障害基礎年金　その2）   125

   書式3 年金請求書（国民年金・厚生年金保険障害給付　その1）   129

   書式4 年金請求書（国民年金・厚生年金保険障害給付　その2）   134

   書式5 病歴・就労状況等申立書（その1）   138

   書式6 病歴・就労状況等申立書（その2）   140

   書式7 病歴・就労状況等申立書（その3）   142

   書式8 病歴・就労状況等申立書（その4）   144

   書式9 病歴・就労状況等申立書（その5）   146

   書式10 病歴・就労状況等申立書（その6）   148

   書式11 病歴・就労状況等申立書（その7）   150

   書式12 病歴・就労状況等申立書（その8）   152

   書式13 病歴・就労状況等申立書（その9）   154

   書式14 病歴・就労状況等申立書（その10）   156

   資料 受診状況等証明書   158

   資料 診断書（精神の障害用）のサンプル   159

   書式15 受診状況等証明書が添付できない申立書   161

   書式16 障害給付　請求事由確認書   162

   書式17 障害年金の初診日に関する調査票（先天性障害：眼用）   163

   書式18 障害年金の初診日に関する調査票（先天性障害：耳用）   164

   書式19 障害年金の初診日に関する調査票（先天性股関節疾患用）   165

   書式20 障害年金の初診日に関する調査票（糖尿病用）   166

   書式21 障害年金の初診日に関する調査票（腎臓・膀胱の病気用）   167

   書式22 障害年金の初診日に関する調査票（肝臓の病気用）   168

   書式23 障害年金の初診日に関する調査票（心臓の病気用）   169

   書式24 障害年金の初診日に関する調査票（肺の病気用）   170

第4章　支給停止・再審査請求などその他の事項

1 障害年金が受給できない場合、支給停止、受給権の消滅について知っておこう 172

2 年金の支給が止められる場合がある   175

3 再審査請求について知っておこう   177

第5章 遺族年金のしくみと請求手続き

1 遺族年金はどんなしくみになっているのか	182
2 遺族基礎年金のしくみや受給額について知っておこう	184
3 遺族基礎年金はどんな場合にもらえなくなるのか	188
4 寡婦年金について知っておこう	191
5 死亡一時金について知っておこう	193
6 遺族厚生年金のしくみについて知っておこう	195
7 遺族厚生年金はどのくらいもらえるのか	200
8 遺族厚生年金に行われる加算について知っておこう	202
9 本人が行方不明のときの取扱いについて知っておこう	205
10 遺族厚生年金はどんな場合にもらえなくなるのか	207
11 遺族厚生年金の支給調整について知っておこう	209
12 国民年金基金や厚生年金基金の遺族一時金の支給について知っておこう	212
書式1 未支給年金・未払給付金請求書	215
13 遺族年金の請求手続きについて知っておこう	216
14 遺族年金の書式の書き方について知っておこう	219
書式2 年金請求書（国民年金遺族基礎年金）	221
書式3 年金請求書（国民年金遺族基礎年金）別紙	226
書式4 年金請求書（国民年金・厚生年金保険遺族給付）	228
書式5 年金請求書（国民年金・厚生年金保険遺族給付）別紙	233
15 遺族年金の改正について知っておこう	235

Q & A

初診日がはっきりしないのですが、正確な日付がわからないと障害年金を請求できないのでしょうか。	25
保険者（日本年金機構）の初診日の決定に問題のある場合もあるのでしょうか。	26

自分には収入がないのですが、世帯収入がある場合、受給できるのでしょうか。専業主婦の場合はどうでしょうか。 27

脳梗塞により右手に障害が残ったのですが、私は以前から高血圧の診断を受けていました。障害年金の判断の際にはこの高血圧の受診も考慮してもらえるのでしょうか。 28

社会的治癒が認められる場合には受給はできないのでしょうか。 29

今、保険料を納めておかないと障害年金を受給できなくなってしまうのでしょうか。 30

障害者手帳について教えてください。 31

後で障害の程度が緩和あるいは悪化するとどうなるのでしょうか。 46

事後重症を理由に年金を請求したのですが、障害認定日に要件を充たしていたことが後からわかりました。障害認定日請求をすることはもうできないのでしょうか。 48

うつ病を発症して６年になります。最近になって障害年金という制度を知ったのですが、今からでも請求できるのでしょうか。 65

障害と診断されてからしばらく病院に行っておらず、３か月以内の診断書がありません。もう請求は認められないのでしょうか。 70

初診日のカルテが廃棄されている場合はどうすればよいのでしょうか。 75

メンタルヘルス疾患で障害年金を受給できるのはどんな場合でしょうか。 82

治療法が確立されていない難病の場合でも障害年金を請求することができるのでしょうか。 87

子どもの時から障害があります。保険料を支払っていないのに年金をもらえると聞きましたが本当でしょうか。 94

障害年金の受給の可否や金額について、社労士に確認してもらいたいのですが、用意しておくべき書類などがあるのでしょうか。どんな説明を受けるのでしょうか。 180

生活に経済的な不安がなくても遺族年金の受給が認められるのでしょうか。また、父子家庭でも受給できるのでしょうか。 187

遺族基礎年金を受け取りながら自分の老齢基礎年金を受給することもできるのでしょうか。二重取りはできないのでしょうか。 190

遺族厚生年金の受給者である妻が死亡した場合、受給権はなくなってしまうのでしょうか。 214

第1章

障害年金のしくみ

年金にはどんな種類があるのか

管理および運営をする組織に応じて3種類に分類される

● 公的年金・企業年金・個人年金

　日本の年金制度は、管理および運営をする組織に応じて分類されています。国が管理・運営するのは「公的年金」、企業が主体となって行うのは「企業年金」、そして、保険会社などの金融機関が商売のひとつの手段として行うのは「個人年金」です。

　このうち、公的年金には、基礎年金と被用者年金制度があり、徴収、管理、運営の手続きはすべて法律で定められています。基礎年金には、すべての国民が加入する「国民年金」、被用者年金には、適用事業所に勤める会社員が加入する「厚生年金保険」、公務員や私立学校の職員などが加入する「共済年金」があります。ただし、法改正により平成27年10月以降は被用者年金制度が一元化され、共済年金の加入者は自動的に厚生年金保険に加入することになりました。

■ 年金制度の分類

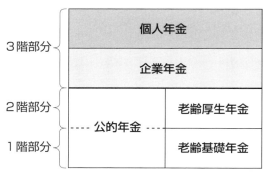

企業年金には、「確定給付企業年金」や「確定拠出年金」、中小企業の従業員などが加入する「中小企業退職金共済制度」や「特定退職金共済制度」、大企業の従業員が加入する「厚生年金基金」などがあります。また、個人年金は、金融機関が商品を開発し、販売を行うものです。その種類は期間によってさまざまで、多岐にわたります。大きく分けると、公的年金と同じく死ぬまで受け取ることができる「終身型」の他、受け取れる期間があらかじめ決まっている「確定型」、確定型である上に本人が死亡した場合にも支払いがストップする「有期型」などがあります。

● 公的年金はどんな場合に受給できるのか

　老後を迎えた場合、障害を負った場合、死亡した者に遺族が残された場合の生活保障として支給されます。公的年金に加入する理由は、「老齢」「障害」「死亡」という社会的なリスクをカバーするためです。このうち「死亡」は人として生まれた限り誰でも必ず直面するリスクです。一方、「老齢」は長生きすれば必ず直面するリスクで、「障害」も誰もが直面する可能性のあるリスクです。これらのように特定の人だけが被るおそれのあるリスクではなく、少なくとも、誰もが直面する可能性のあるリスクをカバーする保険が公的年金だといえます。

■ 年金の種類と給付の種類 ……………………………………………

国民年金に加入していると… 　　厚生年金保険に加入していると…

	国民年金	厚生年金保険
年をとったとき	老齢基礎年金	老齢厚生年金
障害状態になったとき	障害基礎年金	障害厚生年金
亡くなったとき	遺族基礎年金	遺族厚生年金

給付には一定の要件がある

第1章　障害年金のしくみ　　**11**

障害年金はどんなしくみになっているのか

基礎年金・厚生年金の2種類があり、障害の程度に応じて支給される

● 障害年金の全体構造

　障害年金は、病気やケガで障害を負った人(若年者も含む)に対して給付される年金です。障害年金には障害基礎年金と障害厚生年金の2種類があります。国民年金の加入者が障害を負った場合は障害基礎年金を受給でき、厚生年金加入者の場合は上乗せ支給があり、障害基礎年金に加えて障害厚生年金が受給できます。

　障害年金には、老齢年金より給付の条件が緩い面がある点が大きな特徴です。障害の度合いによっては障害厚生年金だけを受け取ることができる場合があります。

　障害基礎年金は、障害等級1級か2級に該当する状態にないと受給できないのに対し、障害厚生年金には1級・2級に加え3級や、一時金である障害手当金の制度があります。そして、障害等級1級・2級に該当する場合は障害基礎年金が支給され、さらに厚生年金保険に加入していた場合は、障害厚生年金が上乗せして支給されます。

　そのため、基礎年金が受給できなければ上乗せ部分である厚生年金も受け取れない老齢年金とは異なり、障害等級1級、2級に該当せず、障害基礎年金を受給できない場合でも、厚生年金の加入者であれば3級の障害厚生年金や障害手当金を受給できる可能性があります。障害を負う前に国民年金か厚生年金保険のいずれかに加入しているかで、受け取ることのできる障害年金の内容がまったく異なるわけです。

　なお、障害基礎年金と障害厚生年金の障害等級(1級または2級)は、同じ基準となっています。障害年金は、そもそも同一の障害に対する保障であるため、実際に認定がなされた場合に該当する等級も必

ず一致します。また、以前は公務員や私立学校における教員などを対象とした共済年金制度における障害共済年金もありましたが、共済年金制度そのものが厚生年金制度と一元化されたため、平成27年（2015年）10月以降に障害共済年金の請求を行った場合は、障害厚生年金の支給がなされることになっています。

● 先天性・後天性障害でどんな年金を受け取れるのか

　先天性の障害は、生まれた時点で発生している障害のことです。当然ながら保険料の納付は行っていない状態で障害を抱えることになるため、年金を請求することを躊躇するケースがありますが、このような場合でも障害基礎年金の請求を行うことが可能です。2級以上の障害等級に該当した場合は、20歳の誕生日を迎えた時点で年金を受け取ることができます。

　この制度を二十歳前傷病の障害年金といいます。ただし、この制度で適用されるのは障害基礎年金のみであり、障害厚生年金を受給する場合には、厚生年金に加入している必要がある点に注意しなければなりません。先天性の障害であっても、発症し、初めて医師の診察を受けた日が初診日となり、その初診日を証明する必要があります。

■ 障害年金制度のしくみ ……………………………………………

障害等級	国民年金	厚生年金保険
1級	障害基礎年金 子の加算	障害厚生年金 配偶者の加給年金
2級	障害基礎年金 子の加算	障害厚生年金 配偶者の加給年金
3級		障害厚生年金

第1章　障害年金のしくみ　　**13**

しかし、障害年金を請求するのは20歳になってからなので、子どもの頃に初診日があり、初診日から相当に時間が経過しているため、初診日の証明が取れないような場合には、「第三者証明」を活用することで未成年時の初診日証明に代わるものとすることができます。

第三者証明とは、20歳前より患っている障害にまつわる初診日を確認することができない場合に、初診日と想定されるその当時の受診状況や障害状態を把握している複数人の第三者に証明をしてもらうことです。第三者の例としては、病院の関係者や介護施設における施設長、勤務先の事業主や近所の人などが挙げられます。障害年金の請求者本人や三親等以内の者は第三者にあたらないため、第三者証明を行うことはできません。なお、先天性の知的障害の場合、初診日を証明する必要はありません。

また、後天性の障害の場合も、20歳になるまでの間に初診日が該当する障害に対しては、「二十歳前傷病の障害年金」が適用され、年金に加入していなくても障害等級に該当すれば障害基礎年金の請求が可能です。また、就職すれば厚生年金に加入することになります。20歳前であっても、厚生年金に加入している期間に初診日がある場合は、要件に該当すれば障害厚生年金を受け取ることができます。

なお、二十歳前傷病の障害年金には所得制限が設けられています。一定の所得を超えた場合、障害等級の上下にかかわらず年金が半額、または全額停止される場合があります。具体的な所得金額は、2人世帯の家庭で所得の金額が3,704,000円を超過する場合は年金の半額が停止され、4,721,000円を超過する場合は年金が全額停止されます。

● 障害年金の病気やケガとはどんな程度なのか

障害の程度は、医療機関で診断された病名にかかわらず、その人が負っている「障害の内容」に応じて支給が決定されます。

具体的な傷病とは、精神疾患・肉体的な疾患を問いません。先天

性・後天性ともに問いません。先天性としては、脳性まひや染色体疾患ダウン症候群、フェルニケトン尿症、先天性風疹症候群、発達障害などが挙げられます。後天性の障害には、精神疾患である統合失調症や、肉体的疾患である高次脳機能障害や脳梗塞や脳出血の後遺症、ガンなど、その種類は幅広いものがあります。

　精神疾患に該当する不安障害・パニック障害などの「神経症」や、人格障害は障害年金の対象外とされているため、注意が必要です。

● 障害等級は何に定められているのか

　障害等級を認定する基準には、政令で定められた「障害等級表」と客観指標である「障害認定基準」の２種類があります。なお、障害等級表の等級は、障害のある人が申請することで入手することが可能な障害手帳に記載されている等級とはまったく別のものであるため、注意が必要です。したがって、障害手帳を持っていなくても年金を受け取ることが可能です。逆に障害手帳の等級が１級でも必ずしも年金を受け取れるわけではありません。

　障害基礎年金は障害等級１〜２級、障害厚生年金は障害等級１〜３級に該当した場合に支給されます。そのため、障害等級１級・２級に

■ 障害の程度

重い障害 （1級障害）	やや重い障害 （2級障害）	やや軽い障害 （3級障害）	軽い障害 （一時金）
他人の介助を受けなければ、ほとんど自分のことをすることができない程度	日常生活が著しい制限を受けるか、日常生活に著しい制限を加えることを必要とする程度	労働が著しい制限を受けるか、労働に著しい制限を加えることを必要とする程度	傷病が治ったものであって、労働が制限を受けるか、労働に制限を加えることを必要とする程度
1級障害基礎年金 1級障害厚生年金	2級障害基礎年金 2級障害厚生年金	3級障害厚生年金	障害手当金

該当する障害の状態は国民年金法施行令別表に、3級に該当する障害の状態は厚生年金保険法施行令別表第1に、それぞれ規定されています。また、障害手当金の障害の状態については、厚生年金保険法施行令別表第2に規定されています。

おおよその程度としては、1級に該当する場合は、ほぼ寝たきりで日常生活に支障をきたしている場合とされています。一方、2級の場合は、何とか日常生活をこなす程度であり、外出が厳しい状態です。また、3級の場合は、就労することが難しい、もしくは就労内容が制限されてしまう状態をいいます。

● 世帯収入や本人の収入によって上限はあるのか

障害年金は、年齢・障害等級・保険料納付の3つの要件を満たしていれば受給することが可能な年金です。世帯単位である程度の収入がある場合でも関係なく受け取ることができます。したがって、就労する親や配偶者、子どもと同居しており、たとえその世帯全体が高収入の場合でも、障害年金の支給が可能です。

ただし、生まれもった障害である場合や、20歳未満で障害を負った場合は、「二十歳前傷病の障害年金」に該当します。この二十歳前傷病の障害年金は保険料の支払いを行っていないため、その本人による所得に応じて年金の支給が制限されます。あくまでも本人の収入額であり、家族のものではないことに注意が必要です。たとえば、先天性障害の場合などで本人に収入がない場合は、障害等級に応じて満額の障害年金を20歳以降に受け取ることができます。

なお、平成3年（1991年）3月までに国民年金任意加入期間がある学生や、昭和61年（1986年）3月までに国民年金任意加入期間がある労働者の配偶者で、当時任意加入していなかったために障害基礎年金等を受給していない人は、「特別障害給付金制度」の対象となります。

資料　障害等級表（1級と2級）

障害の程度		障害の状態
級	号	
1級	1	両眼の視力がそれぞれ0.03以下のものなど、一定の視覚障害を有するもの
	2	両耳の聴力レベルが100デシベル以上のもの
	3	両上肢の機能に著しい障害を有するもの
	4	両上肢のすべての指を欠くもの
	5	両上肢のすべての指の機能に著しい障害を有するもの
	6	両下肢の機能に著しい障害を有するもの
	7	両下肢を足関節以上で欠くもの
	8	体幹の機能に座っていることができない程度又は立ち上がることができない程度の障害を有するもの
	9	前各号に掲げるもののほか、身体の機能の障害又は長期にわたる安静を必要とする病状が前各号と同程度以上と認められる状態であって、日常生活の用を弁ずることを不能ならしめる程度のもの
	10	精神の障害であって、前各号と同程度以上と認められる程度のもの
	11	身体の機能の障害若しくは病状又は精神の障害が重複する場合であって、その状態が前各号と同程度以上と認められる程度のもの
2級	1	両眼の視力がそれぞれ0.07以下のものなど、一定の視覚障害を有するもの
	2	両耳の聴力レベルが90デシベル以上のもの
	3	平衡機能に著しい障害を有するもの
	4	そしゃくの機能を欠くもの
	5	音声又は言語機能に著しい障害を有するもの
	6	両上肢のおや指及びひとさし指又は中指を欠くもの
	7	両上肢のおや指及びひとさし指又は中指の機能に著しい障害を有するもの
	8	一上肢の機能に著しい障害を有するもの
	9	一上肢のすべての指を欠くもの
	10	一上肢のすべての指の機能に著しい障害を有するもの
	11	両下肢のすべての指を欠くもの
	12	一下肢の機能に著しい障害を有するもの
	13	一下肢を足関節以上で欠くもの
	14	体幹の機能に歩くことができない程度の障害を有するもの
	15	前各号に掲げるもののほか、身体の機能の障害又は長期にわたる安静を必要とする病状が前各号と同程度以上と認められる状態であって、日常生活が著しい制限を受けるか、又は日常生活に著しい制限を加えることを必要とする程度のもの
	16	精神の障害であって、前各号と同程度以上と認められる程度のもの
	17	身体の機能の障害若しくは病状又は精神の障害が重複する場合であって、その状態が前各号と同程度以上と認められる程度のもの

（備考）視力の測定は、万国式試視力表によるものとし、屈折異常があるものについては、矯正視力によって測定する。

第1章　障害年金のしくみ

資料 障害等級表（3級）

障害の程度		障害の状態
級	号	
3級	1	両眼の視力がそれぞれ 0.1 以下に減じたものなど、一定の視覚障害を有するもの
	2	両耳の聴力が、40 センチメートル以上では通常の話声を解することができない程度に減じたもの
	3	そしゃく又は言語の機能に相当程度の障害を残すもの
	4	脊柱の機能に著しい障害を残すもの
	5	一上肢の三大関節のうち、二関節の用を廃したもの
	6	一下肢の三大関節のうち、二関節の用を廃したもの
	7	長管状骨に偽関節を残し、運動機能に著しい障害を残すもの
	8	一上肢のおや指及びひとさし指を失ったもの又はおや指若しくはひとさし指を併せ一上肢の三指以上を失ったもの
	9	おや指及びひとさし指を併せ一上肢の四指の用を廃したもの
	10	一下肢をリスフラン関節以上で失ったもの
	11	両下肢の十趾の用を廃したもの
	12	前各号に掲げるもののほか、身体の機能に、労働が著しい制限を受けるか、又は労働に著しい制限を加えることを必要とする程度の障害を残すもの
	13	精神又は神経系統に、労働が著しい制限を受けるか、又は労働に著しい制限を加えることを必要とする程度の障害を残すもの
	14	傷病が治らないで、身体の機能又は精神若しくは神経系統に、労働が制限を受けるか、又は労働に制限を加えることを必要とする程度の障害を有するものであって、厚生労働大臣が定めるもの

（備考）

1. 視力の測定は、万国式試視力表によるものとし、屈折異常があるものについては、矯正視力によって測定する。

2. 指を失ったものとは、おや指は指節間関節、その他の指は遠位指節間関節以上を失ったものをいう。

3. 指の用を廃したものとは、指の末節の半分以上を失い、又は中手指節関節若しくは近位指節間関節（おや指にあつては指節間関節）に著しい運動障害を残すものをいう。

4. 趾の用を廃したものとは、第一趾は末節の半分以上、その他の趾は遠位趾節間関節以上を失ったもの又は中足趾節関節若しくは近位趾節間関節（第一趾にあっては趾節間関節）に著しい運動障害を残すものをいう。

障害基礎年金のしくみと受給額について知っておこう

初診日・障害等級・保険料納付の要件に該当すれば請求できる

● どんな場合に障害基礎年金を受給できるのか

　障害基礎年金は、原則として次の3つの要件をすべて満たしている場合に支給されます。
① 障害の原因となる病気やケガを負い、医療機関で診察を最初に受けた日である（初診日）に国民年金に加入していること。または、過去に国民年金の加入者であった60歳から65歳の人で、日本国内に在住していること。あるいは満20歳になる前に初診日があること
② 初診日から1年6か月を経過した日、または治癒した日（障害認定日）に障害等級が1級または2級に該当すること。あるいは、障害認定日には障害等級が軽度であっても、満65歳までに障害が悪化し、障害等級が1級または2級に該当すること
③ 初診日の前日に保険料納付要件を満たしていること
　なお、③の保険料納付要件とは、初診日の月の前々月までに国民年金の加入者であったときは、全加入期間のうち保険料の納付期間と免除期間が3分の2以上を占めることをいいます。

● 3つの要件についての注意点

　障害年金制度に年齢要件が設けられているのは、他の年金と重複しないようにするためです。年金は国民の生活保障のために支給されるものであるため、原則一人あたり1つの年金が支給されます。たとえば、65歳を迎えた場合、支給要件を満たす国民であればすべてが老齢年金の支給対象者になります。したがって、障害基礎年金の請求には65歳未満という要件が存在するのです。

第1章　障害年金のしくみ　19

また、③の保険料納付要件に関する規定では、特例として初診日が令和8年（2026年）3月31日以前の場合（延長される可能性があります）、初診日の月の前々月までの直近1年間に保険料の滞納がなければ受給できることになっています。ただし、初診日の前日が基準となるため、病気やケガで診察を受けて、障害が残りそうだということで慌てて滞納分を払いに行っても、給付対象にはなりません。

　②の障害年金の対象として認定されるには、障害基礎年金の場合は障害等級が1級または2級、障害厚生年金の場合は障害等級1級または2級、3級に該当する障害の状態であることにも、それぞれ注意が必要です。障害には、身体的な障害に加え、精神障害、知的障害も含まれます。

　なお、「治癒した」とは、一般的なイメージでいう「治る」とは異なり、症状が固定し、障害の原因になる病気やケガの治療行為を継続しても、症状の改善が見込まれなくなることです。「完治した」という意味ではありません。

● 納付する保険料額について

　障害基礎年金が支給されるための要件のひとつとして、保険料納付要件が挙げられます。これは、国民年金第1号被保険者または任意加入被保険者の場合は国民年金保険料を支払った期間、第2号被保険者の場合は厚生年金保険料を支払った期間で判断されます。なお、第3号被保険者の場合は第2号被保険者の被扶養者であるため保険料の納付は不要です。国民年金保険料は、令和6年度（2024年度）の場合は毎月16,980円です。厚生年金保険料の場合は、収入に応じて定められた標準報酬月額により計算されます。つまり、所得の金額に比例して保険料額が増減する点に注意が必要です。

● 障害基礎年金の受給額

障害基礎年金は、加入期間の長短に関係なく障害の等級によって定額になっています。

支給額については一定期間ごとに見直しが行われており、令和6年度（2024年度）の基準からは、1級で昭和31年4月2日以降生まれの人が年額102万円、昭和31年4月1日以前生まれの人は101万7,125円、2級で昭和31年4月2日以降生まれの人が年額81万6,000円、昭和31年4月1日以前生まれの人は81万3,700円です。それに加えて18歳未満の子（または一定の障害をもつ20歳未満の子）がいる場合は、子1人につき23万4,800円（3人目からは7万8,300円）が加算されます。

いずれの場合も、障害認定日または請求日から障害に該当する限りは一生涯にわたり支給されます。

■ 障害年金の保険料納付済期間

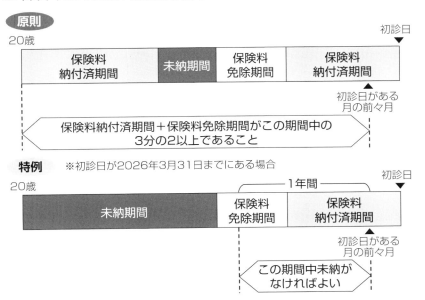

障害厚生年金のしくみと受給額について知っておこう

厚生年金の加入者が受け取ることのできる年金である

● どんな場合に障害厚生年金を受給できるのか

　障害厚生年金は、厚生年金保険による生活保障年金です。支給要件については、障害基礎年金と同じ内容になっています。そして、障害厚生年金を受給するには下記の要件に該当する必要があります。
① 厚生年金へ加入している期間中に初めて医師の診療を受けた初診日があること
② 障害等級に該当する障害を抱えていること
③ 初診日前日の時点で、以下のいずれかの保険料納付要件を満たしていること
　ⓐ 初診日のある月の2か月前までの公的年金加入期間のうち、3分の2以上の期間は保険料が納付または免除されていること
　ⓑ 初診日に65歳未満の者であり、初診日のある月の2か月前までの1年間に、保険料の未納期間が含まれていないこと（初診日が2026年3月31日までにある場合の特例。延長の可能性あり）

● 要件についての注意点

　障害厚生年金は、厚生年金の加入者を対象とした年金であるため、先天性の障害を抱える場合は原則として支給の対象にはなりません。
　ただし、先天性の障害であっても、実際に詳しい障害が判明するのが年を重ねた時点になる場合があります。たとえば、先天性の股関節脱臼を抱えている場合でも、実際には成人になってから痛みなどで生活に支障をきたすケースなどが挙げられます。
　この場合、実際に痛みを感じて医師の診察を受けた初診日の時点で

厚生年金へ加入している事実があれば、たとえ痛みの原因が先天性の障害であっても障害厚生年金の請求が可能となる場合があります。

なぜならば、障害年金の初診日の概念は医学的な概念とは異なり、医師が「先天性である」と医学的見解を示したとしても、初診日に関する障害年金の支給要件を満たしているというケースがあるためです。

◉ 納付する保険料額について

障害厚生年金を受給するためには、厚生年金へ加入し、厚生年金保険料を納付する必要があります。

実際の金額は、32等級に分類された標準報酬に、保険料率を掛けて計算します。保険料率は、平成29年（2017年）9月からは18.3%に固定されています。ただし、原則として厚生年金保険料は被保険者と事業所で折半して納付するため、実際に負担する場合は上記の金額を2で除した金額になります。

◉ 障害厚生年金の受給額

障害厚生年金は、1級障害の場合は老齢厚生年金の1.25倍、2級障害の場合は老齢厚生年金と同一の金額が支給されます。

障害の程度や収入に応じた金額が支給されるのが原則であるため、障害厚生年金の支給額は、その人の障害の程度や収入に応じて異なった金額になります。

障害厚生年金の額を計算する場合、平成15年（2003年）4月以降の期間とそれより前の期間とで、計算方法が異なります（次ページ）。厚生年金保険への加入期間の長さも関係します（加入期間が300か月に満たない場合は、300か月の加入期間があったものとみなして支給額が算出されます）。

障害厚生年金の場合、障害基礎年金と異なり、子どもがいる場合の加算はありません。その代わり、1級、2級は受給権が発生した当時、

第1章　障害年金のしくみ　23

その者により生計を維持していた65歳未満の配偶者がいる場合は加給年金額23万4,800円が加算されます。3級の場合は加給年金がありませんが、最低保障額が定められています（下図参照）。

■ 障害年金の受給額

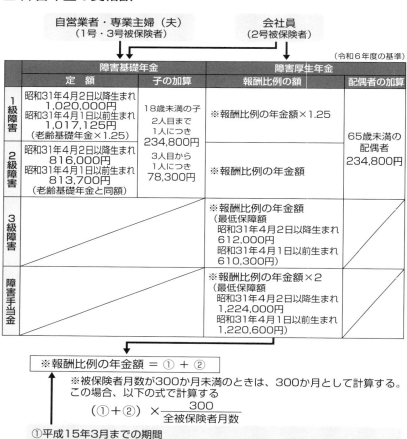

初診日がはっきりしないのですが、正確な日付がわからないと障害年金を請求できないのでしょうか。

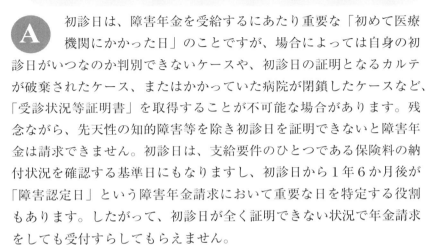 初診日は、障害年金を受給するにあたり重要な「初めて医療機関にかかった日」のことですが、場合によっては自身の初診日がいつなのか判別できないケースや、初診日の証明となるカルテが破棄されたケース、またはかかっていた病院が閉鎖したケースなど、「受診状況等証明書」を取得することが不可能な場合があります。残念ながら、先天性の知的障害等を除き初診日を証明できないと障害年金は請求できません。初診日は、支給要件のひとつである保険料の納付状況を確認する基準日にもなりますし、初診日から1年6か月後が「障害認定日」という障害年金請求において重要な日を特定する役割もあります。したがって、初診日が全く証明できない状況で年金請求をしても受付すらしてもらえません。

しかし、病院自体がなくなってしまうこともありますし、通院をやめて10年も経過するとカルテを廃棄されることも珍しくありません。当時担当した医師がいたとしてもカルテが全く残っていない場合、医師の記憶だけでは「受診状況等証明書」は発行してもらえません。

このような場合は、「受診状況等証明書が添付できない申立書」を提出します。そして別の方法で初診日を証明していきます。その際、保険料の未納期間がないことを証明でき、障害認定日も争いにならないケース、たとえば二十歳前傷病による障害や障害認定日をある程度経過した後の事後重症による年金請求の場合、厳密な初診日の特定までは求められません。医師が通院していたことを記憶していればかなり有力な証言となりますが、それ以外でも障害者手帳を申請した時の診断書、あるいは当時の診察券や治療費を支払った時の領収書、家族以外の複数名の証言、など初診日に関する資料をできる限り集めます。そうすることによって障害年金を受給するための道が開かれます。

第1章 障害年金のしくみ　25

保険者(日本年金機構)の初診日の決定に問題のある場合もあるのでしょうか。

 障害年金を受給するための要件である初診日は、年金の受給審査にあたってもっとも重要な存在だといえるでしょう。したがって、この初診日がはっきりと確定できない場合は、初診日に問題があるとして、年金請求が却下されるおそれがあります。

問題が生じる可能性があるケースとしては、たとえば、初診を受けた医療機関が勤務先である場合などが挙げられます。人の生死にかかわる場面に遭遇することが多い医療現場は過酷であり、そこで働く医師や看護師などのスタッフは、何らかの事情で体調を崩す可能性が否めません。

例として、前述のような医療スタッフの一人が身体に何らかの痛みを覚え、同僚に相談したとします。医療に関する知識が豊富な同僚が多いことから、プロならではの視点で痛みの原因を突きとめ、痛み止めの注射や処方を行う場合もあるでしょう。しかし、このような職場内では、患者として正式に受診した場合のような手続きを取らずに治療を行うケースがあるため、注意が必要です。カルテを取らず、治療を行った日付や治療内容を控えていない場合は、治療日を「初診日」と証明する手段がないため、結果として年金の受給が認められない可能性があります。さらに、職場に初診日の証明を求めても、担当した医師が死亡した場合や廃院した場合などは、証明してくれる人がおらず、ますます初診日の認定が困難なものとなるでしょう。

このような場合、年金の請求者が初診日以外の受給要件(保険料の納付要件など)を満たしていれば、症状が長引くにあたって受診した別の医療機関での診療日が初診日として認められるケースがあります。そのためには、日頃から国民年金や社会保険への理解を深め、適切に加入を行い保険料を支払う方法が非常に有効となるでしょう。

Q 自分には収入がないのですが、世帯収入がある場合、受給できるのでしょうか。専業主婦の場合はどうでしょうか。

A たとえば、もともと共働き世帯として働いて収入を得ていた妻が障害により心身の状態に支障をきたし、入院や療養のために仕事ができなくなる場合があります。年金は、国民の生活保障のために国から支給されるものです。

したがって、このように夫婦の片方が就労できなくなったとしても、片方が就労し、収入を得ている場合は年金が支給されないのではないかと不安になるケースが見られます。

しかし、実際は世帯全体での収入がある状態でも、障害等級に該当する障害がある場合であれば障害年金を受け取ることが可能です。障害を抱えた状態で生活をする場合は、何かと医療費などの負担がかかるものです。初診日要件や保険料納付要件を満たすのであれば、年金請求の手続きをしましょう。

なお、働いている期間に障害にまつわる初診日が該当する場合は、障害厚生年金を受け取ることができる可能性があります。さらに、障害の程度によっては配偶者加算を受給できる場合があるため、必ず確認をしましょう。

また、専業主婦の場合も同様で、本人の収入がゼロであっても障害年金を受け取ることができます。もし、専業主婦が障害のために家事仕事ができなくなり、別の人に家事実施の依頼を行えば、それなりの出費となるため、生活保障が行われるしくみになっています。具体的には、配偶者の扶養に入っている第3号被保険者であれば男女問わず、期間内に初診日が該当することで障害年金を受け取ることが可能です。

なお、18歳未満の子を持つ第3号被保険者が、該当する障害等級の2級よりも重い障害を負った場合は、子の数に応じて年金額に加算が行われます。

第1章 障害年金のしくみ **27**

Q 脳梗塞により右手に障害が残ったのですが、私は以前から高血圧の診断を受けていました。障害年金の判断の際にはこの高血圧の受診も考慮してもらえるのでしょうか。

A 医学の観点からいえば、高血圧症はさまざまな合併症を引き起こしやすく、その中には脳梗塞や脳出血なども含まれると言われています。しかし、障害年金を認定するかどうかの観点からいうと、相当の因果関係があるとは一概にはいえない場合があります。

　障害年金の認定における相当な因果関係とは、先に発生した疾病や負傷がなければ、後の疾病は起こり得なかったというケースのことです。実際に因果関係があると認められた場合は、先に発生した疾病または負傷の際に初めて病院にかかった日が初診日と扱われ、前後のケガや病気は同一のものとしてみなされます。

　たとえば、糖尿病と糖尿病性の網膜症や腎症、肝炎と肝硬変、交通事故などで発症する脳血管疾患における高次脳機能障害などが挙げられます。

　ただし、高血圧症と脳梗塞または脳出血、糖尿病と脳梗塞または脳出血の場合は、原則として相当の因果関係は認められないとされています。つまり、病院で脳梗塞や脳出血の原因として高血圧の疑いがあるとされたとしても、障害年金上では別の病気として扱われます。

　今回のケースの場合は、高血圧の診断を受けている状態で脳梗塞を発症したとのことですが、これらの疾病は因果関係がないとみなされるため、高血圧は別の病気と扱われます。したがって、高血圧の診断を初めて受けた日は初診日とは認められず、脳梗塞と診断された初めての診療日が障害年金における初診日とされます。ただし、一過性の脳虚血発作や可逆性虚血性神経障害、高血圧脳症を発症していた場合などは、総合的な観点から因果関係を判断される場合があるため、因果関係の有無はケース・バイ・ケースだともいえます。

Q 社会的治癒が認められる場合には受給はできないのでしょうか。

A 社会的治癒とは、治療しないまま日常生活や社会生活などを通常通り送ることができる状態のことです。医師のいう「治癒」とは異なり、医師が「治っている」という証明をしなくても、実際に通常生活を送っている場合は、社会的治癒といえます。

社会的治癒の具体的な期間は定義付けられておらず、疾患の内容に応じて大きな幅があります。肉体に影響を及ぼす病気やケガなどに比べ、精神疾患の方が長期間にわたるとされるケースが多く見られます。社会的治癒が認められれば、社会的治癒前と治癒後での病気や疾病がたとえ同じものであっても「別の傷病である」とみなされます。これに伴い「初診日」が変更され、社会的治癒後に初めてかかった病院での診療日が初診日になります。したがって、社会的治癒前の傷病における初診日には「保険料納付要件」を満たしていなかった場合でも、社会的治癒期間に保険料を納めたことで、社会的治癒後の初診日に保険料納付要件を満たし、障害年金を受給することができる可能性が生じます。

また、社会的治癒前の傷病における初診日の時点では学生で国民年金の対象者であった者が、社会的治癒期間に卒業して社会人となり社会保険に加入した場合などは、社会的治癒後の初診日には厚生年金での年金請求が認められる場合があります。そして、社会的治癒前の初診日に社会人であった者でも、社会的治癒期間に昇給し、標準報酬がアップしたために、社会的治癒が認められた時点で受け取ることのできる障害年金が増額する可能性もあります。

このように、社会的治癒は障害年金に大きな影響を及ぼします。社会的治癒の存在を知らずに障害年金の請求を行った場合、受給の有無や金額で不利益となる場合があるため、注意が必要です。

第 1 章　障害年金のしくみ　**29**

今、保険料を納めておかないと障害年金を受給できなくなってしまうのでしょうか。

 20歳以後の納めるべき期間に未納があると、年金が支給されない場合があります。

　保険料を支払うかどうかで給付の有無が分かれる例を一つ挙げてみます。20代前半の2人の若者が交通事故に遭い、双方とも同じケガを負い、同じ障害を受けた場合です。一方は障害基礎年金・障害厚生年金が受給でき、もう一方は1円ももらえませんでした。

　その理由は、保険料を支払った期間の差です。年金受給者の方は20歳前に就職し、その後、厚生年金に加入していました。もう一方は、大学を卒業した後に就職し、厚生年金に加入したものの、学生時代に国民年金の保険料を支払わず、学生納付特例の申請をしませんでした。この未納期間が保険滞納期間とみなされ、未納期間が保険料納付義務期間（20歳から現在まで）の3分の1を超えてしまいました。また、特例制度である直近1年間の未納なしにも該当しませんでした。

　このように学生時代の保険料を未納のまま放置すると、想定外の事故や天災で障害を負った場合に年金の保障がありません。したがって、時効である2年が経過する前に保険料を納めておく、学生納付特例制度の承認を受ける、経済的に苦しい場合には免除申請をしておく、というように、何らかの対策をしておくことが重要になるのです。保険料の納付や免除申請などは、初診日の前日までに済ませておかなければなりません。初診日の後に保険料の納付や免除申請をしても、障害年金を受給できるようにはなりませんので、注意が必要です。

　なお、障害年金は、若い人だけの年金ではなく、給付対象となる障害があれば、年齢に関係なく支給されます。また、障害を負った際に20歳未満で就労をしていない若者に対しても20歳到達後から「二十歳前の傷病による障害基礎年金」という年金が支給されます。

障害者手帳について教えてください。

 障害者に対しては、障害の内容に応じて、身体障害者手帳、療育手帳、精神障害者保健福祉手帳が交付されます。

また、それぞれの障害の状態に合わせて、さまざまな福祉サービスを受けることができます。

① **身体障害者手帳**

身体障害者手帳とは、身体障害者が日常生活を送る上で、最低限必要な福祉サービスを受けるために必要な手帳です。身体障害者とは、視覚障害、聴覚・平衡機能障害、音声・言語機能または咀嚼機能障害、肢体不自由、内部障害などの障害がある18歳以上の者で、都道府県知事から身体障害者手帳の交付を受けた者のことをいいます（身体障害者福祉法4条）。18歳未満の身体障害児も身体障害者手帳の申請はできます。障害の程度の重い方から1級〜6級に分けられます。7級の障害の場合は基本的に手帳交付の対象外ですが、7級の障害を複数持っている場合など、一定の場合には、交付が認められるケースもあります。

身体障害者手帳を受け取るためには、交付申請書と各都道府県知事の指定を受けた医師の診断書が必要です（身体障害者福祉法15条）。

② **療育手帳**

知的障害者と認められた人に交付される手帳が療育手帳（東京都では「愛の手帳」）です。東京都においては、申請があった場合、本人との面接や知能検査を経て、手帳交付の有無を判定します。

知的障害者の定義については、知的障害者福祉法にはっきりと規定されているわけではありません。療育手帳についても、法で定められたものではなく、各都道府県が独自に発行するものであり、知的障害者と判定されても、必ず持たなければならないものではありません。

第1章　障害年金のしくみ　31

療育手帳の交付を受けるには、本人が居住している地域の福祉事務所へ申請します。

③ 精神障害者保健福祉手帳

精神障害者とは、統合失調症、精神作用物質による急性中毒またはその依存症、知的障害その他の精神疾患を有する者のことです（精神保健福祉法5条）。精神障害者保健福祉手帳は、日常・社会生活に制約のある精神障害者が自立し、また、社会復帰・参加を促進し、各種福祉サービスを受けやすくするために交付されます。

精神障害者保健福祉手帳の交付は、精神保健指定医または精神障害者の診断・治療を行っている医師の診断書を提出しなければなりません。手帳は障害の程度の重い方から1級～3級と等級が分かれており、等級により受けられる福祉サービスに差があります。また、2年間の有効期間があるため、期限が切れる前に更新の手続きが必要です。

なお、精神障害の状態に変化があり、現在の等級が適当でないと思われる場合は、有効期限前でも等級の変更申請をすることが可能です。

●**手帳を持っているだけで障害年金を受給できるわけではない**

前述の①～③の手帳の交付を受けても、自動的に障害年金が支給されるわけではありません。障害年金が支給されるためには、別途、年金請求の手続きを経る必要があります。手帳交付の有無は、障害年金を受給するための条件にはなっていませんので、手帳を持っていない場合も、他の要件がそろっていれば障害年金を受け取ることが可能です。

■ 障害者の種類と交付される手帳

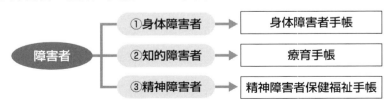

障害手当金のしくみと受給額について知っておこう

障害等級3級より軽い障害がある場合に支給される

● 障害等級3級に該当しない場合

　障害等級3級以上に該当する障害が残った場合には、障害年金が支給されます。これに対して、障害手当金は、障害等級3級よりやや軽い障害が残った場合に、年金ではなく、一時金として支給される給付です。

　病気やケガで初めて医師の診療を受けた日（初診日）において被保険者であった者が、その初診日から起算して5年を経過する日までの間にその病気やケガが治った日に、一定の障害の状態に該当した場合に支給されます。

　しかし、障害手当金を受給してしまうと、その後に障害の程度が悪化しても同一の障害について障害年金を受給できなくなる場合もあります。そのため、障害手当金の受給は慎重に行うことが必要です。

　障害手当金は、初診日の前日において、初診日の属する月の前々月までに被保険者期間があり、その被保険者期間のうち、保険料納付済期間と保険料免除期間をあわせた期間が被保険者期間の3分の2未満である場合は支給されません。

　ただし、令和8年（2026年）4月1日（延長の可能性があります）より前に初診日のある障害については、この納付要件を充たさなくても、初診日の前日において初診日の属する月の前々月までの1年間のうちに保険料の未納がない場合には、障害手当金が支給されます。

● 障害手当金が支給されない者もいる

　障害を定める日において、次の年金の受給権者に該当する者には、障害手当金が支給されません。

第1章　障害年金のしくみ　33

① 厚生年金保険法（旧法を含む）の年金給付
② 国民年金法、共済組合または私立学校教職員共済法の年金給付
③ 国家公務員災害補償法、地方公務員災害補償法、公立学校の学校医、学校歯科医及び学校薬剤師の公務災害補償に関する法律、労働基準法、労働者災害補償保険法の規定による障害補償または船員保険法の規定による障害を支給事由とする年金給付

　ただし、①と②に該当する者のうち、障害厚生年金等の障害年金の受給権者で障害等級1〜3級に該当することなく3年を経過した者（現に障害状態に該当しない者に限る）は、障害手当金の支給を受けることができます。

■ 障害手当金の対象になる障害 ···

・両眼の視力がそれぞれ0.6以下に減じたもの
・1眼の視力が0.1以下に減じたもの
・両眼のまぶたに著しい欠損を残すもの
・両眼による視野が2分の1以上欠損したもの、ゴールドマン型視野計による測定の結果、Ⅰ／2視標による両眼中心視野角度が56度以下に減じたもの、または自動視野計による測定の結果、両眼開放視認点数が100点以下、もしくは両眼中心視野視認点数が40点以下に減じたもの
・両眼の調節機能および輻輳機能に著しい障害を残すもの
・1耳の聴力が、耳殻に接しなければ大声による話を理解することができない程度に減じたもの
・そしゃくまたは言語の機能に障害を残すもの
・鼻を欠損し、その機能に著しい障害を残すもの
・脊柱の機能に障害を残すもの
・1上肢の3大関節のうち、1関節に著しい機能障害を残すもの

・1下肢の3大関節のうち、1関節に著しい機能障害を残すもの
・1下肢を3cm以上短縮したもの
・長管状骨に著しい転位変形を残すもの
・1上肢の2指以上を失ったもの
・1上肢のひとさし指を失ったもの
・1上肢の3指以上の用を廃したもの
・ひとさし指を併せ1上肢の2指の用を廃したもの
・1上肢のおや指の用を廃したもの
・1下肢の第1趾または他の4趾以上を失ったもの
・1下肢の5趾の用を廃したもの
・前各号に掲げるものの他、身体の機能に、労働が制限を受けるか、または労働に制限を加えることを必要とする程度の障害を残すもの
・精神または神経系統に、労働が制限を受けるか、または労働に制限を加えることを必要とする程度の障害を残すもの

6 併合（加重）認定について知っておこう

併合（加重）認定・併合改定の判断基準は後発の障害程度に準じる

● 併合（加重）認定とは

　もともと何らかの障害を抱えている人が、さらに事故や病気などで別の障害をも抱える状態に陥る場合があります。このような場合は、障害年金における併合（加重）認定という制度を利用し、2つの障害をあわせてひとつの障害年金として受け取ることが可能です。

　併合（加重）認定とは、①障害認定日に認定の対象となる障害が2つ以上ある場合（併合認定）、②新たな障害の発生により「はじめて2級」による障害年金の支給事由に該当した場合（併合認定）、③年金の受給審査の対象となる障害認定日に1級・2級に該当した人に、新たに障害等級1級・2級の障害等級に該当する障害が発生した場合（加重認定）に、この前後の障害を併合（加重）した上で新たに障害の程度（最も重い等級）が決められる制度です。

　たとえば、もともと目や耳に障害を抱える人が、新たにうつ病を患った場合や、事故により生活に支障をきたす程度の大ケガをした人がさらに内臓疾患にかかる場合など、疾病の種類はさまざまです。また、交通事故などで上半身と下半身の一部を切断するほどのケガを負った場合なども、上半身の障害・下半身の障害を併合することが可能です。

　併合認定の中でも加重認定については、障害認定日に「2級以上」の障害がある人だけが対象になります。その中には、3級まで軽減していたものの、新しく2級以上になった場合も含まれます。

　また、障害等級に該当する障害であれば、3つ以上の複数障害を併合することも可能です。

第1章　障害年金のしくみ　**35**

ただし、障害等級に該当する障害同士を併合すれば必ず上の等級になるわけでもありません。たとえば、障害等級2級同士を併合した場合、1級に上がる場合もあれば、2級のままの場合もあります。自身が抱える障害同士がどのように併合されるかについては、厚生労働省によって定められた障害認定基準により決定されます。障害認定基準については、併合判定参考表（39〜43ページ）という併合の基準が記された表をもとに併合の結果を判定することになります。併合判定参考表は、障害の程度ごとに番号と区分が割り振られており、実際の障害の状態が定められています。

　たとえば、障害等級1級に該当する状態としては、両目が見えない（失明）状態や、両耳とも聴力レベルが100デシベル以上、などが挙げられます。障害の程度は、1〜3級と障害手当金の範囲で定められており、自身の障害に該当する番号を併合判定参考表で割り出した上で、併合（加重）認定表を用いて併合後の等級を算出する、という流れを取ります。

　なお、障害の種類によりますが障害等級2級に該当する者が新たに障害等級3級に該当する目か耳の障害を負った場合は、1級に認定される場合があります。

　また、新たに障害等級に該当する障害が発生したものの、その障害

■ 併合認定のしくみ（加重の場合）……………………………………

が労働基準法の規定による障害補償を受けることができるために支給停止される場合、支給停止されている期間は併合認定後の等級は適用されず、もともとの障害年金が支給されます。

● 併合改定とは

　併合改定とは、障害年金の受給者が、その後障害等級に該当しない程度の傷病（その他障害）にかかり、65歳になるまでの間に「障害年金＋その他障害」を併合した障害の程度が、現に支給されている年金の程度よりも重症の場合に、障害年金額の改定を請求することができる制度です。この請求は、65歳になるまでの間に行う必要があります。

　たとえば、交通事故による高次脳機能障害を発症した人が、障害等級に該当しない程度のケガを負ったことでさらに生活が困難になった場合などが挙げられます。

　前述した併合（加重）認定の場合は、後発の障害の程度が2級以上の内容と定められていることに対し、併合改定の場合は後発となるその他障害の程度が3級以下、つまり障害等級に該当しない場合までも含まれます。また、併合（加重）認定が行われた場合は前発の障害年金を受ける権利は消滅し、後発の受給権に代わりますが、併合改定の場合は前発の障害年金を受ける権利を残したまま、障害等級が変更されるというシステムをとります。

　なお、子の加算額や配偶者の加給年金額については、後で発生した障害に関する年金を請求する際に、改めて要件に該当しているかが確認されます。

● 総合認定、差引認定とは

　複数の障害状態となっている場合に選択する手段としては、併合（加重）認定や併合改定以外の認定方法があります。たとえば、総合認定や差引認定などが例として挙げられます。

第1章　障害年金のしくみ　　37

総合認定とは、複数の内部疾患を抱えている人が、あえてそれぞれの障害を併合認定せず、疾患全体をまとめて一つの障害状態として年金の請求を行うことです。この場合の疾患は、いずれも因果関係が認められないものとなります。また、内部疾患には、精神疾患も含まれます。具体例としては、内部疾患の場合は糖尿病の患者が脳梗塞を発症した場合、精神疾患の場合はうつ病を患った者が、その後認知症を発症した場合などが挙げられます。精神疾患の例で考えると、この場合はうつ病と認知症という2つの障害をそれぞれの等級に該当させて併合認定を行うのではなく、障害を総合してどの程度の支障が生じているかで判断されることになります。

　一方、差引認定とは、これまでの障害同士を併合する方法や総合して一つにまとめる方法とは異なり、複数の加重障害の中から以前に発生した障害を取り除く認定方法です。

　たとえば、もともと右目に視力障害を抱えていた者が、成人後に左目の視力も低下した場合などが挙げられます。この場合は、まずはもともと発症していた右目の視力障害、後で発症した左目の視力障害におけるランクを「併合判定参考表」から割り出します。

　その後、ランクに応じた形で「現在の活動能力減退率」から「前発障害の活動能力減退率」を差し引き、残存率を求めます。そして、「差引結果認定表」に当てはめた上で現在の障害等級を定める、という形で算出することになります。

　このような方法で差し引き認定を実施することで、これまでは合体させることで認定されていた等級から一定の障害状態が取り除かれることにより、認定前より等級の内容が不利になるケースも多く見られます。

資料　併合判定参考表

障害の程度	番号	区分	障害の状態
1級	1号	1	両眼が失明したもの
		2	両耳の平均純音聴力レベル値が100デシベル以上のもの
		3	両上肢を肘関節以上で欠くもの
		4	両上肢の用を全く廃したもの
		5	両下肢を膝関節以上で欠くもの
		6	両下肢の月を全く廃したもの
		7	体幹の機能に座っていることができない程度又は立ち上がることができない程度の障害を有するもの"
		8	身体の機能の障害又は長期にわたる安静を必要とする病状が日常生活の用を弁ずることを不能ならしめる程度のもの"
		9	精神の障害で日常生活の用を弁ずることを不能ならしめる程度のもの
		10	視力の良い方の眼の視力が0.03以下のもの、又は視力の良い方の眼の視力が0.04かつ他方の眼の視力が手動弁以下のもの
		11	ゴールドマン型視野計による測定の結果、両眼の1／4視標による周辺視野角度の和がそれぞれ80度以下かつ1／2視標による両眼中心視野角度が28度以下のもの、又は自動視野計による測定の結果、両眼開放視認点数が70点以下かつ両眼中心視野視認点数が20点以下のもの
		12	両上肢の全ての指を基部から欠き、有効長が0のもの
		13	両上肢の全ての指の用を全く廃したもの
		14	両下肢を足関節以上で欠くもの
2級	2号	1	視力の良い方の眼の視力が0.07以下のもの、又は視力の良い方の眼の視力が0.08かつ他方の眼の視力が手動弁以下のもの
		2	ゴールドマン型視野計による測定の結果、両眼の1／4視標による周辺視野角度の和がそれぞれ80度以下かつ1／2視標による両眼中心視野角度が56度以下のもの、又は自動視野計による測定の結果、両眼開放視認点数が70点以下かつ両眼中心視野視認点数が40点以下のもの
		3	平衡機能に著しい障害を有するもの
		4	そしゃくの機能を欠くもの
		5	音声又は言語の機能に著しい障害を有するもの
		6	両上肢の全ての指を近位指節間関節（おや指にあっては指節間関節）以上で欠くもの
		7	体幹の機能に歩くことができない程度の障害を有するもの
	3号	1	両耳の平均純音聴力レベル値が90デシベル以上のもの
		2	両耳の平均純音聴力レベル値が80デシベル以上で、かつ、最良語音明瞭度が30%以下のもの

第1章　障害年金のしくみ　39

2級	3号	3	両上肢の全ての指の用を廃したもの
		4	両上肢のおや指及びひとさし指又は中指を基部から欠き、有効長が0のもの
		5	両上肢のおや指及びひとさし指又は中指の用を全く廃したもの
		6	両下肢をリスフラン関節以上で欠くもの
	4号	1	一上肢の全ての指を基部から欠き、有効長が0のもの
		2	一上肢の用を全く廃したもの
		3	一上肢の全ての指の用を全く廃したもの
		4	両下肢の10趾を中足趾節関節以上で欠くもの
		5	一下肢の用を全く廃したもの
		6	一下肢を足関節以上で欠くもの
		7	身体の機能の障害又は長期にわたる安静を必要とする病状が、日常生活が著しい制限を受けるか、又は日常生活に著しい制限を加えることを必要とする程度のもの
		8	精神の障害で日常生活が著しい制限を受けるか、又は日常生活に著しい制限を加えることを必要とする程度のもの
3級	5号	1	一眼の視力が0.02以下、かつ、他眼の視力が0.1以下のもの
		2	両耳の平均純音聴力レベル値が80デシベル以上のもの
		3	両耳の平均純音聴力レベル値が50デシベル以上80デシベル未満で、かつ、最良語音明瞭度が30%以下のもの
	6号	1	視力の良い方の眼の視力が0.1以下のもの
		2	ゴールドマン型視野計による測定の結果、両眼の I ／４視標による,周辺視野角度の和がそれぞれ80度以下のもの、又は自動視野計による測定の結果、両眼開放視認点数が70点以下のもの
		3	そしゃく又は言語の機能に相当程度の障害を残すもの
		4	脊柱の機能に著しい障害を残すもの
		5	一上肢の３大関節のうち、２関節の用を廃したもの
		6	一下肢の３大関節のうち、２関節の用を廃したもの
		7	両上肢のおや指を基部から欠き、有効長が0のもの
		8	一上肢の５指又はおや指及びひとさし指を併せ一上肢の４指を近位指節間関節（おや指にあっては指節間関節）以上で欠くもの
		9	一上肢の全ての指の用を廃したもの
		10	一上肢のおや指及びひとさし指を基部から欠き、有効長が0のもの
	7号	1	両耳の平均純音聴力レベル値が70デシベル以上のもの

3級	7号	2	両耳の平均純音聴力レベル値が50デシベル以上で、かつ、最良語音明瞭度が50％以下のもの
		3	長管状骨に偽関節を残し、運動機能に著しい障害を残すもの
		4	一上肢のおや指及びひとさし指を近位指節間関節(おや指にあっては指節間関節)以上で欠くもの、又はおや指若しくはひとさし指を併せ一上肢の3指を近位指節間関節 (おや指にあっては指節間関節) 以上で欠くもの
		5	おや指及びひとさし指を併せ一上肢の4指の用を廃したもの
		6	一下肢をリスフラン関節以上で欠くもの
		7	両下肢の10趾の用を廃したもの
		8	身体の機能に労働が著しい制限を受けるか、又は労働に著しい制限を加えることを必要とする程度の障害を残すもの
		9	精神又は神経系統に労働が著しい制限を受けるか、又は労働に著しい制限を加えることを必要とする程度の障害を残すもの
3級 (治らないもの)	障害手当金 (治ったもの) 8号	1	一眼の視力が0.02以下のもの
		2	脊柱の機能に障害を残すもの
		3	一上肢の3大関節のうち、1関節の用を廃したもの
		4	一下肢の3大関節のうち、1関節の用を廃したもの
		5	一下肢が5センチメートル以上短縮したもの
		6	一上肢に偽関節を残すもの
		7	一下肢に偽関節を残すもの
		8	一上肢のおや指を指節間関節で欠き、かつ、ひとさし指以外の1指を近位指節間関節以上で欠くもの
		9	一上肢のおや指及びひとさし指の用を廃したもの
		10	おや指又はひとさし指を併せ一上肢の3指以上の用を廃したもの
		11	一下肢の5趾を中足趾節関節以上で欠くもの
		12	精神又は神経系統に労働が制限を受けるか、又は労働に制限を加えることを必要とする程度の障害を残すもの
	9号	1	視力の良い方の眼の視力が0.6以下のもの
		2	一眼の視力が0.06以下のもの
		3	両眼のまぶたに著しい欠損を残すもの
		4	両眼による視野が2分の1以上欠損したもの、ゴールドマン型視野計による測定の結果、1／2視標による両眼中心視野角度が56度以下のもの、又は自動視野計による測定の結果、両眼開放視認点数が100点以下のもの若しくは両眼中心視野視認点数が40点以下のもの
		5	一耳の平均純音聴力レベル値が90デシベル以上のもの

3級（治らないもの）	障害手当金（治ったもの）	9号	6	そしゃく及び言語の機能に障害を残すもの
			7	鼻を欠損し、その機能に著しい障害を残すもの
			8	一上肢のおや指を指節間関節以上で欠くもの
			9	一上肢のおや指の用を全く廃したもの
			10	ひとさし指を併せ一上肢の2指を近位指節間関節以上で欠くもの
			11	おや指及びひとさし指以外の一上肢の3指を近位指節間関節以上で欠くもの
			12	一上肢のおや指を併せ2指の用を廃したもの
			13	一下肢の第1趾を併せ2以上の趾を中足趾節関節以上で欠くもの
			14	一下肢の5趾の用を廃したもの
		10号	1	一眼の視力が0.1以下のもの
			2	両眼の調整機能及び幅輪機能に著しい障害を残すもの
			3	一耳の平均純音聴力レベル値が80デシベル以上のもの
			4	そしゃく又は言語の機能に障害を残すもの
			5	一上肢の3大関節のうち、1関節に著しい機能障害を残すもの
			6	一下肢の3大関節のうち、1関節に著しい機能障害を残すもの
			7	一下肢を3センチメートル以上短縮したもの
			8	長管状骨に著しい転位変形を残すもの
			9	一上肢のひとさし指を近位指節間関節以上で欠くもの
			10	おや指及びひとさし指以外の一上肢の2指を近位指節間関節以上で欠くもの
			11	一上肢のおや指の用を廃したもの
			12	ひとさし指を併せ一上肢の2指の用を廃したもの
			13	おや指及びひとさし指以外の一上肢の3指の用を廃したもの
			14	一下肢の第1趾又は他の4趾を中足趾節関節以上で欠くもの
			15	身体の機能に労働が制限を受けるか、又は労働に制限を加えることを必要とする程度の障害を残すもの
		11号	1	両眼の調節機能又は運動機能に著しい障害を残すもの
			2	両眼のまぶたに著しい運動障害を残すもの
			3	一眼のまぶたに著しい欠損を残すもの
			4	一耳の平均純音聴力レベル値が70デシベル以上のもの
			5	一上肢のなか指又はくすり指を近位指節間関節以上で欠くもの

	11号	6	一上肢のひとさし指の用を廃したもの
		7	おや指及びひとさし指以外の一上肢の2指の用を廃したもの
		8	第1趾を併せ一下肢の2趾以上の用を廃したもの
	12号	1	一眼の調節機能に著しい障害を残すもの
		2	一眼のまぶたに著しい運動障害を残すもの
		3	一上肢の3大関節のうち、1関節に機能障害を残すもの
		4	一下肢の3大関節のうち、1関節に機能障害を残すもの
		5	長管状骨に奇形を残すもの
		6	一上肢のなか指又はくすり指の用を廃したもの
		7	一下肢の第1趾又は他の4趾の用を廃したもの
		8	一下肢の第2趾を中足趾節関節以上で欠くもの
		9	第2趾を併せ一下肢の2趾を中足趾節関節以上で欠くもの
		10	一下肢の第3趾以下の3趾を中足趾節関節以上で欠くもの
		11	局部に頑固な神経症状を残すもの
	13号	1	一眼の視力が0.6以下のもの
		2	一眼の半盲症、視野狭窄又は視野変状を残すもの
		3	両眼のまぶたの一部に欠損を残すもの
		4	一上肢の小指を近位指節間関節以上で欠くもの
		5	一上肢のおや指の指骨の一部を欠くもの
		6	一上肢のひとさし指の指骨の一部を欠くもの
		7	一上肢のひとさし指の遠位指節間関節の屈伸が不能になったもの
		8	一下肢を1センチメートル以上短縮したもの
		9	一下肢の第3趾以下の1又は2趾を中足趾節関節以上で欠くもの
		10	一下肢の第2趾の用を廃したもの
		11	第2趾を併せ一下肢の2趾の用を廃したもの
		12	一下肢の第3趾以下の3趾の用を廃したもの

第1章　障害年金のしくみ　43

資料　併合（加重）認定表

		2 級			3 級			障害手当金			11号	12号	13号
		2号	3号	4号	5号	6号	7号	8号	9号	10号	11号	12号	13号
2級	2号	1	1	1	1	2	2	2	2	2	2	2	2
	3号	1	1	1	1	2	2	2	2	2	2	2	2
	4号	1	1	1	1	2	2	4	4	4	4	4	4
3級	5号	1	1	1	3	4	4	5	5	5	5	5	5
	6号	2	2	2	4	4	4	6	6	6	6	6	6
	7号	2	2	2	4	4	6	7	7	7	7	7	7
障害手当金	8号	2	2	4	5	6	7	7	7	7	8	8	8
	9号	2	2	4	5	6	7	7	7	8	9	9	9
	10号	2	2	4	5	6	7	7	8	9	10	10	10
	11号	2	2	4	5	6	7	8	9	10	10	10	10
	12号	2	2	4	5	6	7	8	9	10	10	11	12
	13号	2	2	4	5	6	7	8	9	10	10	12	12

注1　表頭及び表側の２号から13号までの数字は、併合判定参考表（39〜43ページ）の各番号を示す。

注2　表中の数字（１号から12号まで）は、併合番号を示し、障害の程度は、次の表のとおりである。

注3　次に掲げる障害をそれぞれ併合した場合及び次の障害と併合判定参考表の５号ないし７号の障害と併合した場合は、併合認定表の結果にかかわらず、次表の併合番号４号に該当するものとみなす。

① 両上肢のおや指の用を全く廃したもの
② 一上肢のおや指及び中指を基部から欠き、有効長が０のもの
③ 一上肢のおや指及びひとさし指又は中指の用を全く廃したもの

併合番号	障害の程度
1 号	国年令別表１級
2 号	国年令別表２級
3 号	
4 号	
5 号	厚年令別表第１　　３級
6 号	
7 号	
8 号	厚年令別表第２　障害手当金
9 号	
10 号	
11 号	厚年令別表不該当
12 号	

資料　現在の活動能力減退率及び前発障害の活動能力減退率表

併合判定参考表(別表1)		現在の活動能力減退率(%)	前発障害の活動能力減退率(%)
1号	区分1～9	134	95
	区分10～14	119	
2号		105	84
3号		92	74
4号		79	63
5号		73	44
6号		67	40
7号		56	34
8号		45	18
9号		35	14
10号		27	11
11号		20	8
12号		14	6
13号		9	4

資料　差引結果認定表

差引残存率	障害の程度			
100%以上	国年令別表	1級	9号・11号	
99%～70%	国年令別表	2級	15号・17号	
69%～42%（治ったもの）	厚年令別表第1	3級	12号	
69%～24%（治らないもの）	厚年令別表第1	3級	14号	
41%～24%（治ったもの）	厚年令別表第2		21号	

第1章　障害年金のしくみ　　45

後で障害の程度が緩和あるいは悪化するとどうなるのでしょうか。

 障害の程度の変化に応じて事後重症・増進改定に該当し、年金額が改定されます。

　障害年金の受給中に障害の程度が変わった場合、障害年金の額が改定されます。

　障害年金は、原則として「有期」の年金です。障害等級に該当する限りは支給継続される点に変わりはないものの、ほとんどの障害年金には１～５年ごとの更新時期が定められています。更新時には、障害状態が継続されていることを証明するための診断書や障害状態確認届などの書類を届け出なければなりません。この更新時に障害等級が重くなればその等級に基づいて給付額が増え、軽くなれば減額になります。そして、障害等級の該当から外れた場合は、年金は支給されません。なお、障害が重くなった場合、支給額の増額申請ができるのは65歳までと定められています。

　障害年金の改定は、具体的に次のケースが想定されています。それぞれのケースにおいて、障害年金支給の改定が行われます。

① **事後重症**

　障害認定日の時点では、障害等級が１～３級に該当しなかったものの、後に症状が悪化して、等級が１～３級に該当するようになった場合に該当します。図（次ページ）のⒷのケースに該当し、障害認定日以降に障害等級に該当した場合、請求した月の翌月から障害年金の受給ができます。なお、65歳以降は事後重症の申請を行うことはできません。

② **増進改定**

　障害認定日には障害等級が２～３級で障害年金を受給していたものの、後に症状が悪化して１～２級に該当するようになった場合に該当します。なお、２級から１級への増進改定は、65歳以降でも申請する

ことができます。

● 3級から2級に該当した場合

　障害等級3級の者が2級以上に該当することになった場合は、障害基礎年金と障害厚生年金で扱いが異なります。これは、障害基礎年金の等級が2級、障害厚生年金の等級が3級まで定められていることが理由です。この場合、障害基礎年金は事後重症、障害厚生年金は増進改定になります。また、65歳以降の申請は認められないため、障害基礎年金は受け取れず、障害厚生年金も増額されません。しかし、もともと2級以上の者が後に3級となり、その後再度2級以上になった場合は、65歳以降でも改定申請ができます。これは、以前は障害基礎年金を受け取っていたという理由から、受給権は消滅しておらず、増進改定が認められるためです。

■ 事後重症と障害年金の請求 ………………………………………

障害認定日に障害等級に該当した場合 Ⓐ と事後重症 Ⓑ の違い

初診日（65歳前）　　　障害認定日　　　　　　　　障害年金請求

Ⓐ ［1年6か月］

障害等級に該当した

請求前の期間も年金が支給される

初診日　　　　　障害認定日　　　　　　　　障害年金請求（65歳前）

Ⓑ ［1年6か月］

障害等級に該当した

請求前の期間の年金は支給されない

事後重症の場合は、請求の翌月からの支給となる

第1章　障害年金のしくみ　47

Q 事後重症を理由に年金を請求したのですが、障害認定日に要件を充たしていたことが後からわかりました。障害認定日請求をすることはもうできないのでしょうか。

A 事後重症請求を行った上で障害年金を受け取っていたものの、新たに障害認定日における要件を満たしていたことが判明した場合や、障害認定日に遡った請求ができることを知らず、後日気づいた場合などは、改めて障害認定日の請求をやり直すことができます。

　実際に障害認定請求を行う場合は、現在の年金請求の取り下げと、新たに請求をやり直す手続きを同時に取ることになります。

　必要書類としては、年金請求書と加給年金対象者がいる場合は証明書類、障害認定日時点での診断書、病歴・就労状況等申立書（事後重症請求時～障害認定日請求までの期間分）など、障害認定日請求に必要な書類が挙げられます。それに加え、事後重症請求時に受け取った年金証書や取下げ書、請求切り替えに至った経緯を記す理由書が必要です。理由書にはフォーマットが用意されていないため、自身の言葉でなぜ今回の請求に至ったかを記載します。

　実際に障害認定日まで遡って請求を行い、認定された場合は、認定による障害年金に加え、障害認定日までの期間分の障害年金を受け取ることができます。たとえば、障害認定日から3年経過した時点で障害認定日請求を行い、認められた場合は、3年分の障害年金をまとめて受け取ることが可能です。事後重症請求に比べ、遡った請求分も上乗せ支給されるため、かなりのメリットがあるといえます。

　ただし、遡ることができる期間には時効があり、5年が限度とされています。したがって、5年を超える期間をおいた上で障害認定日請求を実施した場合は、請求時以前5年分しか遡ることができません。

労災や健康保険の給付も同時に受給できるのかを知っておこう

労災保険、健康保険の給付は調整が行われた上で一部または全部が減額される

● 障害年金と労災保険の給付の調整

　通勤途中や、業務中の事故が原因で障害を負った場合、障害年金に加えて、労災保険からも給付があります。

　労災保険（正式には労働者災害補償保険といいます）とは、仕事中や通勤途中に発生した労働者のケガ、病気、障害、死亡に対して、必要な保険給付を行う制度です。業務上または通勤途中の事故や病気などの保険事故に対応して、①療養（補償）給付、②休業（補償）給付、③傷病（補償）年金、④障害（補償）給付、⑤遺族（補償）給付、⑥葬祭料（葬祭給付）、⑦介護（補償）給付、⑧二次健康診断等給付、の8つの保険給付が行われます。

　年金制度の障害年金との関係で問題が生じるのが障害（補償）給付です。傷病が治癒したときで、一定の障害が残った場合に障害等級に応じて支給されます。第1級～第7級の場合は給付基礎日額の313日～131日分の障害（補償）年金、第8級～第14級の場合は給付基礎日額の503日～56日分の障害（補償）一時金が支給されます。

　障害年金と労災保険は別の制度であるため、両方の受給要件を満たせば、両方の給付を受けることができます。しかし、この場合、労災保険からの給付との調整が行われます。具体的には、労災保険が12～27％の範囲内で減額されて支給されます。

　なお、障害等級3級よりも軽い障害の場合に一時金として障害手当金が支給される場合については、労災保険からの給付との調整は行われないこととされています。具体的には、労災保険の障害（補償）給付が行われる場合には、障害手当金は支給されません。

第1章　障害年金のしくみ

● 障害年金と傷病手当金の調整

　傷病手当金は、健康保険から支給される給付のひとつです。健康保険とは、業務外での疾病や休業、死亡、出産などを迎えた際に受けることができる、公的な医療保険制度です。健康保険は、すべての公的医療保険を網羅する言葉ですが、「健康保険」というと、「国民健康保険」との比較で協会けんぽや健康保険組合が運営する被用者（会社員などの労働者等のこと）の健康保険を指すことが多いようです。

　傷病手当金は、健康保険の被保険者が業務外の病気やケガで働くことができなくなり、その間の賃金を得ることができないときに、受給することができる生活費です。傷病手当金の給付を受けるためには、療養のために働けなくなり、その結果、連続して３日以上休んでいたことが要件となります。傷病手当金の支給額は、１日につき標準報酬日額の３分の２相当額です。会社などから賃金の一部が支払われたときは、傷病手当金と支払われた賃金との差額が支払われます。支給期間は支給を開始した日から通算して１年６か月です。

■ 労災保険調整率 ……………………………………………………

		併給される社会保険の給付		
		国民年金および厚生年金保険	厚生年金保険のみ	国民年金のみ
支給される労災保険の保険給付	傷病（補償）年金休業（補償）給付	障害厚生年金および障害基礎年金 0・73	障害厚生年金 0・88	障害基礎年金 0・88
	障害（補償）年金	障害厚生年金および障害基礎年金 0・73	障害厚生年金 0・83	障害基礎年金 0・88
	遺族（補償）年金	遺族厚生年金および遺族基礎年金 0・80	遺族厚生年金 0・84	遺族基礎年金 0・88

傷病手当金も労災保険と同様、受給要件を満たせば、障害年金との併給が可能です。ただし、この場合も前述した労災保険の給付と同様に調整が行われ、具体的には障害年金の支給額分に相当する傷病手当金が減額されます。

　したがって、障害年金額が傷病手当金額よりも高い場合は、傷病手当金は支給されません。

● 障害基礎年金と老齢厚生年金の併給

　かつては１人１年金を原則とする考え方から、障害基礎年金と老齢厚生年金、遺族厚生年金の併給は認められていませんでした。

　しかし、制度が変更され、平成18年４月からは、障害基礎年金および老齢厚生年金の併給、障害基礎年金および遺族厚生年金の併給が可能になっています。

　ただし、基礎年金同士である障害基礎年金と老齢基礎年金の併給は認められません。

■ 障害年金と労災保険の障害（補償）給付の受給調整

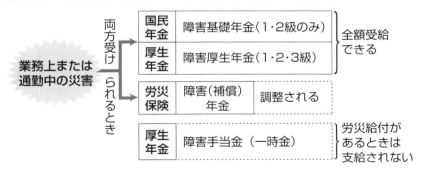

第１章　障害年金のしくみ　51

損害賠償と年金の支給調整について知っておこう

求償と控除による支給調整のしくみをおさえる

● 第三者行為災害とは

　第三者とは、年金給付者（国）・年金受給者（被害者）以外の受給権者以外の加害者のことです。第三者行為災害とは、第三者によって生じたもののことで、この場合は第三者が被害者または遺族に対して損害賠償の義務を負います。災害の加害者が第三者と呼ばれるのはなじみにくいのですが、年金支給の関係においては年金給付者（国）と年金受給者（被害者）が当事者です。災害の当事者であっても、災害の加害者は年金支給関係においては第三者という立場になります。

　第三者行為災害が発生した場合、被害者や遺族は年金給付者である国に対して保険給付の請求権を取得すると同時に、第三者に対して民事上の損害賠償請求権を取得することになります。しかし、同一事由で両者から二重の損害のてん補（補償）を受けるとなると、被害者や遺族は実際に発生した損害額より過剰な利益を受けることになります。さらに、本来、加害行為がなければ年金給付の原因が発生しなかったことを考えると、てん補されるべき損失は、最終的には国ではなく、第三者が負担するのが合理的です。そこで、第三者行為災害の場合、年金の給付と民事上の損害賠償とは支給調整されます。

● 支給調整される部分とは

　第三者行為災害による年金と損害賠償額との支給調整額は、損害賠償額すべてではなく、一部の額が対象となります。第三者つまり災害の加害者は、逸失利益や休業補償の他、慰謝料、医療費などを被害者に補償することになります。このうち逸失利益や休業補償といった生

活補償の部分は支給調整対象となりますが、慰謝料などは支給停止される年金部分から省かれます。生活補償分として支払われた損害賠償の金額が国の定める月間生活費（基準生活費）の何か月分になるのかが計算され、その月数の年金が支給停止になります。

　なお、調整期間は最大３年（平成27年９月30日以前の災害については最大２年）です。ただし、年金が支給されるのは、通常初診日から１年６か月経過した障害認定日からとなります。１年６か月を待たずに障害認定されるケースを除き、災害が発生してから１年６か月についてはもともと年金は支給されません。この期間も調整期間に含まれますので、実際に年金が支給停止になるのは１年６か月となります。また、事後重症請求を行う場合などは災害から３年以上経過していることもあります。そのような場合は支給調整対象にはなりません。

● 第三者行為災害の具体例

　たとえば、第三者の起こした交通事故によりケガを負い、結果として障害等級に該当する障害が残った場合などは、第三者行為災害に該当します。この場合は、事故の加害者に対して損害賠償を請求することが可能になります。障害認定を受けると障害年金も請求できるようになりますが、損害賠償が優先されることになります。損害賠償の金額が確定し支払われると、そのうちの生活補償に相当する分の金額を特定します。保険会社から支払われるときは保険会社が作成した計算書を基に算出しますが、災害の当事者同士が直接やり取りをし、保険会社も関与せず、損害賠償の内訳もはっきりさせないまま総額だけを決定して支払われることもあります。その場合は、国の算定によって生活補償分がいくらに該当するかを算出します。そしてその賠償請求額の生活補償相当額が災害の被害者の生活費何か月分に相当するかが計算され、そこで求められた月数について、最大３年間受け取ることのできる障害年金額が支給停止されます。また、第三者の起こした交

第１章　障害年金のしくみ　　**53**

通事故で被害者が亡くなった場合も、第三者行為災害となります。この場合は、損害賠償請求額の生活補償額相当額の範囲で、被害者の遺族に対して支払われる遺族年金額が支給停止されます。

● 第三者行為事故状況届が必要になる

　第三者行為災害により、障害年金または遺族年金を受け取ることのできるケースに陥った場合は、年金請求の手続きを行う際に第三者行為災害であることを証明する書類が必要になります。

　その主たるものが「第三者行為事故状況届」（次ページ）という書類です。この書類には年金の請求者や相手方のデータ、事故現場の状況や発生状況、現場の図、自動車保険の加入有無、賠償額の請求先、第三者の負う損害賠償額の内訳などを詳細に記載する必要があります。

　また、第三者行為災害であることを確認するための「確認書」（59ページ）や、交通事故などの事故が発生したことを証明するための事故証明や事故内容が記載された記事なども必要になります。すでに損害賠償金が決定している場合は、示談書などの損害賠償金の受領額がわかるものも提出します。この損害賠償金のうち生活補償分として支払われた金額については障害年金と支給調整が行われます。第三者からいくら損害賠償を受け取ったのか、その受領金額等がわかる算定書を「第三者行為事故状況届」などと共に提出します。

　なお、損害賠償は損害保険会社から支払われることもあります。事故の加害者となった第三者あるいは損害保険会社から支払われた損害賠償金、今後支払われる予定の損害賠償金を確認するために損害保険会社や事業所、弁護士等に照会をする必要があります。しかし、個人情報保護のため、損害保険会社等は相手が日本年金機構であっても個人の損害賠償金等の情報を教えることはありません。そこで「同意書」（60ページ）を提出して、損害保険会社等が損害賠償金の情報照会を受けられるようにします。

書式1　第三者行為事故状況届

国 民 年 金 厚生年金保険	**第三者行為事故状況届**											整理番号 ※本部記入欄		

1 年金請求者	基礎年金番号	1　2　3　4　5　6　7　8　9　0	年金コード ※本部記入欄	
	氏　　　名	東中野　二郎　　　　　　㊞		
	現 住 所	〒111-0001　都道 府県　東京　　港　郡市 区　港北1-2-3	☎ 03 - 3456 - 1234	

2 事故の当事者の方	氏　　　名		東中野　二郎	生年月日	明・大・㊐・平 47年 7月19日
	事故の当事者の方が勤務している事業所等	名　　称	㊱代々木開発	☎	－　　　－
		所 在 地	〒123-0001　都道 府県　東京　品川　郡市 区　西品川1-1-1		

3 相手方	①	氏　　　名		高円寺　太郎	生年月日	明・大・㊐・平 41年 4月16日
		現 住 所		〒135-0123　都道 府県　東京　新宿　郡市 区　大通　町区 村	☎ 090- 1234 - 1234 3-4-5	
		勤 務 先	名称または氏名	㊱エフジェーケー		
			所在地または住所	〒224-0024　都道 府県　神奈川　横浜　郡市 区　西　町区 村 新町6-6-3	☎ 045- 212 - 3456	
		相手方の住所・氏名がわからないとき	その理由			
	②	氏　　　名			生年月日	明・大・昭・平　年　月　日
		現 住 所		〒　　都道 府県　　郡市 区　　町区 村	☎ 　－　　－	
		勤 務 先	名称または氏名			
			所在地または住所	〒　　都道 府県　　郡市 区　　町区 村	☎ 　－　　－	
		相手方の住所・氏名がわからないとき	その理由			

4 事故現場の状況	発 生 年 月 日	昭和 ㊣和 平成 6年 1月 11日	午前・㊤後 9時 0分頃		
	発 生 場 所	東京　都道 府県　品川　郡市 区　西品川　町区 村 2丁目			
	種　　　別	㊤通事故・労災事故・航空機 船　舶・事故・殴打 列　車　　刺傷・その他（　　　）			
	事 故 結 果	即死・入院直後の死亡（死亡日 昭和 入院中の死亡　　　　平成 年　月　日）・㊤療			
	警察官の立会い	㊤った・ない・ないが届出済・わからない			
	所 轄 署	品川　警察署　　　　　　　交　番			
	天　　　候	㊟・曇・雨・雪・霧			
	交通事故の場合	道 路 状 況	舗装（㊤てある 　　　してない）歩道（㊤る）両・片・ない 見通し ㊥い・悪い		
			㊤線・カーブ・平坦・坂・積雪路・凍結路		
		信 号標 識	信号 ㊤り・なし 駐車禁止（されている されていない）一時停止 ㊤り・なし		
			制限速度　　　50 km/h　その他の標識		
		交 通 状 況	混雑・㊤通・閑散 車両速度：自車　km/h・相手車60 km/h		

※交通事故証明書等、当該事故が確認できる書類を添付していただくことにより記入の省略は可能です。

〔実施機関等受付日付印〕

・該当文字を○で囲み必要事項を記入してください。

第1章　障害年金のしくみ　55

5 事故発生の状況	被害者・加害者の行動、事故発生原因と状況をわかる範囲で記入してください。
	青信号で横断歩道を横断中に加害者の車が右折して交差点に進入し 被害者（私）をはね飛ばした。私は、腰部を激しく打ち負傷した。

6 事故現場の見取図

東京駅

青

国道26号

→ 品川

国道11号

表示符号
- 自車
- 相手車
- 進行方向
- 信号（赤、青、黄の表示）
- 人間
- 自転車・オートバイ
- 一時停止
- 横断禁止
- 横断歩道
- 接触点

（注）交通事故の場合には、道路方向の地名（至○○方面）、道路幅、信号、横断歩道、区画線、道路標識、接触点等わかる範囲で表示してください。

7 遺族（相続人）	氏　名	続柄	生年月日	同居/別居	氏　名	続柄	生年月日	同居/別居
		配偶者						

※死亡事故の場合に記入してください。
※損害保険会社等に相続人（遺族）として請求した者について記入してください。

8 被扶養者	氏　名	続柄	生年月日	同居/別居	氏　名	続柄	生年月日	同居/別居
	東中野　美子	配偶者	昭和52年8月18日	同居				
	東中野　星子	長女	平成17年3月10日	同居				

※事故当時に事故の当事者の方に扶養されていた者を記入してください。
※事故当時に扶養されていた者が18歳以上の子および父母等の場合は、扶養されていたことがわかる書類を添付してください。

1510 1018 044

9 自動車保険の状況	相手車両	自賠責保険加入の有無	①. 有→	証明書番号	第 12345678 号			
				保険契約者	① 相手本人　2．他（名前　　　　　　）			
				損保会社名・支店名	全日本損保㈱		担当者名 田中	
			2．無	所 在 地	横浜市西区港 1-1-2	☎ 045-123-1231		
		任意保険加入の有無	①. 有→	証券番号	第 12121212 号			
				保険契約者	① 相手本人　2．他（名前　　　　　　）			
				損保会社名・支店名	神奈川損保		担当者名 佐藤	
				所 在 地	横浜市東区大吉 4-5-6	☎ 045-222-1111		
			2．無	任意一括支払の有無	有 ・ ⊖無			
	自車両	任意保険加入の有無（人身傷害）	1．有→	証券番号	第 号			
				保険契約者	1．本人　2．他（名前　　　　　　）			
				損保会社名・支店名			担当者名	
				所 在 地		☎		
			2．無	相手損保会社からの回収の有無	回収済（額　　　　　　円）・ 未回収 ・ 不明			

※保険証書（コピー）を添付することにより記入の省略は可能です。

⇩

11	賠償の請求先	① 相手（相手車両・同乗車両）の任意保険から受ける
		② 相手（相手車両・同乗車両）の自賠責保険から受ける
		3．自分の人身傷害補償保険から受ける
		4．政府保障から受ける
		5．相手方から直接受ける
		6．労災保険から受ける
		7．相手（会社）から直接受ける
		8．請求しない（理由を下記から選択してください）
		ア．請求する相手がいないため
		イ．過失割合が大きいため
		ウ．その他（　　　　　　　　）

10	請求状況	1．令和 6 年 2 月 8 日に請求した
		2．令和　年　　月頃請求予定
		3．現在のところ請求していない
		4．他（　　　　　　　）

12	交渉状況	① 示談（和解）した：令和 6 年 3 月15日
		2．近々交渉を行う予定：令和　年　　月頃
		3．現在交渉中（状況）
		4．裁判の見込み（裁判中）（状況）
		5．請求したが、受領できなかった（理由を下記から選択してください）
		ア．相手が無資力のため
		イ．相手に補償能力なし
		ウ．その他（　　　　　　　）

⇨

11欄について、複数の項目に該当する場合は、該当する項目すべての数字を○で囲んでください。

※相手方に対して請求する損害賠償の請求の状況について記入してください。
※10〜12欄は重要です。空欄とせず、必ず提出時点での現状（予定）について、いずれか該当する数字を○で囲んでください。
なお、11欄で項目 6 または 8 を選択した場合は、12欄の記入は不要です。

13	参考事項その他の	
		....
		....
		....

※事故について参考となる事項がありましたら記入してください。

第 1 章　障害年金のしくみ　　57

14 損害賠償金の受領状況および自己負担額（損害賠償金を受領したとき記入してください）	相手方からの損害賠償・保険会社等からの賠償の内訳 （内訳書がある場合はコピーを添付して頂くことにより記入の省略は可能です）		実支払額 （実際に要した費用を記入してください）
	医 療 費 （通院費・入院費・治療費・付添費等）	1,000,000 円	984,000 円
	逸 失 利 益 （生活補償費）	10,000,000 円	
	休 業 損 害	2,500,000 円	2,360,000 円
	葬 祭 費	円	円
	慰 謝 料	5,000,000 円	
	見 舞 金	100,000 円	
	緊 急 費 （遭難救助・死体捜索・護送料）	円	円
	雑 損 費 （物 損 費）	円	円
	文書料・診断書等	5,000 円	5,000 円
	そ の 他 （弁護士費用等）	3,000,000 円	3,000,000 円
	合 計	21,605,000 円	6,349,000 円

受 領 方 法 および年月日	全 額	昭和・平成令和6年 4 月 19日 受領		
	分 割 （ ）回払い	第1回	円 年 月 日 受領	
		第2回	円 年 月 日 受領	
		第3回	円 年 月 日 受領	

※損害賠償金受領の内訳がある場合は必ず記入してください。内訳が不明の場合は合計欄のみ記入してください。
※実支払額は年金との調整（年金の支給停止をするかどうか）を審査する際に、受領賠償金額から控除する額ですので、もれなく申告してください。

15 添付書類	※添付した書類の該当する数字を○で囲んでください。 1．交通事故証明書等当該事故が確認できる書類 2．確認書（各実施機関提出用） 3．示談書（コピー） 4．損害賠償金の受領額が確認できる書類（コピー）、内訳書がある場合は、コピーを添付 5．事故当時18歳以上の子および父母等の被扶養者がいる場合、扶養していたことがわかる書類 6．賠償金の内訳の基礎となる領収証のコピー

以上のとおり相違ありません。　　　令和　　6 年　　7 月　26 日

郵便番号 111-0001

回答記入者　住　所　東京都港区港北 1-2-3

氏　名（フリガナ ヒガシナカノ ヨシコ）　東中野　美子　　　　　㊞

電話番号　（　03　）-（ 3456 ）-（ 1234 ）

※代理人が記入した場合（年金受給権者との関係　妻　　）

書式2　確認書

別添3

「各実施機関提出用」

様式第286号【第2項規定】

確　認　書

事故発生年月日	昭和 平成 令和 6 年 1 月 11 日	相手方の氏名	
事故の当事者の氏名	東中野　二郎	高円寺　太郎	

上記の事故に係る年金(保険)給付を請求するに当たり、以下の事項を確認し、了承します。

1　相手方から損害賠償金を受けたときは、事故日の翌日から起算して最長36か月の範囲内で、今回請求した障害年金または遺族年金の給付が支給停止される場合があります。

2　相手方から損害賠償金を受けたときは、受領の年月日、内容、金額(評価額)を漏れなく、かつ遅滞なく届け出ます。

3　相手方との示談を行うときは、事前にその内容を年金の支払いを行う実施機関へ申し出ます。

4　相手方との示談交渉状況について年金の支払いを行う実施機関から照会があったときは、漏れなくかつ遅滞なく、その状況を報告します。

5　相手方に白紙委任状を渡しません。

令和 6 年 7 月 26 日

住所　東京都港区港北1-2-3

氏名　東中野　二郎　　　　　　　　㊞

※本人が自ら署名する場合、押印は不要です。

実施機関

受付年月日

第1章　障害年金のしくみ　59

書式3　同意書

同　意　書

　　私は、相手方から損害賠償金を受けたときは、第三者の行為による事故にかかる年金の支給と第三者からの損害賠償との調整に関する審査に必要な事項等（損害賠償金の受領の年月日、内容、金額やその内訳等に関する事項等をいう。以下同じ。）を遅滞なく届け出する必要があることを確認し、了承いたしました。

　　ついては、以下の事項に同意します。

（1）　貴職が、第三者の行為による事故にかかる年金の支給と第三者からの損害賠償との調整に関する審査に関して必要な事項等について、損害保険会社・事業所（事業主）・弁護士等へ私に代わり照会を行い、その照会内容について情報提供を受けること。

（2）　この同意書をもって（1）に掲げる事項に対応する損害保険会社・事業所（事業主）・弁護士等への同意を含むこと。

（3）　この同意書を損害保険会社・事業所（事業主）・弁護士等へ提示すること。

令和　6　年　7　月 26 日

日本年金機構中央年金センター長　　様

　　　　受給権者の住所　東京都港区港北 1 - 2 - 3

　　　　　　氏名　東中野　二郎　　　　　㊞

第2章

障害年金の請求と準備

障害年金の請求パターンについて知っておこう

障害認定日の翌月に遡って請求できる場合もある

● 障害年金の請求

　障害年金の請求手続きは、原則として初診日から１年６か月を経過した日（障害認定日）の障害の状態を判断の基準として行います。この方法で障害年金を請求することを、判断基準となる日の名称をとり障害認定日請求といいます。なお、初診日から１年６か月を経過する前に治ゆした場合（症状が固定し、治療の効果が期待できない状態となったとき）は、例外として、１年６か月を経過していなくても、その治ゆしたときを基準に裁定請求をすることができます。たとえば、心臓の障害の場合はペースメーカーを装着した日、肢体の障害の場合は切断をした日、などが障害認定日になります。

　裁定請求の手続きは障害認定日以降に行うことになります。障害認定日以降とは、具体的には認定日から１年以内の期間で、この期間に請求することを本来請求といいます。本来請求として裁定請求を行い、認定された場合は障害認定日の翌月分から障害年金を受給できるようになります。

　また、障害年金の請求には、本来請求の他に遡及請求という方法があります。これは、障害認定日から１年を経過した場合でも、障害認定日に遡って請求を行う方法のことです。遡及請求を行うためには、障害認定日より３か月以内に診察した医師による診断書に加え、請求を行う時点での診断書が必要になります。ただし、遡及請求を行う場合は、最大５年分しか遡ることができない点に注意が必要です。

　これは、障害年金の時効は５年となっているためで、請求が遅れて５年を超えた場合は、請求日から遡って５年間分しか受給することが

できません。たとえば、障害認定日の7年後に裁定請求をした場合、請求日から5年分しか支給されず、残りの2年分は受給することができないということになります。

　なお、生まれながらに障害を抱える先天性障害者の場合や、未成年時に障害を抱えた者については、保険料の納付要件を問わず、20歳に到達した日を障害認定日とした上で、障害年金の請求をすることになります。これを「二十歳前傷病の障害年金」といい、20歳になった日以降に前述のような本来請求や遡及請求の手続きを取り、年金を受け取ることができます。

● 事後重症による請求

　初診日から1年6か月が経過した日（障害認定日）には障害年金を受けるほどの状態ではなかったものの、その後悪化して障害等級に該当する程度になった場合は、65歳の誕生日前々日までであれば、そのときに裁定請求することができます。このことを事後重症による請求といいます。障害認定日に障害等級に該当していなかったという場合だけでなく、受診歴やカルテがないために、障害認定日に障害等級に該当していたことを証明できないという場合にも、事後重症による請求をすることになります。事後重症による請求の場合の障害年金は、請求日の翌月分から支給されることになります。

● 初めて2級障害による請求

　その他、初めて2級による請求（2つ以上の障害を合わせて、初めて障害等級が2級以上になったときに、裁定請求をすること）によって支給を受けるという方法もあります。

　「初めて2級障害」とは、すでに2級より下と判断される何らかの障害を持っている者に対して新たな障害が発生した場合に、既存の障害と新たな障害を併合することで「初めて障害等級2級以上に該当し

第2章　障害年金の請求と準備　　63

た場合」のことです。この場合の新たな障害のことを基準障害といい、「初めて2級障害」のことを「基準障害による障害年金」と呼ぶ場合もあります。

　この「初めて2級障害」に該当した場合は、後発の新たな傷病に対する初診日を基準として、初診日における被保険者等要件と保険料納付要件をクリアしているかを判断します。一方、先に発生していた既存の障害にまつわる被保険者要件や保険料納付要件は一切問われることはありません。

　基準障害における被保険者等要件と保険料納付要件の具体的内容は、通常の障害年金の場合と同様です。基準障害の初診日の前日において、保険料を納めるべき期間の3分の1以上が未納であるなど、保険料納付要件を満たしていない場合は受給することができません。

　申請は、原則として65歳までに行う必要があります。ただし、65歳になる前日までに障害等級2級以上に該当した場合は年金の受給権が発生するため、65歳を超えても請求できます。

　被保険者要件と保険料納付要件を満たした上で請求を行った場合、請求月の翌月より、既存の障害と基準障害を併合した新たな障害の程度に該当する障害年金が支給されます。なお、老齢基礎年金を繰り上げ受給している場合は請求ができません。また、過去に遡っての支給は行われないため、早急に手続きをするのがよいでしょう。

■ 初めて2級障害のしくみ

うつ病を発症して6年になります。最近になって障害年金という制度を知ったのですが、今からでも請求できるのでしょうか。

障害年金は、成人の場合なら初診日から1年6か月以降、もしくは症状が治癒した状態で障害認定日（障害状態の認定を受けた日）以降であれば請求を行うことができるものです。つまり、障害認定を受けた後に「自分は障害がある状態となります」と国に申請を行い、生活保障を受けるという流れをとります。

障害認定日以降に障害を請求する方法には2種類あります。1つは、現時点における障害で請求を受ける場合で、事後重症請求という方法が挙げられます。もう1つは、障害認定日まで遡って請求を受ける場合で、障害認定日請求という方法があります。なお、この障害認定日請求を行うことは遡及請求とも呼ばれています。今回のケースの場合、うつ病と診断されて6年を経過しているとのことですが、このケースでも遡及請求を行うことが可能のため、請求の手続きを取るべきだといえるでしょう。

実際に障害認定日請求を行う場合、まずは障害認定日以降3か月以内の診断書を添付しなければなりません。この診断書は実際のカルテに沿った内容で記されている必要があります。ただし、二十歳前傷病の障害基礎年金の場合は期間が異なり、認定日前後3か月以内とされています。また、障害認定日と年金請求日が1年以上離れている場合は、直近の診断書（年金請求日前3か月以内の現症のもの）も併せて必要となります。その上で、自身の抱える障害が要件に該当する障害等級にあてはまることが必要です。

なお、当時の診断書やカルテがない場合や、障害の状態が軽度になっている場合など、障害認定日請求の要件に合致しない場合は、事後重症請求を行う方法に切り替えて準備を進める必要があります。

第2章　障害年金の請求と準備

障害年金はいつから受給できるのかを知っておこう

請求の内容に応じて支給開始時期が異なる

◉ いつから支給開始されるのか

　障害年金は、年金を請求した時期に応じて、支給開始される時期が異なります。

　まず、障害認定日に障害等級に該当しており、その上で認定日1年以内に請求を実施する「本来請求」の場合は、認定が下りた場合は障害認定日の翌月より支給が開始されます。

　一方、請求の時点で障害認定日より1年を過ぎている状態で遡って請求を行う「遡及請求」の場合は、基本的には障害認定日の翌月より支給が開始されますが、遡ることができる期間は最長5年となる点に注意が必要です。遡及請求の場合は65歳を超えた状態でも請求し、受け取ることが可能です。

　また、障害認定日後に障害等級に該当することで請求を行う「事後重症請求」の場合は、請求した月の翌月より支給が開始されます。過去に遡って請求を行わない点が、遡及請求とは異なります。事後重症請求の場合は、65歳を迎える前に請求を済ませる必要があります。

　その他、もともと障害等級に該当しない障害を抱えている人が新たに傷病を患うことで障害等級に該当する状態となった場合には、後に患った傷病における初診日で受給要件が審査され、請求した月の翌月から支給が開始されます。この場合は、65歳になる前に障害等級に該当する障害を抱えていれば、65歳を超えても請求を行うことが可能です。

　なお、先天性の障害や未成年で障害を抱えることになった場合は、初診日に国民年金に加入していませんが、「二十歳前傷病の障害年金」という制度があるため、保険料納付要件を問われることなく障害基礎

年金の請求が可能で、20歳以降に年金を受け取ることができます。

● いつまで受け取れるのか

　支給開始された障害年金は、受取人が死亡した場合は受給権がなくなります。また、障害状態を外れた場合には支給停止されますが、障害等級に該当しないまま①3年経過後、または、②65歳になった時、のいずれか遅い時に受給権がなくなります。つまり、障害状態が改善しない限りは、一生涯にわたり障害年金を受け取り続けることが可能です。

　老齢年金を受給することになった場合に支給される年金については、年齢に応じて異なります。たとえば、65歳までに老齢年金の支給を受けることになった場合は、老齢年金と障害年金のうち年金額が高い方を選択することになります。

　一方、65歳を迎えて老齢年金を受け取ることになった場合は、①老齢基礎年金と老齢厚生年金、②障害基礎年金と障害厚生年金、③障害基礎年金＋老齢厚生年金のいずれかの組み合わせのうち、最も高額となる内容を選択して受け取ることができます。

■ 障害年金支給の開始と終了 ……………………………………

請求の種類		請求日	支給開始月	支給の終了
障害認定日請求	本来請求	制限なし	障害認定日の翌月分から	受取人が死亡したとき
	遡及請求	制限なし	同上（5年の時効あり）	
事後重症請求		65歳に達する日の前日まで	請求日の翌月分から	受取人が障害状態を外れたとき
初めて2級請求		制限なし	請求日の翌月分から	

受給するために何から始めればよいのか

病院に初めてかかった日と具体的な症状から確認をする

◉ 受給の可能性を検討する

　障害年金を受給するには、定められた受給要件を満たす必要があります。まずは、受給の可能性があるかを検討してみましょう。

　第一に確認すべきなのは、初診日です。初診日とは、年金の受給を検討している障害のもととなっている病気やケガについて、初めて病院の医師による診療を受けた日のことです。

　まずは、初めてケガをした日、もしくは体調不良を感じた日について思い出してみましょう。すぐに思い出せない場合は、病院の領収証や保険調剤明細書、お薬手帳などを確認し、かかった日とかかった病院名を割り出します。このような場合に備え、特に大きな疾病や長期にわたりそうな疾病にかかった場合は、日頃から領収証や明細書を整理しておく方法が重要です。

　先天性の知的障害の場合は、初診日は生まれた日となり、障害認定日は20歳に到達した日となります。この場合は、20歳になるまでに障害年金の請求はできず、20歳になってから請求の手続きをする必要があります。また、先天性の障害の場合でも、実際に生活に支障をきたす程度の症状が確認できるのが後日になってから、という場合があるため注意が必要です。たとえば、先天性の障害を抱えている状態で、後日に痛みが生じて生活することが困難になったケースなどが挙げられます。このような場合は、痛みが生じた時点で初めて病院にかかった日が初診日になります。

　次に確認すべきことは、対象となる障害の程度です。障害基礎年金を受給する場合は障害等級1級または2級、障害厚生年金を受給する

場合は障害等級1級または2級、3級に該当する必要があります。まずは、自身の症状がどのような内容であるかを確認する必要があります。肉体的な部分における障害の場合は歩行や食事、入浴、掃除や洗濯などの日常生活への支障はどの程度生じているのかを確認します。検査の数値により障害の等級が決定する症状もあるため、かかりつけの医師にも相談してみましょう。一方、精神的な部分における内容の場合には、診断された病名や、その症状によって日常生活への支障がどの程度生じているのかを確認します。

　特に自身や家族の障害の状態が長引くと、心身ともに疲労が蓄積してしまい、確認作業が進まないケースもあります。このような場合は、社会保険労務士などの専門家に相談してみるのも有効です。

● 4つの書類を準備して年金事務所へ行く準備をする

　障害年金の受給には、必要になる書類があるため、確認して確実に揃えていきましょう。準備する書類は、①年金支給書、②受診状況等証明書、③医師による診断書、④病歴・就労状況等申立書の4つです（71ページ）。4つの書類が無事にそろったところで、実際に年金事務所へ行き、申請の手続きを行うことになります。まずは、最寄りの年金事務所の所在地を確認しましょう。混雑することがあるので、事前に予約をしておくと安心です。所在地や開所時間については、パソコンやスマホで日本年金機構のホームページに自宅の住所を入力することで、管轄の年金事務所の情報を調べることが可能です。自宅の管轄の年金事務所ではなく、職場近くの年金事務所へ行くこともできます。

　次に、年金手帳または基礎年金番号通知書を準備します。年金手帳は年代により色が異なり、茶色、青色またはオレンジ色の表紙で、基礎年金番号を確認できます。なお、年金手帳または基礎年金番号通知書を紛失した場合は、再発行（年金手帳紛失の場合は基礎年金番号通知書を発行）をしてもらうことが可能です。

第2章　障害年金の請求と準備　　69

Q 障害と診断されてからしばらく病院に行っておらず、3か月以内の診断書がありません。もう請求は認められないのでしょうか。

A 障害年金の請求を行う場合、基本的には障害認定日における診断書が必要です。この診断書は、障害認定日から3か月以内に病院を訪れ、作成してもらわなければなりません。この診断書がないと年金請求は受理してもらえません。

　しかし障害認定日から3か月以内に診断書を作成してもらっていなくても、対処方法はあります。まず障害認定日の3か月以内に病院で診察を受けていて、カルテが残っている場合はその受診日のものとして診断書を作成してもらえます。一方、障害認定日の3か月以内には病院に行っていないという場合は、事後重症に切り替えることで年金請求をすることが可能になります。指定書式の診断書を持って医師の診断を受けます。かかりつけの医師がいる場合はその医師に診断してもらいます。しばらく通院していないという場合も以前診察してもらった医師がよいでしょう。病院が閉鎖していたり、転居のため以前診察を受けた病院に行けないような場合は近所の病院でも大丈夫ですが、障害年金請求用の診断書は特殊なため、記載経験のあるような大きな病院の方がよいでしょう。新たに診察を受け、現在の障害の状況について診断してもらいます。診察を受ける際に障害年金の診断書を書いていただくためであることを伝えます。現在の障害状況を記載した診断書をもらったら、事後重症として年金請求します。実際には、障害認定日当時に重度の障害があったとしても、当時は年金対象にならない程度の軽い障害だったのが、今になって重症化したとして請求します。これは、障害認定日の状況を証明できない場合のやむを得ない方法です。障害認定日請求の場合は最大5年間遡って支給されますが、事後重症の場合は請求した月の翌月からの支給となります。

提出書類を用意するときに気をつけること

診断書、受診状況等証明書、病歴・就労状況等申立書等が必要である

● どんな書類を提出するのか

　障害年金を請求するには、さまざまな書類を準備し、提出しなければなりません。たとえば、重要なものには年金請求書が挙げられます。年金請求書とは、年金をもらうための請求書のことです。年金は、すべて請求制度をとっているため、この請求作業を行わなければ受け取ることができません。年金請求書は、最寄りの年金事務所や役所、日本年金機構のホームページで入手することが可能です。請求書は年金の種類によって異なるため、必ず障害年金を受給することを伝え、入手しましょう。受け取ったら、基礎年金番号や生年月日、氏名などの基本的情報の他、受取りを希望する口座番号や加算がある場合の対象者（加給対象者）などを記載して提出します。

　さらに、障害年金の請求には確実に必要となる受診状況等証明書や医師による診断書、病歴・就労状況等申立書の準備もしなければなりません。受診状況等証明書は初診日を証明するための書類で、初めて受診した医療機関に作成を依頼します。これらの書類は、必ず直接取りに行く手筈を整え、その場で不備がないか確認することが重要です。診断書は、障害の具体的な内容について証明するための書類で、医師に発行を依頼します。病歴・就労状況等申立書は、請求する本人やその家族が、障害にまつわる具体的な状況を記載するための書類です。

　その他の書類としては、年金請求書に記載した個人番号、基礎年金番号や口座番号の証明となるものが必要です。具体的には、本人やその配偶者分のマイナンバーカード、年金手帳もしくは基礎年金番号通知書や預金通帳を準備します。また、申請日の6か月以内に発行され

た戸籍謄本や住民票も準備をしておかなければなりません。そして、加給対象者がいる場合は配偶者の所得証明書や子の在学証明書、対象者の年金証書も必要です。共済組合に加入していた期間がある場合は、その証明となる年金加入期間確認通知書も用意します。

● 受診状況等証明書の記載と作成依頼

受診状況等証明書とは、別名「初診日証明」ともいわれる書類のことで、障害のもとになっている病気やケガで初めて病院を受診した「初診日」を証明するための書類です。初めて受診した先である病院の医師に依頼し、作成してもらいます。

この書類は、初診以降ずっと同じ病院にかかっている場合は、後述する医師による診断書によって初診日の証明がなされるという理由から用意する必要はありません。一方、初めてかかった病院から別の病院へ転院した場合などは、初診日の確認ができるように受診状況等証明書が必要になります。

● 診断書の作成依頼

医師による診断書とは、障害の程度を証明するために医師に発行してもらう書類です。病気やケガの状況や治療にかかった日数、手術が必要であった場合はその内容や入院日数などが記載されています。

実際に診断書を入手する際に依頼を行う医療機関については、障害認定日に障害状態に陥っていると予想される場合は障害認定日時点にかかっていた医療機関、当時は障害状態かどうかが不明の場合は今現在かかっている医療機関に対して依頼をすることになります。

依頼する際には、それぞれの医療機関のルールに従って依頼します。医療機関によっては、医師に直接依頼することもあります。大きな病院では、専門の窓口がある場合もあります。医療機関で確認して手続きをしましょう。ただし、窓口に依頼する場合も、受診を継続してい

る場合には、診察の際に主治医の医師に診断書を依頼する旨を伝えた方がスムーズにいきます。また、依頼文を作成し医師に失礼のないように気を配ることも大切です。

　肝心の診断書ですが、障害年金請求用の専用の用紙を使用します。年金事務所でもらうか、日本年金機構のホームページからダウンロードします。診断書は、障害の部位、原因によって8種類の診断書があ

■ 障害年金請求時の必要書類と手続き ……………………………

障害年金請求時の必要書類

必要書類	備 考
年金請求書	年金事務所または年金相談センター、市区町村役場、日本年金機構のホームページで入手
年金手帳 基礎年金番号通知書	本人と配偶者のもの
病歴・就労状況等申立書	障害の状況、就労や日常生活の状況について記載する
診断書	部位ごとの診断書を医師に記入してもらう
受診状況等証明書	診断書作成の病院と初診時の病院が違うとき
戸籍謄（抄）本	受給権発生日以降、提出日の6か月以内。子がいる場合は世帯全員。単身者はマイナンバー記入により省略可。
住民票	
印鑑 ※押印が必要な場合のみ	金融機関への届け印、実印等
預金通帳または キャッシュカード	本人名義のもの
配偶者の所得証明書 （または非課税証明書）	加給年金対象の配偶者がいるとき市区町村の税務課で発行
子の生計維持を証明するもの	加給年金対象の子がいるとき　在学証明書など
年金証書	本人、配偶者がすでに年金をもらっているとき
年金加入期間確認通知書	共済組合の加入期間があるとき

障害年金の手続き

初診日の年金加入状況		請求先
厚生年金		年金事務所または年金相談センター
国民年金	第1号被保険者	市区町村役場
	第3号被保険者	年金事務所または年金相談センター
20歳前に初診日がある場合		市区町村役場

第2章　障害年金の請求と準備　　73

ります。眼の障害用、聴覚・鼻腔機能・平衡感覚・そしゃく・嚥下・言語機能の障害用、肢体の障害用、精神の障害用、呼吸器疾患の障害用、循環器疾患の障害用、腎疾患・肝疾患・糖尿病の障害用、血液・造血器・その他の障害用の8種類です。障害に合わせた診断書用紙を入手し、医療機関に作成依頼します。複数の障害を併合して請求する場合は、それぞれの障害について作成してもらいます。

　診断書の作成を依頼するにあたり、依頼者（患者）がどのくらい日常生活に支障が出ているか、医師は日頃の診察から判断することになります。自分で作成した病歴・就労状況申立書の情報を提供すると、医師の参考になることがあります。依頼する時に医師と相談して、押し付けにならないよう注意して情報提供をしましょう。

● 病歴・就労状況等申立書の作成

　病歴・就労状況等申立書とは、前述の2つの書類とは異なり、医師ではなく患者側（本人またはその家族）が作成する書類になります。病名や発病日、初診日や障害の程度など、受診状況等証明書や診断書に書かれた内容に加え、診断書だけでは計ることができない、具体的な症状や日常生活で生じている支障の内容について記載します。たとえば、医師にかかっていない間の症状や外出、仕事や食欲、着替え、炊事、洗濯、入浴などへの影響などを具体的に記していきます。

　病歴・就労状況等申立書は、障害年金の受給審査に影響する重要な存在であり、患者側が作成する唯一の書類です。記載後は、客観的な視点から判断ができる立場の者に内容を確認してもらう方法をとることが有効です。

　受診状況等証明書、診断書、病歴・就労状況等申立書の3つの書類は、①受診状況等証明書→②診断書→③病歴・就労状況等申立書の順番で準備していきます。それぞれの書類の内容に矛盾がないかのチェックを行った上で提出をしましょう。

初診日のカルテが廃棄されている場合はどうすればよいのでしょうか。

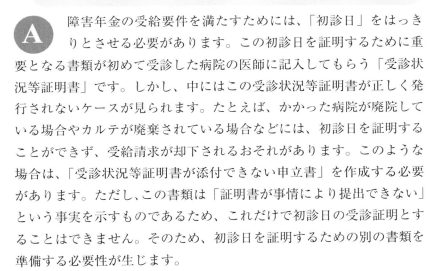　障害年金の受給要件を満たすためには、「初診日」をはっきりとさせる必要があります。この初診日を証明するために重要となる書類が初めて受診した病院の医師に記入してもらう「受診状況等証明書」です。しかし、中にはこの受診状況等証明書が正しく発行されないケースが見られます。たとえば、かかった病院が廃院している場合やカルテが廃棄されている場合などには、初診日を証明することができず、受給請求が却下されるおそれがあります。このような場合は、「受診状況等証明書が添付できない申立書」を作成する必要があります。ただし、この書類は「証明書が事情により提出できない」という事実を示すものであるため、これだけで初診日の受診証明とすることはできません。そのため、初診日を証明するための別の書類を準備する必要性が生じます。

　初診日を証明できるカルテの存在は、この証明書類としてきわめて重要になります。しかし、見つからない場合は別の書類、たとえば病院や調剤薬局での領収証や、医療機関や行政に個人情報開示の請求を行うことで入手できる「障害者手帳を申請した際の診断書」などを用意して証明することになります。

　初診日のカルテが見当たらない状態で実際に初診日を証明するためには、まずは存在する最古のカルテを入手します。そして、その入手したカルテに、初めて受診した場所として病院の名称が記載されているかを確認します。その上で、記載された病院における領収証を準備し、受診状況等証明書が添付できない申立書を作成することで、初めて初診日の証明となる書類がそろったといえます。カルテが実在しない場合は、このように複数の書類をそろえて初診日を明確にしていく必要があるため、日頃から領収証の整理が不可欠だといえるでしょう。

その他の書類を準備し提出する

期限が定められた提出書類に注意し、すべて控えを取っておく

● 戸籍謄本などのその他の書類を集めて年金事務所に提出する

　障害年金の申請に必要なものは、病院からの診断書や受診状況等証明書、病歴・就労状況等申立書などがありますが、その他にも準備すべきものがあります。

　たとえば、戸籍謄本や住民票などが挙げられます。市区町村によっては申請から入手までに時間がかかる場合があるため、事前に手に入れるまでの期間を調べておく必要があります。戸籍謄本の入手が遅れたことで月をまたいでしまい、申請が遅くなる事態は、支給決定の時期が遅くなることにつながり不利であるため、避けた方がよいでしょう。ただし、事後重症請求の申請時に必要となる戸籍謄本は1か月以内、障害認定日請求の場合は6か月以内のものと定められています。したがって、早く入手した場合は期限切れで再取得を行う手間がかかるおそれがあるため、診断書の完成時期を見計らって準備しましょう。なお、マイナンバー制度の導入により、単身者はマイナンバーを記入することにより戸籍謄本や住民票などの添付が原則不要になります。

　その他、預金通帳の1ページ目やキャッシュカードのコピーなど、申請者本人が名義人である銀行口座がわかる書類も必要です。コピーは、必ず本人の名前が記された部分を取らなければなりません。なお、こちらの書類は戸籍謄本などとは異なり期限がないため、早めに準備をしておく方法が有効です。

　さらに、年金の上乗せ対象となる家族がいる申請者の場合は、戸籍謄本と同時期取得の住民票や最長5年分の所得証明書、非課税証明書、高校に在学中の場合は通っている学校の学生証を入手する必要があり

ます。障害厚生年金の３級に該当する場合は家族による上乗せ加算は行われませんが、３級相当であることが明らかな場合でも加算の対象となる家族がいる場合は、これらの書類を添付しなければ受け付けてもらえないものとされています。この場合の戸籍謄本については加算対象者について、請求者との続柄、氏名、生年月日を確認するために必要になります。

　なお、世帯全員の住民票の写しや加算対象者の収入が確認できる書類については、マイナンバーを記入することで添付を省略できます。必要な書類は、後で不足していた事実に気づくよりは、念のためにあらかじめそろえておくと安心です。すべての書類がそろったところで年金事務所へ提出を行うことになります。

　提出先の年金事務所の住所や最寄り駅、駐車場の有無や受付時間帯などをあらかじめ調べ、当日にまごつかないようにしましょう。

　この他、実際に提出する前にあらかじめ提出するすべての書類の控えを取っておくことが重要です。提出の際には必要ない場合でも、更新が必要な障害に該当するという認定を受けた場合は、その際に必ず前回申請した時の内容を見直す機会があるためです。そして、更新時に不支給決定がなされた場合に再度請求を試みる場合にも、初回申請時の書類は重要な意味をもつため、必ず控えをとり、適切に保管しておくことが重要です。うっかり控えを取ることを忘れてしまった場合は、提出先の年金事務所へ依頼する方法や、厚生労働省に対して個人情報開示手続きを行うことで、入手できる可能性があります。

◉ 支給決定を受けた場合、どんなことに注意すればよいのか

　申請を行い、支給決定がなされた場合も油断は禁物です。障害年金の支給が正式に決定した場合には年金証書という書類が郵送されます。この年金証書には、障害年金を受け取る際に重要となる内容がいくつか記されているため、届いた際には必ず中身を確認しましょう。

まず確認するのは、支給対象者の生年月日横に記された「受給権を取得した年月」です。この年月からは、認定された時期が障害年月日に遡ったものであるかを見ることができます。そして、この取得した年月の翌月から、実際に障害年金の支給が開始されます。さらに、年金額からは、支給される金額を知ることが可能です。注意する点としては、国民年金と厚生年金がそれぞれ別個に記されていることです。また、障害基礎年金の2級より重い場合は子の加算、障害厚生年金の2級より重い場合は配偶者の加算がなされているかを、加算額の欄から確認することができます。その他、認定された等級や次回の更新時期も年金証書から把握することが可能です。なお、証書に記された「診断書の種類」は、次回に更新をする場合に記入が必要な診断書の種類のことです。今後に向けて、チェックする方法が有効です。

◉ 年金の支給が始まれば安心して大丈夫か

　郵送された年金証書の内容に従って、実際に障害年金が支給されます。支給は2か月に一度、偶数月の15日に指定口座へ振り込まれるため、カレンダーに記しておくなどの方法で忘れないよう心がけましょう。年金証書が郵送されて以降、およそ50日以内に年金支払（振込）通知書が送られてきます。書類の内容を調べ、特に不明点や問題点がない場合は特別に行動を起こす必要はなく、各月の年金支給を待つことになります。なお、年金証書や年金支払通知書の内容に疑問や不明点がある場合は、年金事務所へ電話や出向くことで相談に応じてもらえます。

　また、引越しなどの事情で振込口座の変更を希望する場合は、年金事務所で変更の手続きを行うことになります。覚えておきたいのは、障害年金の支給期間は国民年金保険料が法定免除になる点です。ただし、この免除期間は、支給される老齢年金が半額になります。抱えている障害が直る見通しがある場合は、将来の老齢年金の額が抑えられないよう国民年金保険料の支払を検討する方法もあります。

第3章

ケース別
障害年金の請求と
書式の書き方

精神疾患による請求と書類作成の注意点

障害認定基準に該当する精神疾患のみ請求対象となる

● 障害年金の対象となる精神疾患とはどんなものか

　精神疾患は、先天性・後天性ともにさまざまな種類の病名が存在します。精神疾患に起因した障害年金を請求した場合、「障害認定基準」を参考にした上で審査が行われます。この基準では、障害の状態に応じて、①統合失調症、統合失調症型障害及び妄想性障害、②気分（感情）障害（うつ病・双極性障害など）、③器質性精神障害（症状性のものを含む）、④てんかん、⑤知的障害、⑥発達障害、に分類されています。重要な点としては、医師によって上記の分類に該当した「具体的な病名」がつけられ、診断書にその旨の記載がなければ障害年金の認定を受けることができないという点です。該当する病名としては、うつ病や双極性障害、痴呆症、高次脳機能障害、アルコール薬物使用に基づく精神障害、アルツハイマー病などが挙げられます。

　一方、パニック障害やPTSD、適応障害、摂食障害、睡眠障害などの「人格障害」と診断された場合は認定対象から外されます。これは、精神病に比べ、神経症は心に左右される軽易なものとみなされ、障害年金が支給された場合に患者の病気の克服意思をそいでしまう可能性があるという理由から対象外とされています。

　また、神経症についても、たとえ治癒までには長い期間を要するものであっても認定対象から外されます。ただし、パニック障害に加えて双極性障害を発症しているケースのように、神経症であっても精神病の症状が見られるものについては、統合失調症や気分（感情）障害として扱われる場合があり、この場合は認定対象に含まれます。

精神疾患の年金請求ではどんな書類を提出するのか

　精神疾患に起因した障害年金を請求する場合も、基本的には他の障害の場合と同様の書類が必要です。年金請求書の他、診断書、受診状況等証明書、病歴・就労状況等申立書の３つの書類を準備していきます。医師に依頼する診断書は「精神の障害用」を利用します。年金事務所や役所、または日本年金機構のホームページから入手することができます。その他、戸籍抄本や住民票、年金手帳、預金通帳、加給対象者にまつわる書類の準備もあわせて行います。

　なお、初診日のカルテが残ってないなどの理由で受診状況等証明書を添付できない場合は、別の方法で初診日を証明するために、受診状況等証明書が添付できない申立書（161ページ）を提出します。

精神疾患の場合の書式作成のポイント・注意点

　肉体的な疾患と比較すると精神疾患には目に見えない部分の占める割合が高いため、診断する医師によって左右しやすい点が特徴です。特に診断書に記載された医師の見解と自身の病状や生活状況が一致しているかを必ず事前に確認する必要があります。チェックする点としてはまず「障害の原因となった傷病名」があり、障害年金の対象となる病名と、国際疾病分類で区分されたICD-10コードが記載されているかを確認します。また、日常生活の判定項目についても、事実と乖離していないかを調べます。

　なお、先天性知的障害の場合は、初診日が出生日となり、「二十歳前傷病の障害年金」として障害基礎年金のみが対象になります。一方、先天性であっても、精神疾患はその疾患について自覚症状があって初めて受診した日が初診日となります。この場合、厚生年金に加入してから発症した場合は、障害厚生年金も受給できる可能性があり、障害等級３級までが対象になります。

メンタルヘルス疾患で障害年金を受給できるのはどんな場合でしょうか。

　障害認定基準に該当する精神疾患のみが障害年金受給の対象になります。特に注意が必要なのは、医師による具体的な病名に基づく診断が必要であるという点です。たとえばうつ病や痴呆症、アルツハイマー病などは対象に含まれます。メンタルヘルス疾患としては下図のような症状が挙げられますが、すべてが障害年金の受給対象になるわけではなく、適応障害等は、障害年金の受給がかえって治癒の妨げになるおそれがあるため、対象から外されています。

■ 職場で生じる可能性があるメンタルヘルス疾患

名称	特徴
うつ病	多忙や不安、人間関係などによるストレスなどをきっかけにして、精神的・身体的な症状があらわれる病気
双極性障害	躁状態とうつ状態を繰り返す病気。うつ病とは異なる別の病気で治療法も異なる
抑うつ状態	うつ病や双極性障害といった診断名をつけられる段階には至っていないものの症状としてうつ病などに近いものが現れている状態
不安障害	本来不安や恐怖を感じる対象ではないものにまで過剰に反応する症状が現れる病気。社交不安障害やパニック障害、恐怖症などがある
適応障害	ある特定の環境や状態がその人にとって強いストレスとなり、不安症状や抑うつ状態といった症状が現れる状態にあること
自律神経失調症	ストレスやホルモンバランスの乱れなどが原因で自律神経が正常に働かず、めまいや動悸、頭痛、睡眠障害、倦怠感などが生じる病気
統合失調症	脳の機能に問題が起こることで生じるとされている精神病の一種。幻覚や幻聴、妄想などが主な症状

慢性疾患による請求と書類作成の注意点

緩やかに進行するため事後重症請求が多く見られる

● 障害年金の対象となる慢性疾患とはどんなものか

　慢性疾患とは、徐々に進行し、長い治療期間がかかる病気のことをまとめた呼称です。糖尿病や高血圧性疾患、リウマチ、糖尿病、脳血管疾患などの他、慢性腎不全や慢性腎炎のように「慢性」という名称がつくものもあります。なお、短い期間で急に発症する病気のことを「急性疾患」といいます。

　障害年金の対象となる慢性疾患にはかなりの種類がありますが、進行が緩やかという特徴から、初診日の特定が難しいケースが見られます。たとえば健康診断などで指摘を受けたものの、特に日常において支障がなかったためそのまま生活し、いつの間にか病状が進行している場合などが挙げられます。また、慢性疾患の場合、障害認定日の時点では症状が障害等級に該当しない程度であるケースが多々あるため、本来請求ではなく事後重症請求の形をとる場合が多く見られます。

　なお、慢性疾患には、合併症で障害年金の認定が行われる場合があります。たとえば、糖尿病と診断された場合、病気を抱えた状態が長く続くことで糖尿病性腎炎や糖尿病性神経障害などの合併症を引き起こすケースが多くあり、合併症が見られない状態、つまり単独で糖尿病にかかっている状態では、障害基礎年金に該当する等級には満たないと診断される場合があります。

　このように、糖尿病の場合は合併症の存在が重要であり、合併症の有無、状況、治療経過、日常生活への支障具合から総合的に障害等級の審査が行われることになります。

第３章　ケース別　障害年金の請求と書式の書き方　83

● 慢性疾患の年金請求ではどんな書類を提出するのか

　慢性疾患による障害年金を請求する場合も、基本的には他の障害の
ケースと同じく、基本的な書類が必要になります。たとえば、最も重
要である年金請求書や診断書、受診状況等証明書、病歴・就労状況等
申立書という書類を準備していきます。さらに特定の病気については
発病日と初診日を詳しく確認するために、「初診日に関する調査票」
の提出を求められることがあります。その他、戸籍謄（抄）本や住民
票、年金手帳、預金通帳、加給対象者にまつわる書類も準備しなけれ
ばなりません。慢性疾患の場合、事後重症請求のケースが多くありま
す。事後重症請求は65歳になるまで行うことができるため、自覚をし
た場合には早めに請求を行う方法が重要です。事後重症請求の場合は、
請求する時点での診断書が必要になる点にも注意しましょう。

● 慢性疾患の場合の書式作成のポイント・注意点

　慢性疾患にかかった場合、初診日の特定ができない場合や、初診日
と思われる日がかなり昔となるため、かかっていた病院が廃院してい
る場合、カルテがない場合などがあります。このような場合も、あき
らめずにさまざまな方法を試してみる必要があります。まず、カルテ
の破棄や病院の廃業に直面した場合は、「受診状況等証明書が添付で
きない申立書」への記入が必要です。この書類には、「証明書が準備
できない事情」を記入する欄が設けられているため、記載の上で証明
となる過去の受診内容や領収証などとともに提出します。

　慢性疾患の場合、自覚症状の現れ方は人それぞれです。そのため、
とりあえず気になる症状に対応するための病院へ行き、いくつか転院
した上で最終的に慢性疾患と診断されるケースがあります。

肢体障害による請求と書類作成の注意点

診断書への記載内容が審査に大きな影響を与える

● 障害年金の対象となる肢体の障害とはどんなものか

　肢体の障害の主なものといえば、脳血管障害や脳梗塞などを発症した際に残る後遺症、事故などで脳にケガをした場合に残った後遺症などが挙げられます。後遺症とは、手足の麻痺などを始めとした機能障害のことで、手や足が満足に動かせず、日常生活や就労が困難となり、障害等級に該当した場合には障害年金の請求を行うことができます。

　また、交通事故などで手や足を失ってしまった場合なども、肢体の障害として扱われます。この場合は、初診日から1年6か月後の障害認定日を待つことなく、手足を失った日を障害認定日として年金の請求をすることが可能です。ただし、同じ交通事故でも、高次脳機能障害を発症した場合は肢体の障害ではなく、精神障害として請求を行うことになります。その他、パーキンソン病や進行性筋ジストロフィーなどの疾病にかかった場合も、肢体の障害と扱われます。

● 肢体の障害による年金請求ではどんな書類を提出するのか

　肢体の障害を受けて障害年金の請求を行う場合は、肢体の障害専用の診断書を医師に作成してもらわなければなりません。肢体の障害の場合、どのような経緯で発症したかの情報が非常に重要な存在となるため、障害にまつわる傷病名や障害が発症している場所、障害の程度が正しく記載されているかを提出する前に必ず確認する必要があります。特に、障害の状態については、障害の内容に応じた記載の仕方があるため、注意が必要です。

　たとえば、脳血管疾患による手足の麻痺の場合は、記載が必要な握

力や手足の可動域の内容などから日常生活にどの程度の支障をきたしているかを判断することになるため、記載もれがないかを気をつけて確認しなければなりません。また、変形性股関節症にかかっている場合などは、どちらの股関節がどの程度変形しているか、または人工関節などを装着しているのかを記載することが求められます。特に先天性股関節疾患の場合は、20歳になるまでの詳しい状況を記載した「初診日に関する調査票」の提出を求められることがあります。

　その他の書類については、原則として他の障害の場合と同様の内容のものを準備しなければなりません。たとえば、年金請求書や受診状況等証明書、病歴・就労状況等申立書という書類は当然ながら必要です。その他、戸籍謄（抄）本や住民票、年金手帳、預金通帳、加給対象者にまつわる書類も必要になります。

● 肢体の障害の場合の書式作成のポイント・注意点

　その障害が先天的なものなのか、何らかの事故や成長の過程の段階によって発症したものなのかによって初診日の基準が異なる点が挙げられます。たとえば、変形性股関節症の場合、発症の原因が先天的なものである可能性があります。先天性の場合で、完全脱臼したまま生育した場合の初診日は出生日となり、「二十歳前傷病の障害年金」の対象となります。この場合、障害厚生年金が適用されないため、障害年金を請求するには障害等級2級以上に該当しなければならず、年金額にも大きな影響を与えることになります。しかし、先天性疾患が理由であっても、発症し、悪化したのが厚生年金に加入している就労期間であれば、障害厚生年金を請求することができる可能性があります。

　二十歳前傷病の障害年金・障害厚生年金のいずれに該当するかは、初診日が出生日とみなされるか、いつ自覚症状が始まって、いつ診察を受けたか、そしてその時に就職して厚生年金に加入していたかによります。

治療法が確立されていない難病の場合でも障害年金を請求することができるのでしょうか。

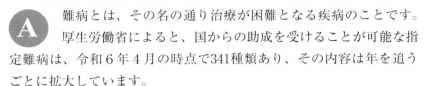 難病とは、その名の通り治療が困難となる疾病のことです。厚生労働省によると、国からの助成を受けることが可能な指定難病は、令和6年4月の時点で341種類あり、その内容は年を追うごとに拡大しています。

　特徴としては、まず発症する原因を突き留めにくく、わかりにくい点が挙げられます。また、発症からの経過が非常に緩やかで、その様子が「慢性疾患」と似ていることも特徴のひとつです。その他、一般的な疾病と比較すると治療が難しく、後遺症が生じる可能性が高いものや、明らかな治療方法が示されていない病気も含まれます。実際に難病にかかると治療期間が非常に長期にわたるケースが多いため、精神的・経済的に大きなダメージを受ける場合があります。また、介護が必要となる場合もあり、本人やその家族にかかる負担も計り知れないものがあります。

　このような難病の場合でも、障害年金を請求することができます。難病にまつわる疾病を理由とした年金請求を行った場合、審査は症状の内容や疾病にかかってからの経過、日常生活がどの程度支障なく送ることができるのか、などの観点から行われます。つまり「難病」にかかったために認定されるのではなく、その病気によってどの程度の影響を及ぼしているのか、また治療の効果がどの程度生じているのか、という点から認定を受けることができるわけです。

　実際に申請する場合に必要となる書類は、原則として他の障害の場合と同様です。気をつける点は、難病はいつから発症したのかを判断することが難しく、初診日の特定に時間がかかる可能性があることです。また、診断書の内容に医師の主観が影響するため、医師が前例の少ない難病に対する診断書を記載しづらい場合があります。

ガンによる請求と書類作成の注意点

ガンの治療によって生じた障害も請求対象となる

● 障害年金の対象となるガンとはどんなものか

　ガンといえば「重病」というイメージがあることから誤解されてしまうことが多くありますが、障害年金の場合は、ガンと診断された場合に直ちに支給されるとは一概にはいえません。重要になるのは病名ではなく、病気によってどのような障害を抱えているか、ということです。たとえガンにかかっているとしても、定められた障害等級を満たしていない場合は、支給を受けることはできない点に注意が必要です。

　また、最近は医療の進歩を受け、ガンと診断された場合の入院期間や、抗ガン剤での治療や手術を受けて日常生活や就労生活に復帰するまでの期間が短縮されている傾向があります。この場合、初診日から1年半を経過した時点での障害認定日にはすでに通常通りの日常生活を送っており、障害等級に満たない状態となっているケースが多くあります。

　なお、障害認定日の時点で通院生活を続けているためにフルタイム勤務ができない場合などは、厚生年金に加入していれば障害等級の3級と判断される可能性があります。

● ガンによる年金請求ではどんな書類を提出するのか

　ガンと診断された場合に障害年金を請求する場合も、他の障害にまつわるものと同様の書類一式が必要になります。同じガンにかかった場合でも、現れる症状の内容は人によってさまざまです。そのため、まずは自分がどの障害認定基準に該当するかを確認した上で、書類を

そろえていく必要があります。

　書類としては、まずは障害年金の年金請求書や医師による診断書、受診状況等証明書、自身で記載する病歴・就労状況等申立書を準備します。また、戸籍抄本や住民票、年金手帳、預金通帳、加給対象者がいる場合は証明するための書類の準備も同時に行う必要があります。

● ガンの場合の書式作成のポイント・注意点

　ガンによる障害年金の請求を行う場合、特に重要性が高いといえるのは、病歴・就労状況等申立書の存在です。障害年金の請求が認められる基準は、ガンという病名ではなくガンによって生じた障害の程度に大きく影響します。したがって、ガンにかかったことで生じる手足のしびれや貧血、食欲不振などの症状についても、障害等級に該当する程度であれば障害年金を受けることができます。

　診断書や病歴・就労状況等申立書には、できるだけ具体的に、ガンによって生じた症状や日常生活への支障の具合を記載する必要があります。例として、障害認定日の時点で職場に復帰しているものの、手足のしびれなどのさまざまな身体障害のために就労能力が落ちている場合を挙げてみます。「病歴・就労状況等申立書」に出勤日のみを記載し、具体的な仕事への影響を記載しなかった場合は、職場復帰し、ある程度までは就労ができていると判断され、請求が却下される可能性があります。ここでは、出勤日に加え、出勤してからどの程度の仕事ができているか、作業量はどう変化したか、などの具体的な体験談を交えて説明するべきでしょう。医師による診断書に加え、診断書では判断することができない部分を補うつもりで、詳細にわたり病歴・就労状況等申立書への記載を行うことが非常に重要になります。

第3章　ケース別　障害年金の請求と書式の書き方　**89**

視力や聴力などの悪化による請求と書類作成の注意点

正しく数値が記載されているかが非常に重要となる

● 検査数値が悪化すると障害年金の対象となることがある

　障害年金の中には「検査数値」の内容に応じて支給が決定されるものがあります。検査数値は、現在の身体の状況を数値化するために基準を定めやすいというポイントがあります。逆に、日常生活に支障をきたしている場合でも、検査数値の内容が基準に達していない場合は、障害年金の対象外とされるケースも見られるため、注意が必要です。検査数値の内容が影響する疾患には、たとえば目の障害などが挙げられます。目の障害といっても内容はさまざまなものがあり、等級表で詳細が定められている視力障害の他、求心性視野狭窄などの視野障害も含まれます。視力障害の場合で例を挙げると、まず視標を8箇所に分類し、それぞれの部分計測した視野が5度以内であれば障害等級2級に該当する、などの要件が定められているため、たとえばこの数値が悪化した場合は、さらに上の等級に該当する可能性もあります。

　また、聴覚障害の場合も同様に検査数値が示されています。たとえば、両耳の聴力が100デシベルに達した場合は障害等級1級、90デシベルに達した場合は2級に該当します。

● どんな書類を提出するのか

　検査数値が認定の基準となる障害の場合、診断書には検査数値の情報が必須となります。提出の際には、医師により視力検査や聴力の検査、関節がどの程度動くのか、などの検査を行い、数値化されます。その他の書類については、原則として他の障害の場合と同様の内容のものを準備しなければなりません。現在の医師へ診断書の作成を依頼

する一方、初診の医師が異なる場合は、その医師に受診状況等証明書の作成を依頼します。さらに年金請求書や病歴・就労状況等申立書の準備を行います。病歴・就労状況等申立書には検査数値で計ることができない自身の病状や日常生活にどの程度の支障をきたしているのかを詳しく記載しましょう。その他、戸籍謄（抄）本や住民票、年金手帳、預金通帳、加給対象者がいる場合はその書類も必要になります。

　ところで、障害年金は障害認定日に遡って請求することができますが、当時の障害状況が基準に達していないこともあります。却下されてから再度事後重症による請求をするのは手続きが煩雑になるため、請求事由確認書を提出することにより、優先的に障害認定日による請求を行い、却下された場合は事後重症による請求に自動的に切り替えてもらうことができます。

● 書式作成のポイント・注意点

　視力が悪化した場合に障害年金を請求する場合、医師により記載された診断書のチェックを入念に行う必要があります。自身の検査数値の内容が診断書に正しく書かれているか、記入もれなどがないかを確認します。数値の内容は等級の基準に大きな影響を及ぼすため、大変重要な存在となります。また、障害の中には改めて検査をする必要がないくらい明らかなものがありますが、この場合の医師の対応には注意しなければなりません。

　たとえば、明らかに「見えない」「聴こえない」「動かない」状態である場合、医師が具体的な検査数値を記入しないケースがあります。医師としては、書くまでもない状態であると判断しての行為ですが、具体的な数値が不足していると「未検査」「不備」と判断され、年金を受け取ることができない可能性があります。すべての項目が適切に記載されているかが非常に重要なポイントです。

第3章　ケース別　障害年金の請求と書式の書き方　**91**

知的障害・発達障害についての障害年金の請求と書類作成の注意点

20歳になったら医師の診察を受ける

● 障害年金の対象となる知的障害とはどんなものか

　知的障害は、知的能力に障害があることで日常生活に支障があるために、何らかの支援が必要な状態を指します。発達障害と知的障害は同一ではありません。発達障害とは、発達障害者支援法に規定されていますが、脳機能の障害が原因となり、自閉症など日常生活または社会生活に制限を受ける者です。知的障害は発達障害のひとつです。知的障害や発達障害も程度が重ければ障害年金の対象になります。まず、知的障害では、知能指数という数値を１つの指標として判断することがあります。ただし、等級判定のガイドラインにおいても、知能指数のみには着目しないと明記されています。

　なお、療育手帳（知的障害者のための障害者手帳）の判定区分が中度以上の場合、知能指数は概ね50以下であり、認定基準の１級または２級を検討します。知的障害以外の障害年金の認定基準では、日常生活が自力ではほとんどできず、常に誰かの介護が必要な状態のときに１級と認定され、日常生活に著しい制限を受ける状態で、頻繁に誰かの介護を必要とする状態のときに２級と認定されます。身体障害者の場合、「寝たきり」に近い状態が１級で、「寝たきり」まで行かないが、介護がないと外出もままならない状態の時が２級と認定されるといったイメージです。さらに厚生年金では、労働に著しい制限が加えられる状態のときに３級と認定され、それよりも軽い程度の時に障害手当金に認定されます。

　一方、知的障害の場合は、身体には障害がないので、「自力でできる」こともありますが、自力で作業ができてもその結果は健常者とは

著しく異なったり、自力で作業した結果うまくできずに状況を悪化させ周囲がその後始末に追われることもあります。このような著しい不適応行動も障害認定において考慮されます。

● 年金請求ではどんな書類を提出するのか

請求手続きでは年金請求書を提出します。添付書類として戸籍謄（抄）本、医師の診断書（所定書式）、病歴・就労状況等申立書を提出します。先天性の知的障害の場合は、発達期以前に原因があることが明らかなため、初診日の証明が不要とされており、受診状況等証明書の提出の必要はありません。一方、20歳前に初診日があることが前提となっているため、年金保険料の納付が支給要件になっていない反面、その後就職して厚生年金に加入したとしても、年金請求できるのは、初診日時点の加入状況が問われるため、20歳前に初診日があるとされる先天性の知的障害では厚生年金の請求はできません。

● 書式作成のポイント・注意点

知的障害の障害認定では診断書のウェイトが重いと言われています。医師は問診等を通じて診断書を作成します。そこで医師に、障害年金における診断書の意味や、日常生活における不適合行動についてしっかり説明する必要があります。「病歴・就労状況等申立書」においても、日常生活における問題点をきちんと記入します。

また、知的障害者は、大人になってからも医師の診察・治療を受けることはあまりありません。そのため、20歳の誕生日の前後3か月に診察を受けていない事がよくあります。しかし、20歳前に初診日があるとされているため、障害認定日は20歳到達時となります。したがって障害認定日のカルテがなく、本来請求ができない事があります。20歳の誕生日が近づいてきたら医師の診察を受けることを忘れないようにしなければなりません。

子どもの時から障害があります。保険料を支払っていないのに年金をもらえると聞きましたが本当でしょうか。

障害年金を含め年金は年金保険料を原資として支給されています。そのため年金保険料を納付していない人は、年金の受給資格はありません。障害年金では、初診日の前日を起点として未納期間が調査されます。ケガ・病気をしてからあわてて保険料を納付しても年金は支給されません。一方、年金保険料は20歳になってから納付を開始しますので、子どもの頃からの障害の場合、その初診日では20歳未満で年金保険料の支払い義務はありませんので、「未納」が問題になることはなく、年金の支給要件から除外されています。また、年金にも加入していないときのケガ・病気ですが、障害を残し、その後の生活を不自由なものにしていることは、初診日の年齢には関係ありません。そこで年金制度では、20歳前に障害の原因となるケガ・病気がある場合も障害基礎年金の1級2級に該当する場合は、20歳以降については年金支給の対象とされます。

ただし、もう一つ大きな問題が残ります。保険料の納付は関係ありませんが、先天性の知的障害等を除き初診日を確定しなければなりません。当時の医師に「受診状況等証明書」を書いてもらえればよいのですが、初診日から十数年も経過していたり、転居するとその証明が難しくなります。平成27年10月1日の改正により初診日認定の要件が緩和されたとはいえ、時間が経過しているのでその証拠集めは困難を極めます。前述のように保険料の未納については問われず、また障害認定日も20歳に到達した日（初診日から1年6か月経過していない障害を除く）に決められているので、正確に何年何月何日とまで証明できなくても年金請求は受理されます。

年金の障害等級は障害者手帳の等級とは別の判定基準によりますので、自分で判断しないで専門家に相談することをお勧めします。

子どもの時の傷病が原因の障害（二十歳前障害）による請求

初診日証明をとることが必要

● 請求するために必要なことは何か

　20歳前に発症した病気や障害が原因で、20歳以降に生活や仕事に支障をきたすようになった場合には、保険料納付要件は問われず、障害の程度に応じて障害基礎年金が支給されます。

　請求手続きの流れとしては、まず初診日が20歳前であることを証明する必要があります。現在通院している医療機関と初診時の医療機関が同じ場合は問題ないのですが、異なる場合には受診状況等証明書を取得します。これにより、初診日を明確に示すことができます。しかし、初診から10年以上も年数が経過していたりすると、カルテが残っていなかったり、初診時の医療機関が閉鎖していることがあります。その場合、受診状況等証明書が添付できない申立書を提出するとともに、身体障害者手帳や小学校・中学校等の健康診断の記録や成績通知表、当時通院していたことを証明する領収書やお薬手帳、さらには第三者の証言等を集めます。二十歳前障害の障害基礎年金を請求する際に一番苦労するのが、この初診日証明です。

　前述したように現在も同じ医療機関に通院している場合は問題がないのですが、転居等があると異なる医療機関に通院することになります。その時は多くの場合、受診票や領収書などは廃棄していることがほとんどです。さらに実際の初診日についても日付や年代の記憶が曖昧であったり、前後の記憶が交錯したりしてより混乱を生ずることがあり、複数の医療機関に受診している場合、その順番を間違えて記憶していることもあります。家族に確認するなどして、当時の記憶をしっかり思い出すことが大切です。これは病歴・就労状況等申立書の

作成においても重要です。

　また、どうしても初診時に診察を受けた医療機関の証明が取れない時があります。そのような場合、２番目以降に受診した医療機関の証明で代用することも可能です。ただし、そのためには２つの条件が必要です。１つは、２番目以降に受診した医療機関に初めて受診した日に厚生年金に加入していないことです（就職して社会保険加入対象者となっていないこと）。厚生年金加入後に初診日がある場合は障害厚生年金の支給対象となるため、原則通り本来の初診日証明が必要です。２つ目が２番目以降に受診した医療機関に初めて受診した日が18歳と６か月になる前か、それ以降の場合には、20歳に到達前に障害認定日となるよう症状が固定されていることです。この措置には20歳に到達する前に障害認定日が来ていることが必要になるからです。

　なお、先天性の知的障害の場合は、出生時が初診日となりますので、初診日証明は不要です。出生後に病気や外傷などで知的障害になった場合は初診日証明は必要となります。その他にも「先天性」とつく病気はありますが、それがいつ発症したかによって変わってきます。

　また、二十歳前障害の場合は、障害基礎年金を受給できるのですが、この場合所得制限があります。年収が3,704,000円を超えると障害基礎年金年収が全額もしくは２分の１が支給停止になります。年収が3,704,001円から4,721,000円の場合、障害基礎年金の額の２分の１が支給停止になり4,721,000円を超えると障害基礎年金は全額が支給停止になります。そのため、請求者本人の所得証明書を提出する必要があります。

　なお、マイナンバーを記入することで所得証明書は省略できます。障害基礎年金をもらいながら就職して厚生年金に加入することは可能ですが、それにより年金が障害基礎年金から障害厚生年金に変わったり、所得制限がなくなったりすることはありません。同一の障害での扱いは、所得制限のある障害基礎年金のままとなります。

診断書の調査票が必要なとき

病歴就労状況等申立書とは違い、調査票は客観的な観点から記載される

● 調査票は初診日を判断するための資料

　原則として、①先天性障害（網膜色素変性症等）眼、②先天性障害耳、③先天性股関節疾患（臼蓋形成不全を含む）、④糖尿病、⑤腎臓・膀胱の病気、⑥肝臓の病気、⑦心臓の病気、⑧肺の病気、に該当する場合は、それぞれの疾患に対応した障害年金の初診日に関する調査票の提出が求められます。

　調査票は初診日を判断するための資料です。初診日は受診状況等証明書により認定するのが原則です。先天性の疾患や糖尿病、腎臓病などのように本来の初診日が数十年前ということもあります。また、当初は軽症だったため特別な意識もなく記憶から忘れ去られている場合もあります。たとえば糖尿病から腎臓の疾患につながり人工透析が必要になるような場合も糖尿病の発症から人工透析に至るまでには、かなりの期間が経過します。人工透析が何年も前の初期の糖尿病の延長線上にあるとは考えにくいものですが、障害年金では、現在の障害の根本となった傷病についての初診日をもって国民年金（基礎年金）と厚生年金の区別や保険料納付要件の確認を行います。

　病歴就労状況等申立書が比較的主観に基づいた記入になるのに対し、この調査票はほとんどが客観的な観点からの記入になります。医師が作成した受診状況等証明書があっても、この調査票が重要であることには変わりありません。安易に「そういえばこの頃こんなだったかな」などと、曖昧な記憶で記入しないで確実な記録に基づき、あるいはしっかりと記憶を呼び戻して記入する必要があります。

複数の障害（傷病）を併発している場合

それぞれの障害について診断書、受診状況等証明書などを取得、準備する必要がある

● 併合のしくみは複雑で例外もある

　単独の障害では障害年金の支給対象に認定されなかったり、低い等級に認定されてしまう障害でも、複数の障害を併発している場合には、それぞれの障害の程度に応じて障害年金の支給対象に認定されたり、より高い等級に認定されたりすることがあります。たとえば、①左下肢を足関節から切断し、②視力の良い方の眼の視力が0.1になり、③右上肢のひとさし指、中指及び薬指を近位指節間関節より切断し、さらに、④左上肢のおや指を指節間関節より切断したというような場合です。①だけの場合障害年金2級に該当します。②または③だけの場合障害年金（厚生年金）3級に該当します。④だけの場合は障害手当金に該当します。しかし、これら4つの障害を併合して考えることによって、障害年金1級に認定されるというしくみです。

　併合のしくみは複雑で、複数ある障害のうち軽い2つをまず併合させて1つの少し重い障害に認定します。次にその2つの次に軽い障害と「先の2つの障害を併合して少し重くなった障害」を併合します。そのさらに重くなった障害と、次に軽い障害を併合するというように順次併合して最終的な等級を決定します。

　しかし、このルールを単純に当てはめた場合に他の障害認定基準とのバランスを欠くことがあるため、いくつかの例外が認められています。1つは、最初右足の5本の指を中足趾節関節以上で欠く障害を負い、続いて左足の5本の指を中足趾節関節以上で欠く障害を負った場合です。2つの障害を併合しても、併合ルールに従うと3級にしかならないことになっています。しかし、両足の10本の指を中足趾節関節

以上で欠く障害を負った場合は障害等級2級と認定されるため、結果的に同じ障害の状況にあるのに、障害を負った時に時間差があることで軽い等級に認定されることになってしまいます。この場合、両足の10本の指を中足趾節関節以上で欠く障害を負った場合は障害等級2級と認定されていることを優先して、併合ルールの3級ではなく、障害等級表の2級が優先適用されます。

　一方、2つの障害を併合すると重い等級になるはずが、軽い等級にされてしまうこともあります。1つ目の障害として左手の1関節の用を廃したものという障害を負い、2つ目の障害で左ひじの1関節に著しい機能障害を残すものという障害を負った場合です。これらの障害はそれぞれ障害手当金に該当する障害で、2つを併合すると障害年金3級の等級に該当する計算です。しかし、障害等級3級には「一上肢の3大関節のうち、2関節の用を廃したもの」が障害年金3級と明記されています。上記の併合の状況はこの内容より若干ではありますが、軽いものと認定されます。そこで等級表とのバランスから障害年金3級としないで、障害手当金のまま据え置きと認定されます。

　このように複数の障害がある場合には、それぞれの障害等級に応じた「ポイント」みたいなものを合算して得られたポイントにより併合された等級を決定するのですが、それがもともとの障害等級表とのバランスを欠く場合には、障害等級表が優先されます。

● 障害年金を請求するためには何をすればよいのか

　複数の障害を併合して障害年金の等級に該当するために障害年金を請求する場合、それぞれの障害について診断書、受診状況等証明書を取得し、それぞれ病歴・就労状況等申立書を準備する必要があります。ここで使用される障害の等級表や併合（加重）認定表はとても複雑で専門家でないとわかりにくいものです。このような場合は専門家である社会保険労務士に相談するのが有効な方法です。

コロナの後遺症・既往症が重症化した場合

一般の傷病による障害と同様の手続きをすればよい

● 症状が現れ、医療機関を受診した日が初診日

　新型コロナウィルスCOVID-19は、今なお世界的な流行を見せています。COVID-19は死亡率の高い恐ろしい病気であるとともに、無事快復できたとしても、その後遺症に苦しむ人は後を絶ちません。

　もしCOVID-19の後遺症で労働能力を喪失した場合には、障害年金の受給対象になる可能性があります。まず、他の傷病による障害と同じように初診日要件、障害認定日を確認します。COVID-19の症状が現れ、医療機関を受診した日が初診日になります。もしくは医師等の検査を受けたことでその感染を知った場合には、その検査日が初診日となることもあります。その初診日において保険料納付要件を満たしているかを確認します。続いて、その初診日から1年6か月経過した日が障害認定日となりますので、その前後に医療機関の診察を受けていて、症状により生活や仕事など、日常生活が著しい制限を受けるか、または日常生活に著しい制限を加えることを必要とする程度の障害が残っていることが確認される必要があります。ただし、COVID-19の後遺症には、感染時（保菌状態の時）の発熱、のどの痛みや味覚障害、嗅覚障害、倦怠感だけでなく、COVID-19に感染したことを起因とする体調不良（めまい、抑うつ等）も含まれます。

　手続上は、特別なものではなく、一般の傷病による障害と同様の手続きになります。COVID-19の症状が悪化したものではなく、既往症がCOVID-19の感染によって重症化した場合は、あくまで既往症をベースに考えます。初診日要件については既往症の初診日です。その上で事後重症として請求することになります。

アルコール依存症の場合

精神障害が一定の程度に該当し、初診日が特定でき、保険料納付要件を満たしていることが必要

● 医師の診察あるいは健康診断による病気発見日が初診日

　アルコール依存症は、アルコールの摂取を制御できなくなり、身体的・心理的な依存が生じる病気です。アルコール依存症が原因で日常生活や仕事に支障をきたす場合、障害年金の受給資格が発生することがあります。受給資格を得るためには、アルコール依存症による精神障害が一定の程度に該当し、初診日が特定でき、保険料納付要件を満たしていることが必要です。アルコール依存症は、大量の摂取を続けると脳のしくみが変化し、猛烈にアルコールを欲するようになります。そのため、気持ちの高ぶりやイライラ感が生じ、動悸や発汗、手の震え、頭痛、不眠などの身体症状が現れるようになるとされています。このような体調不良はアルコール依存症発症前から起こりうる症状なので、どの受診がアルコール依存症としての初診にあたるのかの見極めが難しくなります。障害年金では、認定される障害の原因となった傷病について初めて医師の診察を受けたあるいは健康診断を受けて病気が発見された日を初診日としています。

　その他、手続きとして他の障害と大きく変わることはありません。アルコール依存症は、「症状性を含む器質性精神障害認知障害」に分類されます。たとえば障害2級と判定されるのは、「人格変化、その他の精神神経症状が著明なため、日常生活が著しい制限を受けるもの」という状況です。さらに「精神病性障害を示さない急性中毒及び明らかな身体依存の見られないものは、認定の対象とならない」とされています。医療機関に診断書を作成してもらう際に、医師に現在の障害の状況を伝えるなど、症状を診断書に反映してもらうことが大切です。

違法薬物による後遺症（不支給）の場合

医師により違法薬物の後遺症と認められた場合は支給の対象外である

● 障害年金の対象となる場合もある

　違法薬物の使用による後遺症には、記憶障害、認知機能の低下、精神疾患、心臓や肝臓の損傷などが含まれます。しかし、違法薬物の使用による後遺症については、障害年金の支給対象とならないため、注意が必要です。「覚醒剤精神病」（覚醒剤中毒）という病名と診断されれば、支給対象から外れます。たとえ違う病名であっても、医師の診断により違法薬物の使用が現在の障害との間に因果関係があると認められれば支給の対象となりません。仮に違法薬物の使用がなくても、障害年金の受給相当の障害の程度が残るような傷病であったとしても、医師により違法薬物の後遺症と認められた場合は支給の対象外です。

　では、違法薬物を使用してしまうと一切障害年金の対象から外されてしまうかというと、そういうわけでもありません。たとえばシンナーの吸引も違法薬物として扱われます。故意にシンナーを吸引すれば、その後遺症は障害年金の対象外です。

　しかし、塗装業のように仕事上、作業のプロセスで吸引してしまい、それが蓄積したような場合は、自ら吸引した行為とは異なりますので障害年金の支給対象となります。あるいは、重度の精神障害を患っていて、正常な判断能力がない状態で違法薬物を摂取したというような場合も障害年金の請求できることがあります。さらに第三者により無理矢理違法薬物を摂取させられたような場合も「故意の使用ではない」として障害年金の請求が認められることがあります。いずれの場合も、「故意ではない」あるいは「正常な判断能力がなかった」ことを証明しなければなりません。

交通事故による高次脳機能障害の場合

複数の診断書を作成してもらわないといけない場合もある

● 症状によって医療機関で作成してもらう診断書が変わる

　高次脳機能障害とは、脳の高度な認知機能が損なわれる状態を指します。これには記憶力、注意力、言語能力、計算能力、問題解決能力などが含まれます。高次脳機能障害は外見からは障害があることがわかりにくいために、本人も含め周囲の人が気づかないことがあります。

　高次脳機能障害の症状は、ダメージを受けた部位（箇所）によってさまざまなので一括りにはできませんが、注意障害、記憶障害、遂行機能障害、社会行動障害、半側空間無視、失語症、失行症、半側身体失認、地誌的障害、失認証などが挙げられます。

　高次脳機能障害においても初診日要件は他の障害と変わりありません。初診日は、その原因が交通事故の場合、事故直後に病院に搬送された日ということになります。注意すべき事項としては、表れる症状によって医療機関に作成してもらう診断書が変わってくるということです。想定される診断書としては、「精神」「肢体」「眼」「聴覚・音声又は言語機能」などが考えられます。場合によっては複数の診断書を作成してもらう必要も出てきます。

　また、障害認定日は初診日から1年6か月経過した日というのが原則です。しかし障害認定日にはいくつか例外があります。そのうちの1つが遷延性意識障害（いわゆる植物状態）です。交通事故で脳にダメージが受けると遷延性意識障害になってしまうこともあります。遷延性意識障害になった場合には、その日から3か月経過した日が障害認定日になります。請求できる日が大幅に早まります。

14 申請したら不支給になった場合

初回申請時に不支給決定の原因となった要因を検討しておくことが大切

● 障害年金の請求をした結果、不支給決定がなされることもある

　不支給決定がなされた場合、通知に記載されている理由を確認し、適切な対処を行うことが重要です。不支給の理由はさまざまですが、多いパターンとしては、①障害の程度が軽いと判断された、②初診日が証明できなかった、の2点です。

　不支給決定に不服を申し立てるときは、住所地の社会保険審査官（地方校正局内）に審査請求をします。期限は通知を受け取ってから（決定があったことを知ってから）3か月以内です。通知は一般郵便で来ます。消印も押されていないことがあるので、通知を受け取った日を必ず記録しておきます。さらに審査請求の決定に不服があるときは、社会保険審査会に再審査請求をします。審査請求の決定書の謄本を受け取った翌日から2か月以内に行います。不支給となった理由を覆すだけの証拠を提出する、あるいは申立てをしなければ結果が変わることはありません。

　審査請求以外の方法として、初めから書類をそろえて再申請するということも考えられます。再申請しても、前回不支給になった記録は必ずチェックされます。したがって、前回の書類と矛盾があると虚偽申請を疑われることもあります。①の場合、前回と違う診断書を書いてもらうことになりますが、前回と診断書の内容が変わった（重症化した）理由を合理的に説明できなければなりません。②の場合は、新たに初診日を証明する書類等を見つけ出す必要があります。不服申立ても再申請についても初回の申請時に不支給決定の原因となり得る要因をつぶしておくことが大切です。

障害認定日から大幅に時間が経過している場合

5年以内に請求すれば、消滅時効にかからない

● 過去にさかのぼって年金が支給されるのは認定日請求のみ

　障害年金を受け取る権利の消滅時効は5年なので、請求が遅れた場合でも5年以内であれば、初回支払いの際に過去にさかのぼって遅れた分をまとめて支給されます。ただし、障害年金の請求には、障害認定日請求、事後重症請求と基準障害による障害年金の請求があります。過去にさかのぼって年金が支給されるのは認定日請求のみです。

　事後重症請求とは、障害認定日においては障害年金をもらえる障害等級に該当していなかったが、その後65歳に達する日の前日までに障害の状態が悪化して障害年金がもらえる障害の状態に該当した場合に請求できます。基準障害による障害年金とは、以前から障害の状態にあったが、障害の程度が障害年金の支給レベルに達していなかった人が新たに後発障害（基準障害）を発症し、その後発障害の障害認定日において従前からある障害と後発障害を併せて障害等級の2級以上と認められる場合に請求できます。

　認定日請求の場合には最大5年分の年金を初回の支払の際にまとめて遡及分として受け取ることができます。

　ただし、障害認定日から1年以上経過してから請求する場合には、障害認定日以降3か月以内の現症を記載した診断書と、請求以前3か月以内の現症を記載した診断書の2枚の診断書が必要になります。医療機関のカルテの一般的な保存年限は5年とされていますから、請求が遅れた場合には、初診日を証明することや診断書の作成が困難になる可能性が高くなります。カルテ等の不備のために適切な診断書を書いてもらえなくて障害年金が不支給になることもあるので注意が必要

です。また、初診日を証明する医療機関が閉鎖されていたり、初診日を証明し得る書類を紛失してしまったり、初診日を証明することができずに障害年金が不支給になることもあります。

遡及請求をする際には、「障害給付　請求事由確認書」を提出します。これは認定日請求をしたところ、障害認定日では障害の状態でなく不支給になる場合に、現在の障害の状態が支給対象になるような場合に事後重症請求に切り替えてもらうものです。

● 遡及申請をする際の注意点

障害年金を受けていなかった期間に、生活保護等の福祉の扶助を受けていた場合です。生活保護は、その期間収入がない（少ない）ことを前提に支給されています。生活保護の場合医療費も免除されます。しかし生活保護を受けていた期間を含めて障害年金の遡及支給が決定されると、「収入がない」とされていた期間に「収入があった」ということになります。そうなると過去にさかのぼって生活保護が取り消されます。その場合、それまで受けた生活保護を返納しなければなりません。現金で受け取った生活費等の部分だけであれば、一括支払いされた遡及分の障害年金で返納することもできるかもしれません。それ以外にも免除された医療費も返納対象となります。もし支払いが伴うのであれば医師の診察を受けなかったかもしれない軽度の傷病の受診もあったかもしれません。それが生活保護により支払いが免除されたことで安易に受診していることも考えられます。そのような医療費も生活保護取消により過去にさかのぼって自己負担分を請求されます。

5年分遡って障害年金が支給され、数百万円受け取ることができても、受け取った額以上の金額を請求されることがあります。プラス面だけに着目して遡及請求をすると、かえって生活が苦しくなることがあります。障害年金が遡及支給されることで、過去に受給した福祉の扶助の返納対象に該当するものがないかを確認することが必要です。

障害認定日時は軽かった障害が後から重くなった場合

自ら請求して年金額を改定してもらうこともできる

● 事後重症請求とはどんな場合なのか

　障害の原因となった傷病で初めて医師の診察を受けた日を初診日と言い、通常初診日から1年6か月を経過した日を障害認定日といいます。障害認定日に障害年金の支給対象になる障害の程度になっている場合に障害年金が支給されますが、障害の程度が軽い場合は不支給になります。しかし、日数が経つにつれ症状が悪化することは少なくありません。症状が悪化し、障害の程度が重くなった場合は、その時に障害年金を請求できます（事後重症請求）。

　また、認定日請求をする場合は、障害認定日のときの診断書が必要です。障害認定日から大幅に時間が経過しており、障害認定日の前後で医師の診察を受けていなかった場合や、診察をした医療機関が閉院するなどで障害認定日の診断書を入手できないことがあります。そのような場合も直近で受診した結果を基に診断書を記入してもらい、事後重症請求をします。

　この他、たとえば認定日請求をして障害年金2級に該当し、実際に年金が支給されたとしても、その後障害の程度が重くなり、1級に相当するようになることもあります。そのような場合は、自ら請求して年金額を改定してもらうことができます。請求には「障害給付額改定請求書」と診断書を提出します。ただし、この額改定の請求ができるのは、一部（22分類）の障害を除いて、年金を受ける権利が発生した日から1年を経過した日、または障害の程度の診査を受けた日（額改定請求を行った日、または額（障害等級）の変更のあった日）から1年を経過した日でないと請求できません。

第3章　ケース別　障害年金の請求と書式の書き方

17 同じ傷病で、時間をあけて受診している場合

過去の診察との因果関係が認定されると、初診日は過去の診察時までさかのぼる

● 初診日の特定が障害年金の請求の第一歩

　障害年金を請求するにあたって最も重要な役割を果たすのが初診日です。初診日での年金の加入状況（国民年金か厚生年金か）、保険料の支払い状況が確認され、初診日を起点に障害認定日が決定されます。

　たとえば、1年半前から体調不調を感じて医療機関に通院を始め、1年6か月経過した時に障害年金の請求をします。その場合、この不調を感じた1年半前の通院を「初診日」と考えるのが一般的です。

　しかし、もし10年前に同じ病気で医師の診察を受けていた場合、10年前の診察が初診日と認定されることがあります。その場合、その10年前の初診日について初診日証明を取得しなければならず、とても大変な手続きとなります。10年前のこととなると、医療機関にカルテが残っていない可能性が高くなります。初診日を証明することができなくなるかもしれません。障害年金を請求する障害と10年前の診察の因果関係が認定されてしまうと、その障害の初診日は10年前ということになります。さらに、これは同じ傷病に限りません。以前治療した傷病の後遺症が影響して、異なる傷病で治療を開始して障害に至った場合にも、障害と最初の傷病との因果関係が認められれば最初の治療時が初診日の対象になります。治療を受けていなくても健康診断で病気が発見されている場合には、健康診断の日が初診日となります。

　一方、直近の傷病の初診日では保険料納付要件を満たしておらず、障害年金を請求できない場合に、過去の保険料納付要件が整っている時期に同じ傷病での通院歴がある場合、その因果関係を認定してもらえれば、過去の通院を初診日として事後重症請求として請求できます。

18 第三者証明によって初診日証明をする場合

初診日から時間が経過していて記録がないような場合に利用する

● 初診日の頃の受診状況を知っている第三者がいる場合

　初診日は、医師による「受診状況等証明書」によって証明します。医師による初診日証明ができない場合には、受診状況等証明書が添付できない申立書を提出するとともに、医療機関の受診状況などが確認できる参考資料を提出しなければ初診日を証明きません。お薬手帳や身体障害者手帳、学校や事業所の健康診断の記録などがその役割を果たします。しかし、初診日から時間が経過していればそのような書類も入手できないことがあります。その場合、初診日の頃の受診状況を知っている第三者がいる場合はその人に「初診日に関する第三者からの申立書（第三者証明）」を作成してもらい提出します。

　第三者証明においては、まずその第三者（申立者）が、①通院の付き添いをした、入院時にお見舞いをしたなど、障害年金を請求する請求者が医療機関を受診していることを、初診日の頃に直接見て知ったのか、②請求者やその家族などから医療機関を受診した頃の様子を聞いて知ったのか、知ったきっかけのいずれかに〇をつけます。

　さらに請求者と申立者との関係、申立者が見たり聞いたりして、知っている当時の状況についてできるだけ詳細に記入します。①申立者が請求者の初診日頃の受診状況を知り得た状況、②発病から初診日までの症状の経過、③医療機関の受診契機、④初診日頃における請求者の日常生活上の支障の程度、⑤医師からの療養の指示など受診時の状況、について記入します。また、20歳前に初診日がある場合は、第三者証明には、初診日の頃に限らず、請求者が20歳前に医療機関を受診していることがわかる内容を記入します。

第3章　ケース別　障害年金の請求と書式の書き方　109

19 交通事故により保険で損害賠償を受けた場合

公平の観点から、損益相殺や併給調整の対象となる

● 損害賠償等を先に受け取っているかどうかで対応が変わる

　交通事故による負傷で一定以上の重さの障害が残った場合は障害年金の支給対象になりますが、加害者から損害賠償を受けていたり、損害保険から保険給付を受けたりする場合は、公平の観点から、損益相殺（事故が原因で経済的利益を受ける場合に、損害から利益を控除すること）や併給調整の対象になります。

　損害賠償等を先に受け取っているか、障害年金が先に支給されているかでその対応が変わります。まず、先に損害賠償等を受けている場合は、交通事故に遭った日の翌月から起算して最長3年間は障害年金の支給が停止されることがあります。支給停止の対象になるのは、逸失利益となる生活費に相当する額です。受け取った損害賠償の総額から、逸失利益の補填とはならない慰謝料、医療費、あるいは付随する諸経費は差し引いて計算します。支給停止される障害年金の累計が逸失利益に相当する損害賠償等の額に達するまで支給停止されます。ただし、3年を経過した場合には支給停止は解除されます。

　一方、損害賠償等を受ける前に障害年金が支給開始になっている場合は、年金支給分については損害賠償を請求できません。ただし、この場合も慰謝料、医療費、あるいは付随する諸経費については障害年金の支給と関係なく損害賠償等を受け取ることができます。

　なお、生命保険契約により、事故に遭ったらいくら、入院したら1日いくらと定められている保険は損益相殺の対象外ですので、障害年金の支給停止や、障害年金を受け取っていることによる減額はありません。所得補償保険は損益相殺の対象となります。

人工関節を入れた場合

初診日から1年6か月経過していなくても、そう入置換の手術をした日が障害認定日になる

● 障害等級3級に該当する場合には障害厚生年金3級が支給される

　人工関節をそう入置換した場合には障害等級3級に該当する可能性が高く、その場合障害厚生年金3級が支給されます。これは障害認定基準で明確に定められています。したがって、20歳前の傷病が原因であったり、国民年金加入時の傷病が原因の場合、障害基礎年金となり、障害基礎年金には3級がないので障害年金は支給されません。

　ただし、障害認定基準において「そう入置換してもなお、一上肢（一下肢）については「一上肢（一下肢）の用を全く廃したもの」程度以上に該当するとき、両上肢（両下肢）については「両上肢（両下肢）の機能に相当程度の障害を残すもの」程度以上に該当するときは、さらに上位等級に認定する」とも定められています。つまり片方の腕または脚が全く機能しないような場合には障害年金2級に、両腕または両脚が全く機能しないような場合には障害年金1級に認定される可能性がありますので、障害基礎年金（国民年金加入者）においても障害年金の支給対象になります。

　障害認定日は、通常初診日から1年6か月経過した日になりますが、人工関節をそう入置換した場合には、初診日から1年6か月経過していなくても、そう入置換の手術をした日が障害認定日になります。初診日から1年6か月経過した後にそう入置換の手術をした場合は、原則どおり初診日から1年6か月経過した日が障害認定日になります。

　なお、診断書では複数の箇所に人工関節を入れている場合、それがわかるように、また、関節可動域及び筋力欄、日常生活のおける動作に関する支障について記載してもらいます。

不安障害の場合

診断書に書かれている病名には、表面上の病名の裏に別の病気が存在している場合もある

● 一般的な神経症は障害年金の認定対象外だが認定される場合もある

　日常生活に過度な不安を感じてしまい、自分自身でコントロールできず社会生活に支障を生じることもあります。このような状態を不安障害といい、神経症に分類されます。神経症は、その症状が長期間持続し、一見重症なものであっても、原則として障害年金の認定対象にはなりません。神経症は、一過性のものであり、自らの意思で環境を変えることにより症状の軽快が期待できること、年金を受給することで自ら治す努力を喪失させてしまう、というのが主な理由です。

　一方で「その臨床症状から判断して精神病の病態を示しているものについては、統合失調症又は気分（感情）障害に準じて取り扱う」（障害認定基準）として、障害年金の認定対象になります。もし、統合失調症又は気分（感情）障害と同様の病態である場合は、診断書に精神病のIcd-10というコードの記入と、「統合失調症又は気分（感情）障害と同様の病態を示している」旨の記載をしてもらいます。それにより障害年金の対象として認定される可能性が出てきます。

　神経症や精神障害を患ったときに、医師の診察を受けその診断書により会社を休職することもあります。医師によっては、「うつ病」と記載するよりマイルドな「パニック障害」や「適応障害」という病名を記載することもあります。患者に対する配慮ではありますが、これを鵜呑みにしてしまい、本来の病名に気がつかないこともあります。また、社労士に相談しても「神経症は対象外」と取り合ってもらえないこともあります。そういう時も慌てずに医師と相談して、表面上の病名の裏に別の病気が存在していないかを確認しましょう。

精神疾患で、もともとADHDがある場合

双極性障害など、他の精神病を併存している場合には注意が必要

● 症状により初めて診察を受けた日が初診日

　ADHDは、集中力がないなどの不注意、落ち着きがない、順番待ちができないなどの多動性・衝動性の2つの特性を中心とした発達障害です。異常行動はあっても、普段の生活に支障がない程度の場合、病気とは気がつかずに医師の診察も受けずに過ごすこともあります。また、ADHDは双極性障害など、他の精神病を併存していることがあります。その場合、双極性障害の診察を受けるので双極性障害だけを対象として障害年金の請求をしてしまいがちです。しかし双極性障害とADHDの因果関係が認められる場合には注意が必要です。

　ADHDでは出生日が初診日として扱われません。症状により初めて診察を受けた日が初診日となります。したがって、後発の双極性障害の初診日を「初診日」として障害年金を請求した時に「初診日」が否定されることがあります。双極性障害とADHDの因果関係が認められる場合にはADHDの初診日をその障害の初診日として扱います。初診日要件の確認対象が全く異なってきますので注意が必要です。

　障害年金の請求では、病歴・就労状況等申立書を提出しますが、その作成において、ADHDの特徴である不注意・多動性・衝動性によって日常生活や就労にどれだけ支障が生じているのかと言った点に関して記載する必要があります。また、ADHDは生まれながらの病気であるため出生から現在までの様子について記載する必要があります。

　なお、ADHDにより他の病気を併発していなくても、ADHDの症状として日常生活に支障がでている場合には、注意欠陥多動性障害（ADHD）として障害年金の対象となります。

第3章　ケース別　障害年金の請求と書式の書き方

労災の年金と障害年金を併給する場合

労災の障害補償年金を受給できる場合は、労災の給付が優先され障害基礎年金が全額支給停止になる

● 労働災害が原因の障害についての年金

　労働災害が原因の障害についての年金は労災保険だけでなく、障害年金も支給対象となります。ただ、労災の障害等級と障害年金の障害等級は対応していませんので、労災給付で年金が支給されたからといって、必ずしも障害年金が支給されるわけではありません。

　労災は労働基準監督署に請求し、障害年金は年金事務所に請求します。労災の年金と障害年金の関係ですが、障害年金は満額受け取れますが、労災の年金は下図のように併給調整（減額）されます。厚生年金では労災の給付を受けている、あるいは受ける権利がある場合には障害手当金は支給されません。また、二十歳前障害による障害基礎年金を受け取っている人が労災の障害補償年金を受給できる場合は、労災の給付が優先され、労災からの給付を受けると障害基礎年金が全額支給停止になります。

■ 障害年金の種類と労災の減額率

障害年金の種類	労災の減額率
障害厚生年金・障害基礎年金（初診日に厚生年金に加入、障害年金の等級が2級以上に認定された場合）	0.73 （27%減額）
障害厚生年金（初診日に厚生年金加入、障害年金の等級が3級だった場合）	0.83 （17%減額）
障害基礎年金（初診日に国民年金加入、障害年金の等級が2級以上の場合）	0.88 （12%減額）

年金請求書など、申請書式の書き方

「年金請求書」「病歴・就労状況等申立書」などは、どの手続きでも必要になる

● どんな点に注意して作成すればよいのか

　ここまで、各ケースにおける申請をする際の具体的なポイントを見てきました。「年金請求書」「病歴・就労状況等申立書」などの申請様式は、どの手続きにおいても提出しなければならないものであり、書き方については、どのケースでも大きく変わるものではありません。
　この項目では、それぞれの手続きで提出しなければならない書類の記載上の一般的な注意点を解説し、サンプル書式を掲載します。

● 年金請求書について

　初診日に会社勤めなどをしていて厚生年金に加入していた場合には「年金請求書（国民年金・厚生年金保険障害給付）」の用紙を使用します。初診日に学生、20歳前、あるいは自営業など国民年金に加入していた場合は、障害基礎年金だけを請求しますので「年金請求書（国民年金障害基礎年金）」の用紙を使用します。
　記入する際には黒インクのペンを使います。鉛筆や、加熱することにより文字が消せるボールペンなどは使用できません。また修正をする場合は二重線で消して書き直します。

【障害基礎年金の請求書の書き方】
　121〜124ページの書式1をもとに書き方を見ていきましょう。
・1ページ目（121ページ）
　基本的な個人情報を記入します。まず、マイナンバーか年金基礎番号のどちらかを記入します。氏名は戸籍に登録されている漢字で記入

します。住所は原則、住民票の記載住所を記入します。現住所と異なる場合は年金事務所の確認が必要です。

　年金の受取口座は、ゆうちょ銀行でもそれ以外の金融機関でも指定は可能ですが、インターネット専用銀行の場合、受け取れないことがあります。記入前にインターネット銀行に確認するようにしましょう。そして必ず請求者本人名義の口座でなければなりません。名義人のフリガナが年金請求者のフリガナと一致していることが必要です。口座名義が旧姓になっている場合は、名義変更が必要です。

　また、銀行の支店の統廃合等で支店名が変更になっていないかを確認します。口座は、普通預金口座か、当座預金口座のみとなります。口座番号を記入したら、金融機関の証明を受けるか口座の預金通帳等のコピーを提出します。このとき公金受取口座に登録済みの場合は、金融機関の証明、添付書類は不要です。

　障害基礎年金は、一定の要件を満たす子がいる場合に加算の対象となりますので（21ページ）、子の情報を記入します。3人目からは余白に記入します。

・2ページ目（122ページ）

　2ページ目上段には他に受け取っている年金がある場合はその情報と配偶者について記入します。下段には何も記入しません。

・3ページ目（123ページ）

　年金の加入記録を記入します。年金事務所で加入記録を確認し、その一覧を添付できる場合は記入不要です。厚生年金に加入している期間の事業所については、会社名だけでなく支店名なども記入します。当時の名称、所在地を記入します。所在地や住所の詳細まで覚えていない場合も、市区町村名くらいまでは記入します。日付についても正確に覚えていない時は「〇年〇月頃」のように記入します。

・4ページ目（124ページ）

　4ページ目上段は、障害の原因となった傷病について記入します。

障害認定日には症状が軽かったものが後で重症化した場合や、障害認定日前後には医師の診察を受けておらず、障害認定日請求ができない場合は「２．事後重症による請求」を選びます。障害年金の等級に該当しない程度の障害のある方が、新たに生じた障害年金３級以下の障害と併せて障害年金１級または２級に該当するような場合は、「３．初めて障害等級１級または２級に該当したことによる請求を選びます。

　傷病名欄には、医師の作成した診断書の傷病名を記入します。初診日は、１つの医療機関にしか診察を受けていない場合には、診断書に記入された日付を、受診状況等証明書がある場合はそちらに記入されている日付を記入します。傷病について、他の公的保険から給付を受けられる時、または請求しているときは、該当する保険給付に○をつけます。障害の原因が第三者が原因の時は、第三者について可能な範囲で記入します。

　下段は１ページ目に記入した、加算の対象になる子について生計維持の申立てをします。生計が同一（同一住所、同一世帯）で、年収が850万円未満であることが必要です。

【障害厚生年金の請求書の書き方】

　129 ～ 133ページの書式３をもとに書き方を見ていきましょう。

　１ページ目（129ページ）は障害基礎年金とほぼ同じですが、配偶者に関しての記入があります。３ページ目（130ページ）は配偶者と請求者本人が年金を受給しているか請求しているかについてと、年金の加入記録を記入します。勤務していた事業所については、当時の住所等を記入します。

　５ページ目（131ページ）の上段は、障害の原因となった傷病について記入し、下段は１ページ目に記入した、加算の対象になる配偶者及び子について生計維持の申立てをします。

　７ページ目（132ページ）は過去に加入していた年金で基礎年金番

第３章　ケース別　障害年金の請求と書式の書き方　117

号と異なる番号がある場合に記入します。1ページ目（129ページ）の⑱欄に記入していれば、⑱欄は記入する必要はありません。

⑲欄は、第四種被保険者または船員保険の年金任意継続被保険者になったことがある場合に記入します。⑳欄は国民年金に任意加入していた期間に特別一時金を受給したことがあるかについて記入します。8ページ目（133ページ）は請求を代理人に委任する場合に記入します。

● 病歴・就労状況申立書の書き方

138〜157ページの書式をもとに書き方を見ていきましょう。

・表面

傷病の状況について、病状、生活環境等が変わるごとに枠を変えて記入します。長期間にわたり特別変化がなかった場合でも、5年程度で枠を変えます。生来性の知的障害（書式5）や成人してから発症した精神障害でも、ベースにADHDがある場合（書式6）には出生時から記入します。枠が足りなくなった場合は続紙を使います。障害（傷病）、通院・入院がどのような状態であったか、それにより日常生活にどう影響したかを記入します。

もし、年金請求書に記入した初診日以前に、ADHDに関わる診察を受けていた場合、そちらが初診日とみなされます。20歳前に障害の原因がある場合も、発症した20歳前の状況から記入します。

その他、交通事故で高次機能障害になったケース（書式7）、新型コロナウィルスに感染して、既往症が悪化したケース（書式8）など、さまざまなケースを想定して記入例を作成しました。新型コロナウィルスに感染した例では、それまで健康であった人が新型コロナウィルスに感染し治癒したものの、その後遺症に悩まされて障害年金を請求する例も増えています。複数の障害を併合することで障害年金を請求できる場合があります。それぞれの病気について、用紙を分けて記入します（書式9、書式10）。

事後重症ですが、通院を継続していた場合はその経過を記入します。発症してからしばらく通院し症状がなくなり、その後長い期間受診しない期間を挟んで、症状が悪化したので再受診したという場合は、受診しなかった期間については、受診しなかった理由や自覚症状の程度、日常活動の状況について記入が必要です。また、意外と見落とされがちなのですが、健康診断で病気を指摘されると、その後医療機関で初めて診察を受けたとしても、初診日は健康診断の日ということになりますので、その例も掲載しています（書式11）。さらに症状があってもしばらく受診せず、重症化して初めて初診を受けたというケースも受診しなかった理由や自覚症状の程度、日常活動の状況について記入します（書式12）。

　請求事由請求書（書式16）の記入例を記載しましたので、それに合致する例も作成しました（書式13）。障害認定日から1年以上経過してからの請求は、特に裏面の記入に注意しましょう。障害認定日のときの状況と、請求日現在の状況の両方を記入します（書式14）。

・裏面

　障害認定日による請求をする場合は上段を、事後重症請求をする場合は下段を記入します。認定日請求で、請求日が障害認定日から1年以上経過していたら両方に記入します。病歴・就労状況申立書は日常生活における不自由さ、不便さを自己表現できる唯一の機会になります。厳しい状況をアピールしたいところですが、医師の診断書の内容と矛盾してしまうと採用されませんので、あまり大げさに書くのは逆効果となります。

● その他の書類の作成について

・「受診状況等証明書（158ページ）」「診断書（160〜161ページ）」

　「受診状況等証明書」「診断書」は医療機関で記入する書類なので、記入例は省略しています。

第3章　ケース別　障害年金の請求と書式の書き方　119

診断書については、その障害によって、眼の障害、聴覚・鼻腔機能・平衡感覚・そしゃく・嚥下・言語機能の障害、肢体の障害、精神の障害、呼吸器疾患の障害、循環器疾患の障害、腎疾患・肝疾患・糖尿病の障害、血液・造血器・その他の障害と障害によって所定様式が異なります。対象となる診断書をダウンロードするか年金事務所でもらいます。

・「受診状況等証明書が添付できない申立書（161ページ）」

　「受診状況等証明書」を作成してもらうべき医療機関でカルテがなかったり、医療機関が閉院となっていたりして、「受診状況等証明書」を提出できない時に、初診日を他の方法で証明するために作成します。

・「障害給付　請求事由確認書（162ページ）」

　障害認定日から1年以上経過していて、遡及して認定日請求をする時に提出します。障害認定日において受給権が発生しない場合は事後重症請求をする旨を記入します。この確認書を提出しない場合は障害認定日のみの審査となり、事後重症請求による審査はされなくなるため、もし障害認定日に障害年金の等級に値すると認定されない時は不支給決定となります。

・「障害年金の初診日に関する調査票（163 〜 170ページ）」

　傷病によっては「障害年金の初診日に関する調査票」の提出を求められることがあります。「障害年金の初診日に関する調査票」を求められるのは「先天性障害」（網膜色素変性症等、聴力障害、先天性股関節疾患）「糖尿病」「腎臓・膀胱の病気」「肝臓の病気」「心臓の病気」「肺の病気」です。

　これらの病気は初診日が争点になることが多い上に、初診日から時間が経過していることが多いのです。そのため、提出された受診状況等証明書の初診日の前に何らかの診察を受けていないか、健康診断で指摘されていないかを確認します。場合によってはそれが初診日と認定され、それについて証明が必要になってくることがあり、この書類に記入したことについて照会をうける可能性はあります。

書式1　年金請求書（国民年金障害基礎年金　その1）

年金請求書（国民年金障害基礎年金）

様式第107号

二次元コード

★ 市区町村　受付年月日

年金事務所　受付年月日

年金コード
5 3 5
6 3 5

630002

●のなかに必要事項をご記入ください。
（★ 印欄には、なにも記入しないでください。）
●黒インクのボールペンで記入ください。
鉛筆や、摩擦に伴う温度変化等により消色するインクを
用いたペンまたはボールペンは、使用しないでください。
●フリガナはカタカナでご記入ください。

※個人番号（マイナンバー）で届出する場合は、本人確認書類が必要です。

❸記録不要制度　作成原因　02
（厚年）（船員）（国年）（国共）（地共）（私学）

❶	個人番号（マイナンバー）		
	基礎年金番号	2 1 2 2 1 0 0 2 0 0	

❹年金種別　❺課所符号　❻進達番号
53 63

| ❷ | 生年月日 | 昭・平・令 ⑦ 9 | 0 2 0 5 2 7 |

❼重無　❽未保　❾支保

❿	氏名	（フリガナ）オオツカ　イチロウ		性別
		（氏）大塚	（名）一郎	男・女 2

⓫住所の郵便番号	⓬	（フリガナ）ネリマ　　　　　ネリマニシ　1－2－3	
1 2 3 0 0 0 1	住所	練馬 市区町村	練馬西1丁目2番3号

❶欄を記入していない方は、次のことにお答えください。（記入した方は回答の必要はありません。）
過去に厚生年金保険、国民年金または船員保険に加入したことがありますか。〇で囲んでください。
「ある」と答えた方は、加入していた制度の年金手帳の記号番号をご記入ください。

ある　　ない

厚生年金保険		国民年金	
船員保険			

⓭ 年金受取機関　※

1. 金融機関（ゆうちょ銀行を除く）
2. ゆうちょ銀行（郵便局）
☐ 公金受取口座として登録済の口座を指定

※1または2に〇をつけ、希望する年金の
受取口座を1ヶ所に必ず記入ください。
※また、指定する口座が公金受取口座と
して登録済の場合は、左欄に✓してください。

（フリガナ）オオツカ　イチロウ
口座名義人氏名　大塚　一郎

年金送金先

金融機関

⓮金融機関コード	⓯支店コード	（フリガナ）ホシゾラ　銀行　（フリガナ）ネリマ	⓰預金種別	⓱口座番号（左詰めで記入）
		星空 信用組合/信用金庫/農協/信漁連/漁協 練馬 本店/出張所/本所/支所	❶普通 2.当座	2 4 6 8 1 0 1

ゆうちょ銀行

⓲貯金通帳の口座番号	
記号（左詰めで記入）	番号（右詰めで記入）

金融機関またはゆうちょ銀行の証明欄
（総合口座・貯蓄預金口座は年金等の受取口座への振込みはできません。）
請求者の氏名フリガナと口座名義人氏名フリガナが同じであることをご確認ください。

※通帳等の写し（金融機関名、支店名、口座名義人氏名フリガナ、口座番号の面）を
添付する場合または公金受取口座を指定する場合、証明は不要です。

⑦

加算額の対象者

⓳氏名	（フリガナ）オオツカ　　　タロウ （氏）大塚　（名）太郎	生年月日 ⑦27 令9	2 6 0 7 1 0	障害の状態に ◆ 診 ある　ない	連絡欄
個人番号	1 2 3 4 5 6 7 8 9 1 0 1				X線フィルムの送付 有・無　　枚
⓳氏名	（フリガナ）オオツカ　　　ハナコ （氏）大塚　（名）花子	生年月日 ⑦9 令9	3 0 0 6 0 9	障害の状態に ◆ 診 ある　ない	X線フィルムの送付 年　月　日
個人番号	2 4 5 6 7 8 9 0 1 2 3 4				

＊3人目以降は余白等にご記入ください。

オオツカ　サブロウ
大塚　三郎　　　　　令和 02 11 26　　ない
334455667788

第3章　ケース別　障害年金の請求と書式の書き方　121

⑦	あなたは現在、公的年金制度等（表1参照）から年金を受けていますか。〇で囲んでください。				
	1．受けている	②．受けていない	3．請求中	制度名（共済組合名等）	年金の種類

受けていると答えた方は下欄に必要事項をご記入ください（年月日は支給を受けることになった年月日をご記入ください）。

制度名（共済組合名等）	年金の種類	年　月　日	年金証書の年金コードまたは記号番号等
		．　．	
		．　．	
		．　．	

㊱年金コードまたは共済組合コード・年金種別
1
2
3
㊲　他　年　金　種　別

「年金の種類」とは、老齢または退職、障害、遺族をいいます。

※あなたの配偶者について、ご記入ください。

氏　　名 (フリガナ)	生　年　月　日	基　礎　年　金　番　号
オオツカ　カズエ 大 塚 和 枝	平成5年4月24日	2002－123456

─ ご 注 意 ─

　配偶者が受給している年金の加給年金額の対象となっている場合、あなたが障害基礎年金を受けられるようになったときは、受給している加給年額は受けられなくなります。
　この場合は、配偶者の方より、「老齢・障害給付加給年金額支給停止事由該当届」をお近くの年金事務所または街角の年金相談センターへ提出していただく必要があります。

㊳上・外	㊴初 診 年 月 日	㊵障害認定日	㊶傷病名コード	㊷診断書	㊸等級	㊹有	㊺有年	㊻三	㊼差引
上・外 1　2	元号　　年　　月　　日	元号　　年　　月　　日					元号		号

㊽受給権発生年月日	㊾停止事由	㊿停　止　期　間	51条　　　文	失権事由	失 権 年 月 日
元号　　年　　月　　日		元号　　年　　月　　日　元号　　年　　月　　日			元号　　年　　月　　日

㊾共済コード	共　済　記　録　1		2	
	元号　年　月　元号　年　月　日	要件 計算	元号　年　月　元号　年　月　日	要件 計算
	3		4	
	元号　年　月　元号　年　月　日	要件 計算	元号　年　月　元号　年　月　日	要件 計算
	5		6	
	元号　年　月　元号　年　月　日	要件 計算	元号　年　月　元号　年　月　日	要件 計算
51	7		8	
	元号　年　月　元号　年　月　日	要件 計算	元号　年　月　元号　年　月　日	要件 計算
	9			
	元号　年　月　元号　年　月　日	要件 計算		

53	
時効区分	

★ 市区町村 からの 連絡事項	未 納 保 険 料 の　　納　　付	有　昭和・平成・令和　　年　　月分から 無　昭和・平成・令和　　年　　月分まで	差額保険料の 未納分の納付	有　昭和・平成・令和　　年　　月分から 無　昭和・平成・令和　　年　　月分まで
	保 険 料 の 追 納	有　昭和・平成・令和　　年　　月分から 無　昭和・平成・令和　　年　　月分まで	検認票の添付	有　・　無

122

⑦	次の年金制度の被保険者または組合員等となったことがあるときは、その番号を○で囲んでください。		

① 国民年金法　　**②** 厚生年金保険法　　3. 船員保険法（昭和61年4月以後を除く）
4. 廃止前の農林漁業団体職員共済組合法　　5. 国家公務員共済組合法　　6. 地方公務員等共済組合法
7. 私立学校教職員共済組合法　　8. 旧市町村職員共済組合法　　9. 地方公務員の退職年金に関する条例　　10. 恩給法

| ㉘ | 履　歴（公的年金制度加入経過）
※できるだけくわしく、正確にご記入ください。 | | 電話番号1（　03　）−（4567）−（8910）
電話番号2（　　）−（　　）−（　　） |

	(1) 事業所（船舶所有者）の名称および 船員であったときはその船舶名	(2) 事業所（船舶所有者）の所在地 または国民年金加入時の住所	(3) 勤務期間または国 民年金の加入期間	(4) 加入していた 年金制度の種類	(5) 備　考
最初		東京都品川区東品川 5−9−100	H22・5・26から H23・3・31まで	①国民年金 2.厚生年金保険 3.厚生年金(船員)保険 4.共済組合等	
2	㈱マーケティング 練馬営業所	東京都練馬区練馬 7−2−1	H23・4・1から H24・3・31まで	1.国民年金 ②厚生年金保険 3.厚生年金(船員)保険 4.共済組合等	
3		東京都練馬区練馬西 1−2−3	H24・4・1から ・現・在まで	①国民年金 2.厚生年金保険 3.厚生年金(船員)保険 4.共済組合等	
4			・・から ・・まで	1.国民年金 2.厚生年金保険 3.厚生年金(船員)保険 4.共済組合等	
5			・・から ・・まで	1.国民年金 2.厚生年金保険 3.厚生年金(船員)保険 4.共済組合等	
6			・・から ・・まで	1.国民年金 2.厚生年金保険 3.厚生年金(船員)保険 4.共済組合等	
7			・・から ・・まで	1.国民年金 2.厚生年金保険 3.厚生年金(船員)保険 4.共済組合等	
8			・・から ・・まで	1.国民年金 2.厚生年金保険 3.厚生年金(船員)保険 4.共済組合等	
9			・・から ・・まで	1.国民年金 2.厚生年金保険 3.厚生年金(船員)保険 4.共済組合等	
10			・・から ・・まで	1.国民年金 2.厚生年金保険 3.厚生年金(船員)保険 4.共済組合等	
11			・・から ・・まで	1.国民年金 2.厚生年金保険 3.厚生年金(船員)保険 4.共済組合等	
12			・・から ・・まで	1.国民年金 2.厚生年金保険 3.厚生年金(船員)保険 4.共済組合等	

㉙	個人で保険料を納める第四種被保険者、船員保険の年金任意継続被保険者となったことがありますか。	1. は　い　　②いいえ
	「はい」と答えた方は、保険料を納めた年金事務所の名称をご記入ください。	

その保険料を納めた期間をご記入ください。	昭和 平成 令和　　年　月　日　から　昭和 平成 令和　　年　月　日
第四種被保険者（船員年金任意継続被保険者）の整理記号番号をご記入ください。	(記号)　　　　　　(番号)

(1)	この請求は左の頁にある「障害給付の請求事由」の1から3までのいずれに該当しますか。該当する番号を○で囲んでください。	1. 障害認定日による請求　　2. 事後重症による請求 ③ 初めて障害等級の1級または2級に該当したことによる請求		

㋐ 必ずご記入ください。

「2」を○で囲んだときは右欄の該当する理由の番号を○で囲んでください。
1. 初診日から1年6月目の状態で請求した結果、不支給となった。
2. 初診日から1年6月目の症状は軽かったが、その後悪化して症状が重くなった。
3. その他（理由　　　　　　　　　　　　　　　　）

(2) 過去に障害給付を受けたことがありますか。
1. はい　② いいえ
「1．はい」を○で囲んだときは、その障害給付の名称と年金証書の基礎年金番号および年金コード等をご記入ください。
名　称
基礎年金番号・年金コード等

(3) 障害の原因である傷病について、ご記入ください。

	1.	2.	3.
傷　病　名	左下肢機能障害	網膜色素変性症	
傷病の発生した日	㊐㊙ 24 年 6 月 7 日	㊐㊙ 5 年12月頃	昭和 平成 令和　年　月　日
初　診　日	㊐㊙ 24 年 6 月 7 日	㊐㊙ 5 年12月22日	昭和 平成 令和　年　月　日
初診日において加入していた年金制度	①国年 2.厚年 3.共済 4.未加入	①国年 2.厚年 3.共済 4.未加入	1.国年 2.厚年 3.共済 4.未加入
現在傷病は治っていますか。※	① はい　2. いいえ	1. はい　② いいえ	1. はい　2. いいえ
治っているときは、治った日 ※	㊐㊙ 26 年 1 月24日	昭和 平成 令和　年　月　日	昭和 平成 令和　年　月　日

傷病の原因は業務上ですか。　　1. はい　② いいえ

この傷病について右に示す制度から保険給付が受けられるときは、その番号を○で囲んでください。請求中のときも同様です。
1. 労働基準法　　　　　　　　2. 労働者災害補償保険法
3. 船員保険法　　　　　　　　4. 国家公務員災害補償法
5. 地方公務員災害補償法
6. 公立学校の学校医、学校歯科医及び学校薬剤師の公務災害補償に関する法律

受けられるときは、その給付の種類の番号を○で囲み、支給の発生した日をご記入ください。
1. 障害補償給付（障害給付）　　2. 傷病補償給付（傷病年金）
昭和 平成 令和　年　月　日

障害の原因は第三者の行為によりますか。　　1. はい　2. いいえ

障害の原因が第三者の行為により発生したものであるときは、その者の氏名および住所をご記入ください。
氏　名
住　所

(4) 国民年金に任意加入した期間について特別一時金を受けたことがありますか。　　1. はい　2. いいえ

※「治った日」には、その症状が固定し治療の効果が期待できない状態に至った日も含みます。

㋖　生　計　維　持　申　立

生計同一関係

右の子は請求者と生計を同じくしていることを申し立てる。
令和 7 年 7 月25日
請求者　住所　東京都練馬区練馬西1－2－3
　　　　氏名　大塚　一郎

子	氏　名	続柄
	大塚太郎	長男
	大塚花子	長女
	大塚三郎	次男

収入関係

1. 請求者によって生計維持していた子についてご記入ください。
(1)（名：太郎）について年収は、850万円未満ですか。　はい・いいえ
(2)（名：花子）について年収は、850万円未満ですか。　はい・いいえ
(3)（名：三郎）について年収は、850万円未満ですか。　はい・いいえ

2. 上記1で「いいえ」と答えた子のうち、その子の収入はこの年金の受給権発生時においては、850万円未満ですか。　はい・いいえ

※確認欄	※年金事務所の確認事項
（　）印	ア．健保等被扶養者
（　）印	イ．国民年金保険料免除世帯
（　）印	ウ．義務教育終了前
	エ．高等学校在学中
	オ．源泉徴収票・課税証明書等

令和　年　月　日提出

児童扶養手当の受給者の方やその配偶者が、公的年金制度から年金を受け取るようになったり、年金額が改定されたときは、市区町村から支給されている児童扶養手当が支給停止または一部支給停止される場合があります。詳しくは、お住まいの市区町村の児童扶養手当担当窓口にお問い合わせください。

書式2 年金請求書（国民年金障害基礎年金 その2）

年金請求書（国民年金障害基礎年金）

様式第107号

二次元コード

★市区町村 受付年月日

★年金事務所 受付年月日

年金コード 5 3 6 3 5

630002

●（ ）のなかに必要事項をご記入ください。
（★◆印欄には、なにも記入しないでください。）
●黒インクのボールペンでご記入ください。
●鉛筆や、摩擦に伴う温度変化等により消色するインクを
用いたペンまたはボールペンは、使用しないでください。
●フリガナはカタカナでご記入ください。

※個人番号（マイナンバー）で届出する場合は、本人確認書類が必要です。

❶	個人番号（マイナンバー）	2 1 2 3 1 2 3 4 5 6 7 8
	基礎年金番号	

❷	生 年 月 日	昭・平・令 ⑤ 7 9	4 0 0 4 2 3

❿	氏 名	（氏） ハラジュク 原宿	（名） タカコ 貴子	性別 男・女 ① ②

⓫ 住所の郵便番号	⓬	（フリガナ） トシマ	スガモホンチョウ 3-5-6
1 1 0 0 1 1	住所	市区町村 豊島	巣鴨本町 3丁目5番6号

❸記録不要制度						作成原因
（厚年）（船保）（国年）（国共）（地共）（私学）						02

❹年金種別	❺課所符号	❻進達番号
53 63		

❼重無	❽未保	❾支保

❶欄を記入していない方は、次のことにお答えください。（記入した方は回答の必要はありません。）
過去に厚生年金保険、国民年金または船員保険に加入したことがありますか。○で囲んでください。
「ある」と答えた方は、加入していた制度の年金手帳の記号番号をご記入ください。

ある　ない

厚 生 年 金 保 険		国 民 年 金	
船 員 保 険			

⓭ 年 金 受 取 機 関 　※

1. 金融機関（ゆうちょ銀行を除く）
② ゆうちょ銀行（郵便局）
☑ 公金受取口座として登録済の口座を指定

※1または2に○をつけ、希望する年金の
受取口座を正確に必ずご記入ください。
※また、指定の口座が公金受取口座と
して登録される場合は、☑欄に✓してください。

（フリガナ）	
口座名義人氏 名	

年金送金先	金融機関	⓮金融機関コード	⓯支店コード	（フリガナ）	銀 行 金 庫 信 組 信 連 農 協 漁 協	（フリガナ） 本店 支店 出張所 本所 支所	⓰預金種別 1. 普通 2. 当座	⓱ 口座番号（左詰めで記入）

	ゆうちょ銀行	⓲貯金通帳の口座番号		金融機関またはゆうちょ銀行の証明欄
		記号（左詰めで記入）	番号（右詰めで記入）	※貯蓄預金口座または貯蓄貯金口座への振込みはできません。 請求者の氏名フリガナと口座名義人氏名フリガナが同じであることをご確認ください。
		1 0 1 6 0 -	2 2 2 2 1 1 1	

※通帳等の写し（金融機関名、支店名、口座名義人氏名フリガナ、口座番号の面）を
添付する場合または公金受取口座を指定する場合、証明は不要です。

⑦ 加算額の対象者	氏名 個人番号	（フリガナ） （氏） （名）	生年月日 平7・令9 年 月 日	障害の状態にある・ない	◆ 診	連絡欄
	氏名 個人番号	（フリガナ） （氏） （名）	生年月日 平7・令9 年 月 日	障害の状態にある・ない	◆ 診	X線フィルムの送付 有・無 枚
						X線フィルムの送付 年 月 日

＊3人目以降は余白等にご記入ください。

第3章 ケース別 障害年金の請求と書式の書き方 125

① あなたは現在、公的年金制度等（表1参照）から年金を受けていますか。〇で囲んでください。

1.受けている	2.受けていない	③.請求中	制度名（共済組合名等） 厚生年金保険	年金の種類 遺族

受けていると答えた方は下欄に必要事項をご記入ください（年月日は支給を受けることになった年月日をご記入ください）。

制度名（共済組合名等）	年金の種類	年　月　日	年金証書の年金コードまたは記号番号等
		・　・	
		・　・	
		・　・	

㊻年金コードまたは共済組合コード・年金種別
1
2
3
㊼　他　年　金　種　別

「年金の種類」とは、老齢または退職、障害、遺族をいいます。

※あなたの配偶者について、ご記入ください。

（フリガナ） 氏　　　名	生　年　月　日	基礎年金番号

─ご注意─

　配偶者が受給している年金の加給年金額の対象となっている場合、あなたが障害基礎年金を受けられるようになったときは、受給している加給年金額は受けられなくなります。
　この場合は、配偶者の方より、「老齢・障害給付加給年金額支給停止事由該当届」をお近くの年金事務所または街角の年金相談センターへ提出していただく必要があります。

㊳上・外	㊴初　診　年　月　日	㊵障　害　認　定　日	㊶傷病名コード	㊷診断書	㊸等級	㊹有	㊺有年	㊺二	㊺差引
上・外 1　2	元号　　年　　　月　　　日	元号　　年　　　月　　　日					元号　　年		

㊻受給権発生年月日	㊼停止事由	㊽　停　　止　　期　　間	㊾条　　　　文	失権事由	失　権　年　月　日
元号　　年　　月		元号　　年　　月　～　元号　　年　　月			元号　　年　　月

㊿共済コード　　共済記録　1		2	
元号　年　　月　元号　年　　月 要件 計算		元号　年　　月　元号　年　　月 要件 計算	
3		4	
元号　年　　月　元号　年　　月 要件 計算		元号　年　　月　元号　年　　月 要件 計算	
5		6	
元号　年　　月　元号　年　　月 要件 計算		元号　年　　月　元号　年　　月 要件 計算	
7		8	
元号　年　　月　元号　年　　月 要件 計算		元号　年　　月　元号　年　　月 要件 計算	
9			
元号　年　　月　元号　年　　月 要件 計算			

㉝ 時効区分

★ 市区町村 からの 連絡事項	未納保険料 の　納付	有　昭和・平成・令和　　年　　月分から 無　昭和・平成・令和　　年　　月分まで	差額保険料の 未納分の納付	有　昭和・平成・令和　　年　　月分から 無　昭和・平成・令和　　年　　月分まで
	保険料の追納	有　昭和・平成・令和　　年　　月分から 無　昭和・平成・令和　　年　　月分まで	検認票の添付	有　・　無

⑦ 次の年金制度の被保険者または組合員等となったことがあるときは、その番号を○で囲んでください。

  ① 国民年金法   2. 厚生年金保険法   3. 船員保険法（昭和61年4月以後を除く）
  4. 廃止前の農林漁業団体職員共済組合法   5. 国家公務員共済組合法   6. 地方公務員等共済組合法
  7. 私立学校教職員共済法   8. 旧市町村職員共済組合法   9. 地方公務員の退職年金に関する条例   10. 恩給法

⑧ 履　　歴（公的年金制度加入経過）　　　　　　　　　電話番号1（ ０９０ ）−（ １２３４ ）−（ ５６７８ ）
  ※できるだけくわしく、正確にご記入ください。　　　電話番号2（　　　）−（　　　）−（　　　）

	(1) 事業所（船舶所有者）の名称および船員であったときはその船舶名	(2) 事業所（船舶所有者）の所在地または国民年金加入時の住所	(3)勤務期間または国民年金の加入期間	(4) 加入していた年金制度の種類	(5) 備　考
最初		豊島区巣鴨本町 ３−５−６	S40・4・22から ・現・在まで	1.国民年金 2.厚生年金保険 3.厚生年金(船員)保険 4.共済組合等	
2			・・から ・・まで	1.国民年金 2.厚生年金保険 3.厚生年金(船員)保険 4.共済組合等	
3			・・から ・・まで	1.国民年金 2.厚生年金保険 3.厚生年金(船員)保険 4.共済組合等	
4			・・から ・・まで	1.国民年金 2.厚生年金保険 3.厚生年金(船員)保険 4.共済組合等	
5			・・から ・・まで	1.国民年金 2.厚生年金保険 3.厚生年金(船員)保険 4.共済組合等	
6			・・から ・・まで	1.国民年金 2.厚生年金保険 3.厚生年金(船員)保険 4.共済組合等	
7			・・から ・・まで	1.国民年金 2.厚生年金保険 3.厚生年金(船員)保険 4.共済組合等	
8			・・から ・・まで	1.国民年金 2.厚生年金保険 3.厚生年金(船員)保険 4.共済組合等	
9			・・から ・・まで	1.国民年金 2.厚生年金保険 3.厚生年金(船員)保険 4.共済組合等	
10			・・から ・・まで	1.国民年金 2.厚生年金保険 3.厚生年金(船員)保険 4.共済組合等	
11			・・から ・・まで	1.国民年金 2.厚生年金保険 3.厚生年金(船員)保険 4.共済組合等	
12			・・から ・・まで	1.国民年金 2.厚生年金保険 3.厚生年金(船員)保険 4.共済組合等	

⑨ 個人で保険料を納める第四種被保険者、船員保険の年金任意継続被保険者となったことがありますか。　　　　　　　　　　　　　　1. は い　　② いいえ

「はい」と答えた方は、保険料を納めた年金事務所の名称をご記入ください。

その保険料を納めた期間をご記入ください。　　昭和平成令和　　年　月　日 から 昭和平成令和　　年　月　日

第四種被保険者（船員年金任意継続被保険者）の整理記号番号をご記入ください。　（記号）　　　（番号）

<table>
<tr><td rowspan="11">⑦ 必ずご記入ください。</td><td colspan="5">(1) この請求は左の頁にある「障害給付の請求事由」の1から3までのいずれに該当しますか。該当する番号を○で囲んでください。</td><td colspan="4">1. 障害認定日による請求　　②事後重症による請求
3. 初めて障害等級の1級または2級に該当したことによる請求</td></tr>
</table>

⑦ 必ずご記入ください。	(1) この請求は左の頁にある「障害給付の請求事由」の1から3までのいずれに該当しますか。該当する番号を○で囲んでください。		1. 障害認定日による請求　②事後重症による請求 3. 初めて障害等級の1級または2級に該当したことによる請求	
	「2」を○で囲んだときは右欄の該当する理由の番号を○で囲んでください。		1. 初診日から1年6月目の状態で請求した結果、不支給となった。 ② 初診日から1年6月目の症状は軽かったが、その後悪化して症状が重くなった。 3. その他（理由　　　　　　　　　　　　　　　　　　　）	

(2) 過去に障害給付を受けたことがありますか。　1. はい　②いいえ

「1. はい」を○で囲んだときは、その障害給付の名称と年金証書の基礎年金番号および年金コード等をご記入ください。

名　称	
基礎年金番号・年金コード等	

(3) 障害の原因である傷病についてご記入ください。

	1.	2.	3.
傷　病　名	うつ病		
傷病の発生した日	昭和 平成 令和 22 年 8 月 10 日	昭和 平成 令和　年　月　日	昭和 平成 令和　年　月　日
初　診　日	昭和 平成 令和 22 年 8 月 16 日	昭和 平成 令和　年　月　日	昭和 平成 令和　年　月　日
初診日において加入していた年金制度	1.国年 2.厚年 3.共済 ④未加入	1.国年 2.厚年 3.共済 4.未加入	1.国年 2.厚年 3.共済 4.未加入
現在傷病は治っていますか。※	1. はい　②いいえ	1. はい　2. いいえ	1. はい　2. いいえ
治っているときは、治った日 ※	昭和 平成 令和　年　月　日	昭和 平成 令和　年　月　日	昭和 平成 令和　年　月　日

傷病の原因は業務上ですか。	1. はい　②いいえ

この傷病について右に示す制度から保険給付が受けられるときは、その番号を○で囲んでください。請求中のときも同様です。	1. 労働基準法　　　　　　　　　2. 労働者災害補償保険法 3. 船員保険法　　　　　　　　　4. 国家公務員災害補償法 5. 地方公務員災害補償法 6. 公立学校の学校医、学校歯科医及び学校薬剤師の公務災害補償に関する法律
受けられるときは、その給付の種類の番号を○で囲み、支給の発生した日をご記入ください。	1. 障害補償給付（障害給付）　　2. 傷病補償給付（傷病年金） 昭和 平成 令和　年　月　日

障害の原因は第三者の行為によりますか。	1. はい　②いいえ
障害の原因が第三者の行為により発生したものであるときは、その者の氏名および住所をご記入ください。	氏　名　　　　　　　　　　　　住　所

(4) 国民年金に任意加入した期間について特別一時金を受けたことがありますか。　1. はい　②いいえ

※「治った日」には、その症状が固定し治療の効果が期待できない状態に至った日も含みます。

㋓ 生 計 維 持 申 立

生計同一関係	右の子は請求者と生計を同じくしていることを申し立てる。 令和　年　月　日 請求者　住所 　　　　氏名

氏　名	続柄
	子

収入関係	1. 請求者によって生計維持していた子についてご記入ください。		
	(1)（名：　）について年収は、850万円未満ですか。	はい・いいえ	（　　）印
	(2)（名：　）について年収は、850万円未満ですか。	はい・いいえ	（　　）印
	(3)（名：　）について年収は、850万円未満ですか。	はい・いいえ	（　　）印
	2. 上記1で「いいえ」と答えた子のうち、その子の収入はこの年金の受給権発生時においては、850万円未満ですか。	はい・いいえ	

※確認欄	※年金事務所の確認事項
（　　）印	ア. 健保等被扶養者
（　　）印	イ. 国民年金保険料免除世帯
（　　）印	ウ. 義務教育終了前
（　　）印	エ. 高等学校在学中
（　　）印	オ. 源泉徴収票・課税証明書等

令和　年　月　日提出

児童扶養手当の受給者の方やその配偶者が、公的年金制度から年金を受け取るようになったり、年金額が改定されたときは、市区町村から支給されている児童扶養手当が支給停止または一部支給停止される場合があります。詳しくは、お住まいの市区町村の児童扶養手当担当窓口にお問い合わせください。

書式3　年金請求書（国民年金・厚生年金保険障害給付　その1）

年金請求書（国民年金・厚生年金保険障害給付）
〔障害基礎年金・障害厚生年金・障害手当金〕

様式第104号

二次元コード

実施機関等

受付年月日

年金コード　13

430002　82

○□のなかに必要事項をご記入ください。
（◆印欄には、なにも記入しないでください。）
○黒インクのボールペンでご記入ください。
　鉛筆や、摩擦に伴う温度変化等により消色するインクを
　用いたペンまたはボールペンは、使用しないでください。
○フリガナはカタカナでご記入ください。

個人番号（マイナンバー）で届出する場合は、6ページをご確認ください。

課所符号	進達番号	厚年資格
		10・20 21・22

船保資格	記録不要制度	作成原因
10・20 21・22	〔厚〕（船員）〔国年〕〔国共〕〔地共〕〔私学〕	02

船戦加	重	未保	支保	配状

① 請求者の個人番号（マイナンバー）

請求者の基礎年金番号　1 2 3 4　1 2 3 4 5 6

② 配偶者の個人番号（または基礎年金番号）　9 8 7 6 5 4　3 2 1 0 1 2

請求者

③生年月日　㊐昭・平・令　5 0 1 0 1 7

④氏名　（フリガナ）シブヤ　キョウコ　（氏）渋谷　（名）京子

⑤性別　1.男 ②女

⑥住所　住所の郵便番号　1 2 3 0 0 9 9　（フリガナ）キタ　アカバネマチ　4-2-1
市町村㊞　北　赤羽町4丁目2番1号

社会保険労務士の提出代行者欄

電話番号　03 - 6789 - 0123
＊日中に連絡が取れる電話番号（携帯も可）をご記入ください。

※公金受取口座については、6ページをご確認ください。

⑦　年金受取機関　※
1 金融機関（ゆうちょ銀行を除く）
2 ゆうちょ銀行（郵便局）
□ 公金受取口座として登録済の口座を指定

※1または2に○を付け、希望する金の受取口座を下欄に必ずご記入ください。
※まだ、指定された口座が公金受取口座として登録済の場合は、左欄に記してください。

口座名義人氏名　（フリガナ）シブヤ　キョウコ　（氏）渋谷　（名）京子

金融機関	金融機関コード	支店コード	（フリガナ）ホシゾラ 星空	（フリガナ）アカバネ 赤羽	預金種別 本店 出張所 支所 1普通 2当座	口座番号（左詰めで記入） 5 6 7 5 6 7 8

ゆうちょ銀行　貯金通帳の口座番号　記号（左詰めで記入）　番号（右詰めで記入）

金融機関またはゆうちょ銀行の証明欄
請求者の氏名フリガナと口座名義人氏名フリガナが同じであることをご確認ください。

※通帳等の写し（金融機関名、支店名、口座名義人氏名フリガナ、口座番号の面）を添付する場合または公金受取口座を指定する場合は、証明は不要です。

⑧配偶者	氏名	（フリガナ）シブヤ　ヒロシ（氏）渋谷（名）宏	生年月日	㊞平	4 8 0 9 0 8
⑨子	氏名	（フリガナ）シブヤ　ゴロウ（氏）渋谷（名）吾朗	生年月日	㊞令	1 9 0 8 2 4
	個人番号	3 6 3 6 2 4 2 4 1 2 4 5	障害の状態に ある・ない	◆診	
	氏名	（フリガナ）シブヤ　ミキ（氏）渋谷（名）美紀	生年月日	㊞令	2 5 0 5 1 1
	個人番号	3 6 9 1 2 3 2 4 6 8 5 7	障害の状態に ある・ない	◆診	

連絡欄

X線フィルムの送付　有・無　枚

X線フィルムの返送　年　月　日

1

第3章　ケース別　障害年金の請求と書式の書き方　129

⑩　あなたの配偶者は、公的年金制度等（表1参照）から老齢・退職または障害の年金を受けていますか。○で囲んでください。

1. 老齢・退職の年金を受けている	2. 障害の年金を受けている	③いずれも受けていない	4. 請求中	制度名（共済組合名等）	年金の種類

受けていると答えた方は下欄に必要事項をご記入ください（年月日は支給を受けることになった年月日をご記入ください）。

公的年金制度名（表1より記号を選択）	年金の種類	年　月　日	年金証書の年金コードまたは記号番号等	年金コードまたは共済組合コード・年金種別
		・　・		1
		・　・		2
		・　・		3

「年金の種類」とは、老齢または退職、障害をいいます。

⑪　あなたは、現在、公的年金制度等（表1参照）から年金を受けていますか。○で囲んでください。

1. 受けている	②受けていない	3. 請求中	制度名（共済組合名等）	年金の種類

受けていると答えた方は下欄に必要事項をご記入ください（年月日は支給を受けることになった年月日をご記入ください）。

公的年金制度名（表1より記号を選択）	年金の種類	年　月　日	年金証書の年金コードまたは記号番号等	年金コードまたは共済組合コード・年金種別
		・　・		1
		・　・		2
		・　・		3
			他　年　金　種　別	

⑫　次の年金制度の被保険者または組合員等となったことがあるときは、その番号を○で囲んでください。

1. 国民年金法　　　　　　　　　　　　2. 厚生年金保険法　　　　　　　　　　　3. 船員保険法（昭和61年4月以後を除く）
4. 廃止前の農林漁業団体職員共済組合法　5. 国家公務員共済組合法　　　　　　　　6. 地方公務員等共済組合法
7. 私立学校教職員共済法　　　　　　　　8. 旧市町村職員共済組合法　　　　　　　9. 地方公務員の退職年金に関する条例　　　10. 恩給法

⑬　履　　歴（公的年金制度加入経過）
　※できるだけ詳しく、正確にご記入ください。

	(1) 事業所（船舶所有者）の名称および船員であったときはその船舶名	(2) 事業所（船舶所有者）の所在地または国民年金加入時の住所	(3) 勤務期間または国民年金の加入期間	(4) 加入していた年金制度の種類	(5) 備　考
最初		文京区後楽園7－5－3	H7・10・16から H10・3・31まで	①国民年金 2.厚生年金保険 3.厚生年金(船員)保険 4.共済組合等	
2	㈱天の川　東京支店	中央区中央1－2－3	H10・4・1から R5・5・31まで	1.国民年金 ②厚生年金保険 3.厚生年金(船員)保険 4.共済組合等	
3		北区赤羽町4－2－1	R5・6・1から　　・・まで	①国民年金 2.厚生年金保険 3.厚生年金(船員)保険 4.共済組合等	
4			・・から　　・・まで	1.国民年金 2.厚生年金保険 3.厚生年金(船員)保険 4.共済組合等	
5			・・から　　・・まで	1.国民年金 2.厚生年金保険 3.厚生年金(船員)保険 4.共済組合等	
6			・・から　　・・まで	1.国民年金 2.厚生年金保険 3.厚生年金(船員)保険 4.共済組合等	
7			・・から　　・・まで	1.国民年金 2.厚生年金保険 3.厚生年金(船員)保険 4.共済組合等	
8			・・から　　・・まで	1.国民年金 2.厚生年金保険 3.厚生年金(船員)保険 4.共済組合等	
9			・・から　　・・まで	1.国民年金 2.厚生年金保険 3.厚生年金(船員)保険 4.共済組合等	
10			・・から　　・・まで	1.国民年金 2.厚生年金保険 3.厚生年金(船員)保険 4.共済組合等	

3

	( ) この請求は、左の頁にある「障害給付の請求事由」の1から3までのいずれに該当しますか。該当する番号を○で囲んでください。	① 障害認定日による請求　　2. 事後重症による請求 3. 初めて障害等級の1級または2級に該当したことによる請求

⑭ 必ずご記入ください。

障害の原因である傷病についてご記入ください。

	「2」を○で囲んだときは右欄の該当する理由の番号を○で囲んでください。	1. 初診日から1年6月目の状態で請求した結果、不支給となった。 2. 初診日から1年6月目の症状は軽かったが、その後悪化して症状が重くなった。 3. その他（理由　　　）		

(ニ) 過去に障害給付を受けたことがありますか。	1. は　い ②　いいえ	「1. はい」を○で囲んだときは、その障害給付の名称と年金証書の基礎年金番号・年金コード等をご記入ください。	名　称		
			基礎年金番号・年金コード等		

(3)		1.	2.	3.
傷 病 名		乳ガン		
傷病の発生した日	昭和 平成 令和	⑤ 5 年 3 月 頃日	昭和 平成 令和　　年　　月　　日	昭和 平成 令和　　年　　月　　日
初　診　日	昭和 平成 令和	⑤ 5 年 3 月 22 日	昭和 平成 令和　　年　　月　　日	昭和 平成 令和　　年　　月　　日
初診日において加入していた年金制度		1.国年　②.厚年　3.共済	1.国年　2.厚年　3.共済	1.国年　2.厚年　3.共済
現在傷病は治っていますか。※		1. はい　・　②. いいえ	1. はい　・　2. いいえ	1. はい　・　2. いいえ
治っているときは、治った日　※	昭和 平成 令和	年　　月　　日	昭和 平成 令和　　年　　月　　日	昭和 平成 令和　　年　　月　　日
傷病の原因は業務上ですか。		1. はい　・　②. いいえ		
この傷病について右に示す制度から保険給付が受けられるときは、その番号を○で囲んでください。請求中のときも同様です。		1.　労働基準法 3.　船員保険法 5.　地方公務員災害補償法 6.　公立学校の学校医、学校歯科医及び学校薬剤師の公務災害補償に関する法律	2.　労働者災害補償保険法 4.　国家公務員災害補償法	
受けられるときは、その給付の種類の番号を○で囲み、支給の発生した日をご記入ください。		1. 障害補償給付（障害給付）　　2. 傷病補償給付（傷病年金） 昭和 平成 令和　　年　　月　　日		
障害の原因は第三者の行為によりますか。		1. はい　・　② いいえ		
障害の原因が第三者の行為により発生したものであるときは、その方の氏名および住所をご記入ください。	氏　名			
	住　所			

※「治った日」には、その症状が固定し治療の効果が期待できない状態に至った日も含みます。

生 計 維 持 申 立

右の者は、請求者と生計を同じくしていることを申し立てる。

⑮ 生計同一関係

令和 6年 10月 2日

請求者			氏　名	続柄
住所	北区赤羽町4−2−1	配偶者および子	渋谷　宏	夫
	渋谷 京子		渋谷　吾朗	長男
氏名			渋谷　美紀	長女

⑯ 収入関係

1. 請求者によって生計維持していた方についてご記入ください。		※確認欄	※年金事務所の確認事項
(1) 配偶者について年収は、850万円未満ですか。	はい・いいえ	(　　)印	ア．健保等被扶養者（第三号被保険者）
(2)子(名：吾朗　) について年収は、850万円未満ですか。	はい・いいえ	(　　)印	イ．国民年金保険料免除世帯
(3)子(名：美紀　) について年収は、850万円未満ですか。	はい・いいえ	(　　)印	ウ．義務教育終了前
(4)子(名：　　　) について年収は、850万円未満ですか。	はい・いいえ	(　　)印	エ．高等学校在学中
2. 上記1で「いいえ」と答えた方のうち、その方の収入はこの年金の受給権発生時においては、850万円未満ですか。	はい・いいえ		オ．源泉徴収票・課税証明書等

令和　　年　　月　　日　提出

5

第3章　ケース別　障害年金の請求と書式の書き方　131

機構独自項目

⑰ **請求者**
過去に加入していた年金制度の年金手帳の記号番号で、基礎年金番号と異なる記号番号があるときは、その記号番号をご記入ください。

| 厚 生 年 金 保 険 | | 国 民 年 金 | |
| 船 員 保 険 | | | |

⑱ **配偶者**

②欄を記入していない方は、あなたの配偶者について、つぎの1および2にお答えください。(記入した方は、回答の必要はありません。)

1. 過去に厚生年金保険、国民年金または船員保険に加入したことがありますか。○で囲んでください。　　　あ　る　　　な　い
「ある」と答えた方は、加入していた制度の年金手帳の記号番号をご記入ください。

| 厚 生 年 金 保 険 | | 国 民 年 金 | |
| 船 員 保 険 | | | |

2. あなたと配偶者の住所が異なるときは、下欄に配偶者の住所および性別をご記入ください。

| 住所の郵便番号 | 住所 | (フリガナ) | 性別 男 女 1　2 |

⑲ 個人で保険料を納める第四種被保険者、船員保険の年金任意継続被保険者となったことがありますか。　　　　　　　　1.は　い　・　② いいえ

「はい」と答えた方は、保険料を納めた年金事務所(社会保険事務所)の名称をご記入ください。

その保険料を納めた期間をご記入ください。

| 昭和 平成 令和 | 年 月 日 | から | 昭和 平成 令和 | 年 月 日 |

第四種被保険者(船員年金任意継続被保険者)の整理記号番号をご記入ください。　　(記号)　　(番号)

⑳ 国民年金に任意加入した期間について特別一時金を受けたことがありますか。　　　1.は　い　・　② いいえ

上・外 1・2	初診年月日		障害認定日		(外)傷病名コード	(上)傷病名コード	診断書
元号	年 月 日	元号	年 月 日			
(外)等級	(上)等級	有	有 年	三	差引		
		元号	年				

基礎	受給権発生年月日		停止事由	停 止 期 間		条 文
	元号	年 月	元号	年 月 日	元号 年 月	
	失権事由	失権年月日				
		元号 年 月 日				

厚生	受給権発生年月日		停止事由	停 止 期 間		条 文
	元号	年 月	元号	年 月 日	元号 年 月	
	失権事由	失権年月日				
		元号 年 月 日				

㉑	共済コード	共 済 記 録 1		2	
	元号	年 月 日	元号	年 月 日	元号	年 月 日
	3			4	
	元号	年 月 日	元号	年 月 日	元号	年 月 日
	5			6	
	元号	年 月 日	元号	年 月 日	元号	年 月 日

時効区分

7

代理人に手続きを委任される場合にご記入ください。

≪作成(記入)時の注意事項≫

● 「代理人」(委任を受ける方)欄については、ご本人(委任する方)が決められた代理人(受任する方)の氏名、ご本人
との関係、住所、電話番号をご記入ください。

● 「ご本人」欄については、委任状を作成(記入)した日付、ご本人の基礎年金番号、氏名(旧姓がある方は、その旧姓も
ご記入ください)、生年月日、住所、電話番号、委任する内容をご記入ください。
　なお、委任する内容について、1.～5.の項目から選んで○で囲んでください(5.を選んだ場合には委任する内容を
具体的にご記入ください)。
　また、「年金の加入期間」や「見込額」などの交付については、希望される交付方法等をA. B. C.の項目から選んで
○で囲んでください。

≪来所時の注意事項≫

● 代理人が来所される場合は、代理人の方の本人確認書類が必要です(代表的な本人確認書類は次の①～③
です)。
　① 運転免許証
　② パスポート
　③ マイナンバーカード(個人番号カード)
　　※住民基本台帳カード(有効期間内のもので顔写真付に限る)は③マイナンバーカードと同様に取り扱います。

　※本人確認書類に記載されている氏名および住所は、委任状に記載されているものと同じであることが必要です。
　　上記①～③をお持ちでない場合は、お問い合わせください。

● 基礎年金番号通知書等の再交付については、取扱い上窓口での交付ができません。交付方法を、「A. 代理人に
交付を希望する」を選んだ場合であっても、ご本人様の登録の住所あてに送付しますのでご了承ください。

委任状

代理人	※ご本人(委任する方)がご記入ください。			
フリガナ	メグロ　ヒデオ	ご本人 との関係	社会保険労務士	
氏 名	目黒　秀夫			
住 所	〒120-0202　北区南町1-2-5	電話（　　　）　　－		

私は、上記の者を代理人と定め、以下の内容を委任します。

ご本人	※ご本人(委任する方)がご記入ください。		
基礎年金番号	1 2 3 4　1 2 3 4 5 6	作成日	令和　年　月　日
フリガナ	シブヤ　キョウコ	生年月日	㊪昭和 ・ 平成 50 年 10 月 17 日 ・ 令和
氏 名	渋谷　京子		
住 所	〒123-0099　北区赤羽町4-2-1	電話（　　　）　　－	

委任する 内容	● 委任する事項を次の項目から選んで○を付け、5を選んだ場合は委任する内容を具体的にご記入ください。 ①年金および年金生活者支援給付金の請求について　②年金および年金生活者支援給付金の見込み額について ③年金の加入期間について　④各種再交付手続きについて　5. その他(具体的にご記入ください。) （　　　　　　　　　　　　　　　　　　　　　　　　　　　　　　　　　　　） ● 年金に関する情報の交付について希望の有無を、A～C項目から選んで○をつけてください。 Ⓐ代理人に交付を希望する。 B. 本人宛に郵送を希望する。 C. 交付を希望しない。

※代理人は運転免許証など代理人自身の本人確認ができるもの(文書による請求または照会の場合は写し)をご用意ください。

8

第3章　ケース別　障害年金の請求と書式の書き方　133

📝 書式4　年金請求書（国民年金・厚生年金保険障害給付　その2）

年金請求書（国民年金・厚生年金保険障害給付）

様式第104号

〔障害基礎年金・障害厚生年金・障害手当金〕

年金コード　13

430002　82

○のなかに必要事項をご記入ください。
◆印欄には、なにも記入しないでください。
○黒インクのボールペンでご記入ください。
　鉛筆や、摩擦に伴う温度変化等により消色するインクを
　用いたペンまたはボールペンは、使用しないでください。
○フリガナはカタカナでご記入ください。

二次元コード

実施機関等

受付年月日

個人番号（マイナンバー）で届出する場合は、6ページをご確認ください。

①	請求者の個人番号（マイナンバー）	5	1	5	3	4	1	2	3	6	1	2	3
	請求者の基礎年金番号												
②	配偶者の個人番号（または基礎年金番号）	5	0	5	5	3	0	0	3	4	5	6	7

課所符号	進達番号	厚生資格
		10・20　21・22
船員資格	記録不要制度	作成原因
10・20　21・22	（厚） （船員）（国年）（国共）（地共）（私学）	02
船戦加	重　未保　支保	配状

請求者

③生年月日　㊐・平・令　42 02 11

④氏名	（フリガナ）カンダ	マサコ	⑤性別
	（氏）神田	（名）昌子	1.男　②女

⑥住所

住所の郵便番号　1760076

（フリガナ）スギナミ　チュウオウ　4－5－7

市区町村　杉並　中央4丁目5番7号

社会保険労務士の提出代行者欄

電話番号　080　－　9999　－　1234
＊日中に連絡が取れる電話番号（携帯も可）をご記入ください。

※公金受取口座については、6ページをご確認ください。

⑦　年金受取機関　※

※1または2に〇をつけ、希望する年金の受取口座を個人に必ずご記入ください。
※また、指定の口座が公金受取口座として登録済みの場合は、左欄に応じてください。

1．金融機関（ゆうちょ銀行を除く）
②ゆうちょ銀行（郵便局）
✓公金受取口座として登録済の口座を指定

	（フリガナ）カンダ	マサコ
口座名義人氏名	（氏）神田	（名）昌子

年金送金先

金融機関

金融機関コード	支店コード
・・・・	・・・

（フリガナ）

銀行　金庫　信組　農協　信連　信漁連　漁協

本店　支店　出張所　本所　支所

1．普通　2．当座

口座番号（左詰めで記入）

ゆうちょ銀行

貯金通帳の口座番号

記号（左詰めで記入）10160－　番号（右詰めで記入）12483579

金融機関またはゆうちょ銀行の証明欄
帝貯蓄預金口座または貯蓄貯金口座への振込みはできません。
請求者の氏名フリガナと口座名義人氏名フリガナが同じであることをご確認ください。

※通帳等の写し（金融機関名、支店名、口座名義人氏名フリガナ、口座番号の面）を添付する場合または公金受取口座を指定の場合、証明は不要です。

⑧配偶者	（フリガナ）カンダ	タケシ	生年月日　㊐ 平　330111	連絡欄
	（氏）神田	（名）健		
	（氏）	（名）	生年月日　平令	

⑨子

氏名	（フリガナ）　（氏）　（名）	生年月日　平令	障害の状態にある・ない　◆診
個人番号			
氏名	（フリガナ）　（氏）　（名）	生年月日　平令	障害の状態にある・ない　◆診
個人番号			

X線フィルムの送付

有・無　　枚

X線フィルムの返送

年　月　日

1

134

⑩ あなたの配偶者は、公的年金制度等（表1参照）から老齢・退職または障害の年金を受けていますか。○で囲んでください。

①老齢・退職の年金を受けている	2. 障害の年金を受けている	3. いずれも受けていない	4. 請求中	制度名（共済組合名等）	年金の種類

受けていると答えた方は下欄に必要事項をご記入ください（年月日は支給を受けることになった年月日をご記入ください）。

公的年金制度名（表1より記号を選択）	年金の種類	年 月 日	年金証書の年金コードまたは記号番号等		年金コードまたは共済組合コード・年金種別
イ	老齢	23.1.10	1270	1	
		・・		2	
		・・		3	

「年金の種類」とは、老齢または退職、障害をいいます。

⑪ あなたは、現在、公的年金制度等（表1参照）から年金を受けていますか。○で囲んでください。

1. 受けている	②受けていない	3. 請求中	制度名（共済組合名等）	年金の種類

受けていると答えた方は下欄に必要事項をご記入ください（年月日は支給を受けることになった年月日をご記入ください）。

公的年金制度名（表1より記号を選択）	年金の種類	年 月 日	年金証書の年金コードまたは記号番号等		年金コードまたは共済組合コード・年金種別
		・・		1	
		・・		2	
		・・		3	
				他 年 金 種 別	

「年金の種類」とは、老齢または退職、障害、遺族をいいます。

⑫ 次の年金制度の被保険者または組合員等となったことがあるときは、その番号を○で囲んでください。

1. 国民年金法　　　　　　　　　　　2. 厚生年金保険法　　　　　　　　3. 船員保険法（昭和61年4月以後を除く）
4. 廃止前の農林漁業団体職員共済組合法　5. 国家公務員共済組合法　　　　　6. 地方公務員等共済組合法
7. 私立学校教職員共済法　　　　　　8. 旧市町村職員共済組合法　　　　9. 地方公務員の退職年金に関する条例　10. 恩給法

⑬ 履　　歴（公的年金制度加入経過）
※できるだけ詳しく、正確にご記入ください。

	(1) 事業所（船舶所有者）の名称および船員であったときはその船舶名	(2) 事業所（船舶所有者）の所在地または国民年金加入時の住所	(3) 勤務期間または国民年金の加入期間	(4) 加入していた年金制度の種類	(5) 備 考
最初		杉並区杉並2-2-2	S59・4・1 から R6・5・15 まで	1. 国民年金 2. 厚生年金保険 3. 厚生年金（船員）保険 4. 共済組合等	
2	㈱コンサルティング	杉並区中央4-5-7	R6・5・16 から ・現・在 まで	1. 国民年金 2. 厚生年金保険 3. 厚生年金（船員）保険 4. 共済組合等	
3			・・ から ・・ まで	1. 国民年金 2. 厚生年金保険 3. 厚生年金（船員）保険 4. 共済組合等	
4			・・ から ・・ まで	1. 国民年金 2. 厚生年金保険 3. 厚生年金（船員）保険 4. 共済組合等	
5			・・ から ・・ まで	1. 国民年金 2. 厚生年金保険 3. 厚生年金（船員）保険 4. 共済組合等	
6			・・ から ・・ まで	1. 国民年金 2. 厚生年金保険 3. 厚生年金（船員）保険 4. 共済組合等	
7			・・ から ・・ まで	1. 国民年金 2. 厚生年金保険 3. 厚生年金（船員）保険 4. 共済組合等	
8			・・ から ・・ まで	1. 国民年金 2. 厚生年金保険 3. 厚生年金（船員）保険 4. 共済組合等	
9			・・ から ・・ まで	1. 国民年金 2. 厚生年金保険 3. 厚生年金（船員）保険 4. 共済組合等	
10			・・ から ・・ まで	1. 国民年金 2. 厚生年金保険 3. 厚生年金（船員）保険 4. 共済組合等	

3

第3章　ケース別　障害年金の請求と書式の書き方　135

⑭ 必ずご記入ください。

(1)	この請求は、左の頁にある「障害給付の請求事由」の1から3までのいずれに該当しますか。該当する番号を○で囲んでください。	① 障害認定日による請求　　2. 事後重症による請求 3. 初めて障害等級の1級または2級に該当したことによる請求		
	「2」を○で囲んだときは右欄の該当する理由の番号を○で囲んでください。	1. 初診日から1年6月日の状態で請求した結果、不支給となった。 2. 初診日から1年6月日の症状は軽かったが、その後悪化して症状が重くなった。 3. その他（理由　　　　　　　　　　　　　　　）		
(2)	過去に障害給付を受けたことがありますか。 1. はい ② いいえ	「1.はい」を○で囲んだときは、その障害給付の名称と年金証書の基礎年金番号・年金コード等をご記入ください。	名　称	
			基礎年金番号・年金コード等	

障害の原因である傷病についてご記入ください。

(3) 傷　病　名	関節リウマチ	2.	3.
傷病の発生した日	昭和 ⑥ 平成 令和　6 年 2 月 21 日	昭和 平成 令和　年　月　日	昭和 平成 令和　年　月　日
初　診　日	昭和 ⑥ 平成 令和　6 年 2 月 25 日	昭和 平成 令和　年　月　日	昭和 平成 令和　年　月　日
初診日において加入していた年金制度	1.国年　②厚年　3.共済	1.国年　2.厚年　3.共済	1.国年　2.厚年　3.共済
現在傷病は治っていますか。※	1.はい　・　②いいえ	1.はい　・　2.いいえ	1.はい　・　2.いいえ
治っているときは、治った日 ※	昭和 平成 令和　年　月　日	昭和 平成 令和　年　月　日	昭和 平成 令和　年　月　日
傷病の原因は業務上ですか。	1.はい　・　②いいえ		
この傷病について右に示す制度から保険給付が受けられるときは、その番号を○で囲んでください。請求中のときも同様です。	1.　労働基準法　　　　　　　　　　　　　　2.　労働者災害補償保険法 3.　船員保険法　　　　　　　　　　　　　　4.　国家公務員災害補償法 5.　地方公務員災害補償法 6.　公立学校の学校医、学校歯科医及び学校薬剤師の公務災害補償に関する法律		
受けられるときは、その給付の種類の番号を○で囲み、支給の発生した日をご記入ください。	1.障害補償給付（障害給付）　　　　　　　2.傷病補償給付（傷病年金） 昭和 平成 令和　年　月　日		
障害の原因は第三者の行為によりますか。	1.はい　・　②いいえ		
障害の原因が第三者の行為により発生したものであるときは、その方の氏名および住所をご記入ください。	氏　名		
	住　所		

※「治った日」には、その症状が固定し治療の効果が期待できない状態に至った日も含みます。

生計維持申立

右の者は、請求者と生計を同じくしていることを申し立てる。

⑮ 生計同一関係

令和 7 年 9 月 30 日

請求者
住所　東京都 杉並区 中央 4－5－7

氏名　神田 昌子

	氏　名	続柄
配偶者 および子	神田　健	夫

⑯ 収入関係

1.請求者によって生計維持していた方についてご記入ください。		※確認欄	※年金事務所の確認事項
(1) 配偶者について年収は、850万円未満ですか。	はい・いいえ	（　）印	ア．健保等被扶養者（第三号被保険者）
(2)子(名：　　　) について年収は、850万円未満ですか。	はい・いいえ	（　）印	イ．国民年金保険料免除世帯
(3)子(名：　　　) について年収は、850万円未満ですか。	はい・いいえ	（　）印	ウ．義務教育終了前
(4)子(名：　　　) について年収は、850万円未満ですか。	はい・いいえ	（　）印	エ．高等学校在学中
2.上記1で「いいえ」と答えた方のうち、その方の収入はこの年金の受給権発生時においては、850万円未満ですか。	はい・いいえ		オ．源泉徴収票・課税証明書等

令和　　年　　月　　日　提出

5

機構独自項目

⑰ 請求者	過去に加入していた年金制度の年金手帳の記号番号で、基礎年金番号と異なる記号番号があるときは、その記号番号をご記入ください。		
	厚 生 年 金 保 険	国 民 年 金	
	船 員 保 険		

⑱ 配偶者	⑱欄を記入していない方は、あなたの配偶者について、つぎの1および2にお答えください。（記入した方は、回答の必要はありません。）	
	1. 過去に厚生年金保険、国民年金または船員保険に加入したことがありますか。○で囲んでください。「ある」と答えた方は、加入していた制度の年金手帳の記号番号をご記入ください。	あ る　　な い
	厚 生 年 金 保 険	国 民 年 金
	船 員 保 険	
	2. あなたと配偶者の住所が異なるときは、下欄に配偶者の住所および性別をご記入ください。	

住所の郵便番号	住所 （フリガナ）	性別 男 女 1 2

⑲	個人で保険料を納める第四種被保険者、船員保険の年金任意継続被保険者となったことがありますか。	1. は い　・　2 いいえ
	「1 はい」と答えた方は、保険料を納めた年金事務所（社会保険事務所）の名称をご記入ください。	
	その保険料を納めた期間をご記入ください。	昭和 平成 令和　年　月　日　から　昭和 平成 令和　年　月　日
	第四種被保険者（船員年金任意継続被保険者）の整理記号番号をご記入ください。	（記号）　　　　　（番号）
⑳	国民年金に任意加入した期間について時別一時金を受けたことがありますか。	1. は い　・　2 いいえ

上・外	初 診 年 月 日	障 害 認 定 日	（外）傷病名コード	（上）傷病名コード	診 断 書
上・外 1・2	元号　　年　　月　　日	元号　　年　　月　　日			

（外）等級	（上）等級	有　　有 年　三	差 引
		元号	

基 礎	受 給 権 発 生 年 月 日	停 止 事 由	停 止 期 間	条　　文
	元号　　年　　月　　日		元号　　年　　月　元号　　年　　月	
	失 権 事 由	失 権 年 月 日		
		元号　　年　　月　　日		

厚 生	受 給 権 発 生 年 月 日	停 止 事 由	停 止 期 間	条　　文
	元号　　年　　月　　日		元号　　年　　月　元号　　年　　月	
	失 権 事 由	失 権 年 月 日		
		元号　　年　　月　　日		

㉚	共 済 コ ー ド	共 済 記 録	1	2
		元号　年　月　日 元号　年　月　日		元号　年　月　日 元号　年　月　日
		3		4
㉛		元号　年　月　日 元号　年　月　日		元号　年　月　日 元号　年　月　日
		5		6
		元号　年　月　日 元号　年　月　日		元号　年　月　日 元号　年　月　日

時効区分

第3章　ケース別　障害年金の請求と書式の書き方　**137**

書式5 病歴・就労状況等申立書（その1）

病歴・就労状況等申立書

No. 1 - 1 枚口

（請求する病気やけがが複数ある場合は、それぞれ用紙を分けて記入してください。）

病歴状況	傷病名	先天性知的機能障害			
発病日	昭和 ⦅平成⦆ 令和 17 年 8 月 24 日			初診日	昭和 ⦅平成⦆ 令和 17 年 8 月 24 日

記入する前にお読みください。
○ 次の欄には障害の原因となった病気やけがについて、<u>発病したときから現在までの経過</u>を年月順に期間をあげて記入してください。
○ 受診していた期間は、通院期間、受診回数、入院期間、治療経過、医師から指示された事項、転医・受診中止の理由、日常生活状況、就労状況などを記入してください。
○ 受診していなかった期間は、その理由、自覚症状の程度、日常生活状況、就労状況などについて具体的に記入してください。
○ 健康診断などで障害の原因となった病気やけがについて指摘されたことも記入してください。
○ 同一の医療機関を長期間受診していた場合、医療機関を長期間受診していなかった場合、発病から初診までが長期間の場合は、その期間を3から5年ごとに区切って記入してください。

		左の期間の状況
1	昭和 ⦅平成⦆ 令和 17 年 8 月 24 日から 昭和 ⦅平成⦆ 令和 22 年 5 月 10 日まで ⦅受診した⦆ ・ 受診していない 医療機関名 御茶ノ水病院	他の同年齢の子どもに比べ発育も悪く、会話も要領を得ないので、小児科を受診したところ、知的障害の疑いがあると言われた。
2	昭和 ⦅平成⦆ 令和 22 年 5 月 11 日から 昭和 ⦅平成⦆ 令和 27 年 3 月 31 日まで ⦅受診した⦆ ・ 受診していない 医療機関名 御茶ノ水病院	文字もあまり覚えられず、一般の小学校では支援学級に入学したが、そこでもまったくついていけず、学校と相談して指摘もあったので、平成16年9月に支援学校に転校する。平成15年5月1日に愛の手帳を交付される。
3	昭和 ⦅平成⦆ 令和 27 年 4 月 1 日から 昭和 ⦅平成⦆ 令和 30 年 3 月 31 日まで ⦅受診した⦆ ・ 受診していない 医療機関名 御茶ノ水病院	学校でも他人と関わることが苦手で、友達ともよくもめ事を起こす。通学時は親かヘルパーが同行して、他人との接触を避けている。他人に何か言われると情緒不安定になる。
4	昭和・平成 ⦅令和⦆ 30 年 4 月 1 日から 昭和・平成 ⦅令和⦆ 3 年 3 月 31 日まで ⦅受診した⦆ ・ 受診していない 医療機関名 御茶ノ水病院	中学校も支援学校に進学する。小学校のときよりは対人関係が築けるようになるが、それでも長い時間一緒にいる友達や先生のみで、初めて会った人からは逃げようとする。お気に入りのハンドタオルにこだわりがあり、常に持ち歩いている。それがないと情緒不安定になる。
5	昭和・平成 ⦅令和⦆ 3 年 4 月 1 日から 昭和・平成・令和 年 現在 月 日まで ⦅受診した⦆ ・ 受診していない 医療機関名 御茶ノ水病院	小学生レベルの学力はついたが、難しい計算や漢字はできない。外出をあまり好まず、高校には進学しなかった。身の回りのことも周囲がお世話しないと、きちんとできない。

※裏面も記入してください。

138

就労・日常生活状況	1. 障害認定日（初診日から1年6月目または、それ以前に治った場合は治った日）頃と 2. 現在（請求日頃）の就労・日常生活状況等について該当する太枠内に記入してください。

1. 障害認定日（　昭和・平成・令和　7　月　8　月　23　日）頃の状況を記入してください。

就労状況	就労していた場合	職種（仕事の内容）を記入してください。	
		通勤方法を記入してください。	通勤方法 通勤時間（片道）　　　時間　　　分
		出勤日数を記入してください。	障害認定日の前月　　日　　障害認定日の前々月　　日
		仕事中や仕事が終わった時の身体の調子について記入してください。	
	就労していなかった場合	仕事をしていなかった（休職していた）理由すべて○で囲んでください。 なお、オを選んだ場合は、具体的な理由を（　）内に記入してください。	ア　体力に自信がなかったから イ　医師から働くことを止められていたから ウ　働く意欲がなかったから エ　働きたかったが適切な職場がなかったから オ　その他（理由　　　　　　　　　　　　　　）
日常生活状況		日常生活の制限について、該当する番号を○で囲んでください。 　1 → 自発的にできた 　2 → 自発的にできたが援助が必要だった 　3 → 自発的にできないが援助があればできた 　4 → できなかった	着替え（1・2・③・4）　洗面（1・2・③・4） トイレ（1・②・3・4）　入浴（1・②・3・4） 食事（1・②・3・4）　散歩（1・2・③・4） 炊事（1・2・3・④）　洗濯（1・2・3・④） 掃除（1・2・3・④）　買物（1・2・3・④）
		その他日常生活で不便に感じたことがありましたら記入してください。	自分で何かを判断することが苦手。

2. 現在（請求日頃）の状況を記入してください。

就労状況	就労している場合	職種（仕事の内容）を記入してください。	
		通勤方法を記入してください。	通勤方法 通勤時間（片道）　　　時間　　　分
		出勤日数を記入してください。	請求日の前月　　日　　請求日の前々月　　日
		仕事中や仕事が終わった時の身体の調子について記入してください。	
	就労していない場合	仕事をしていない（休職している）理由すべて○で囲んでください。 なお、オを選んだ場合は、具体的な理由を（　）内に記入してください。	ア　体力に自信がないから イ　医師から働くことを止められているから ウ　働く意欲がないから エ　働きたいが適切な職場がないから オ　その他（理由　　　　　　　　　　　　　　）
日常生活状況		日常生活の制限について、該当する番号を○で囲んでください。 　1 → 自発的にできる 　2 → 自発的にできるが援助が必要である 　3 → 自発的にできないが援助があればできる 　4 → できない	着替え（1・2・3・4）　洗面（1・2・3・4） トイレ（1・2・3・4）　入浴（1・2・3・4） 食事（1・2・3・4）　散歩（1・2・3・4） 炊事（1・2・3・4）　洗濯（1・2・3・4） 掃除（1・2・3・4）　買物（1・2・3・4）
		その他日常生活で不便に感じていることがありましたら記入してください。	
障害者手帳		障害者手帳の交付を受けていますか。	①　受けている　　2　受けていない　　3　申請中
		交付されている障害者手帳の交付年月日、等級、障害名を記入してください。 その他の手帳の場合は、その名称を（　）内に記入してください。 ※ 略字の意味 　身→身体障害者手帳　　療→療育手帳 　精→精神障害者保健福祉手帳　他→その他の手帳	①　身・精・療・他（　　　　　　　　　　　　） 　昭和・平成・令和　15　年　5　月　1　日（　2級　） 　障害名（　　　知的障害　　　　　　　　　） ②　身・精・療・他（　　　　　　　　　　　　） 　昭和・平成・令和　　年　　月　　日（　　級　） 　障害名（　　　　　　　　　　　　　　　　）

上記のとおり相違ないことを申し立てます。

令和　7　年　9　月　1　日

| 代筆者 | 氏名　水道橋　花子
請求者からみた続柄（　母　） | 請求者 | 現住所　東京都千代田区千代田1-1-1
氏名　水道橋　七郎
電話番号　090-1234-5678 |

第3章　ケース別　障害年金の請求と書式の書き方

書式6 病歴・就労状況等申立書（その2）

病歴・就労状況等申立書　No. 1 - 1 枚中

（請求する病気やけがが複数ある場合は、それぞれ用紙を分けて記入してください。）

病歴状況	傷病名	双極性障害（Ⅰ型）
発病日	昭和・(平成)・令和 24 年 8 月 10 日	初診日　昭和・(平成)・令和 24 年 8 月 17 日

記入する前にお読みください。
○ 次の欄には障害の原因となった病気やけがについて、発病したときから現在までの経過を年月順に期間をあけずに記入してください。
○ 受診していた期間は、通院期間、受診回数、入院期間、治療経過、医師から指示された事項、転医・受診中止の理由、日常生活状況、就労状況などを記入してください。
○ 受診していなかった期間は、その理由、自覚症状の程度、日常生活状況、就労状況などについて具体的に記入してください。
○ 健康診断などで障害の原因となった病気やけがについて指摘されたことも記入してください。
○ 同一の医療機関を長期間受診していた場合、医療機関を長期間受診していなかった場合、発病から初診までが長期間の場合は、その期間を3年から5年ごとに区切って記入してください。

	期間	左の期間の状況
1	昭和・(平成)・令和 8 年 6 月 23 日から 昭和・(平成)・令和 15 年 3 月 13 日まで 受診した・(受診していない) 医療機関名	3歳くらいから、何か気に入らないことがあると大声で泣きわめき手がつけられないことがよくあった。
2	昭和・(平成)・令和 15 年 4 月 1 日から 昭和・(平成)・令和 21 年 3 月 31 日まで 受診した・(受診していない) 医療機関名	小学校では、先生や自分より強い子には従順だが、自分より弱い子には高圧的になりやすい。 普段はおとなしいのだが、何かスイッチが入ると暴れだし、手が付けられなくなる。
3	昭和・(平成)・令和 21 年 4 月 1 日から 昭和・(平成)・令和 26 年 3 月 31 日まで (受診した)・受診していない 医療機関名 巣鴨メンタルクリニック	中学校入学、周囲が少しずつ大人びていくのに自分だけ小学生のままのような感じであった。 仲が良かった友人ともうまくいかなくなることが多くなった。 高校にはいかず、親戚が経営する清掃会社でアルバイトを始める。しばらくは何事もなく勤務していたが、同僚と関わりが増えるともめ事が多くなり、平成24年8月職場で大暴れすることがあり、病院にいくことを勧められ「双極性障害Ⅰ型」と診断された。アルバイトは退職する。
4	昭和・(平成)・令和 26 年 4 月 1 日から 昭和・(平成)・令和 27 年 3 月 31 日まで (受診した)・受診していない 医療機関名 巣鴨メンタルクリニック	平成28年5月、子どもの頃から親しくしていた10歳年上の女性と結婚した。障害のことを知っている相手だったので、大きな混乱もなかった。 専業主夫となったことで、生活状況は安定したが、外出はあまりしていない。
5	昭和・平成・(令和) 31 年 4 月 1 日から 昭和・平成・(令和) 6 年 現 月 在 日まで (受診した)・受診していない 医療機関名 巣鴨メンタルクリニック	徐々に外出できるようになったが、お店の人など関わる人ともめることが多かった。その際暴れて大ごとになった。 孤独感、自己嫌悪感が強くなり、妻とも衝突することが多くなった。 令和6年4月に妻と離婚し、無気力感に苛まれるようになる。

※裏面も記入してください。

就労・日常生活状況	1. 障害認定日（初診日から1年6月目または、それ以前に治った場合は治った日）頃と 2. 現在（請求日頃）の就労・日常生活状況等について該当する太枠内に記入してください。

1. 障害認定日（昭和・平成・令和　　年　　月　　日）頃の状況を記入してください。

就労状況	就労していた場合	職種（仕事の内容）を記入してください。	
		通勤方法を記入してください。	通勤方法 通勤時間（片道）　　時間　　分
		出勤日数を記入してください。	障害認定日の前月　　日　障害認定日の前々月　　日
		仕事中や仕事が終わった時の身体の調子について記入してください。	
	就労していなかった場合	仕事をしていなかった（休職していた）理由すべて○で囲んでください。 なお、オを選んだ場合は、具体的な理由を（　）内に記入してください。	ア　体力に自信がなかったから イ　医師から働くことを止められていたから ウ　働く意欲がなかったから エ　働きたかったが適切な職場がなかったから オ　その他（理由　　　　　　　　　　　　　）
日常生活状況		日常生活の制限について、該当する番号を○で囲んでください。 1 → 自発的にできた 2 → 自発的にできたが援助が必要だった 3 → 自発的にできないが援助があればできた 4 → できなかった	着替え（1・2・3・4）　洗面（1・2・3・4） トイレ（1・2・3・4）　入浴（1・2・3・4） 食事（1・2・3・4）　散歩（1・2・3・4） 炊事（1・2・3・4）　洗濯（1・2・3・4） 掃除（1・2・3・4）　買物（1・2・3・4）
		その他日常生活で不便に感じたことがありましたら記入してください。	

2. 現在（請求日頃）の状況を記入してください。

就労状況	就労している場合	職種（仕事の内容）を記入してください。	
		通勤方法を記入してください。	通勤方法 通勤時間（片道）　　時間　　分
		出勤日数を記入してください。	請求日の前月　　日　請求日の前々月　　日
		仕事中や仕事が終わった時の身体の調子について記入してください。	
	就労していない場合	仕事をしていない（休職している）理由すべて○で囲んでください。 なお、オを選んだ場合は、具体的な理由を（　）内に記入してください。	ア　体力に自信がないから イ　医師から働くことを止められているから（○） ウ　働く意欲がないから エ　働きたいが適切な職場がないから オ　その他（理由　　　　　　　　　　　　　）
日常生活状況		日常生活の制限について、該当する番号を○で囲んでください。 1 → 自発的にできる 2 → 自発的にできるが援助が必要である 3 → 自発的にできないが援助があればできる 4 → できない	着替え（1・2・③・4）　洗面（1・2・③・4） トイレ（1・2・③・4）　入浴（1・2・③・4） 食事（1・2・3・④）　散歩（1・2・3・④） 炊事（1・2・3・④）　洗濯（1・2・3・④） 掃除（1・2・3・④）　買物（1・2・3・④）
		その他日常生活で不便に感じていることがありましたら記入してください。	人と交流していないので、他人と接する時にどうしてよいかわからず、けんかをふっかけてしまう。
障害者手帳		障害者手帳の交付を受けていますか。	①受けている　2 受けていない　3 申請中
		交付されている障害者手帳の交付年月日、等級、障害名を記入してください。 その他の手帳の場合は、その名称を（　）内に記入してください。 ※ 略字の意味 身→身体障害者手帳　　療→療育手帳 精→精神障害者保健福祉手帳　他→その他の手帳	① 身・精・療・他（　　　　　　　　　） 昭和・平成・令和　6 年　1 月 30 日（2 級） 障害名　双極性障害 ② 身・精・療・他（　　　　　　　　　） 昭和・平成・令和　　年　　月　　日（　級） 障害名（　　　　　）

上記のとおり相違ないことを申し立てます。

令和　6 年　11 月　29 日

代筆者　氏名　　　　　　　　　　請求者からみた続柄（　　　　　）

請求者　現住所　中央区中央1丁目3番6号

氏名　駒込 俊介
電話番号　090 - 5432 - 1098

第3章　ケース別　障害年金の請求と書式の書き方　141

書式7 病歴・就労状況等申立書（その3）

病歴・就労状況等申立書 No. 1 - 1 枚中

（請求する病気やけがが複数ある場合は、それぞれ用紙を分けて記入してください。）

病歴状況	傷病名	遷延性意識障害
発病日	昭和・(平成)・令和 6 年 8 月 10 日	初診日 昭和・(平成)・令和 6 年 8 月 10 日

記入する前にお読みください。
- 次の欄には障害の原因となった病気やけがについて、発病したときから現在までの経過を年月順に期間をあけずに記入してください。
- 受診していた期間は、通院期間、受診回数、入院期間、治療経過、医師から指示された事柄、転医・受診中止の理由、日常生活状況、就労状況などを記入してください。
- 受診していなかった期間は、その理由、自覚症状の程度、日常生活状況、就労状況などについて具体的に記入してください。
- 健康診断などで障害の原因となった病気やけがについて指摘されたことも記入してください。
- 同一の医療機関を長期間受診していた場合、医療機関を長期間受診していなかった場合、発病から初診までが長期間の場合は、その期間を3年から5年ごとに区切って記入してください。

		左の期間の状況
1	昭和・平成・(令和) 6 年 8 月 10 日から 昭和・平成・(令和) 6 年 8 月 25 日まで (受診した)・受診していない 医療機関名 **東京都立東京病院**	令和6年8月10日、自転車走行中、左折するトラックに巻き込まれ、転倒。 全身及び頭部を地面に打ち付けられた。 東京都立東京病院に救急搬送され、緊急手術を受けたが意識不明となり、そのまま入院した。
2	昭和・平成・(令和) 6 年 8 月 26 日から 昭和・平成・(令和) 6 年 11 月 26 日まで (受診した)・受診していない 医療機関名 **東京都立東京病院**	令和6年8月26日、意識が回復しないまま遷延性意識障害と診断された。
3	昭和・平成・令和　年　月　日から 昭和・平成・令和　年　月　日まで 受診した・受診していない 医療機関名	
4	昭和・平成・令和　年　月　日から 昭和・平成・令和　年　月　日まで 受診した・受診していない 医療機関名	
5	昭和・平成・令和　年　月　日から 昭和・平成・令和　年　月　日まで 受診した・受診していない 医療機関名	

※裏面も記入してください。

就労・日常生活状況	1. 障害認定日（初診日から1年6月目または、それ以前に治った場合は治った日）頃と 2. 現在（請求日頃）の就労・日常生活状況等について該当する太枠内に記入してください。

1．障害認定日　（　昭和・平成・(令和)　6　年　11　月　26　日）頃の状況を記入してください。

<table>
<tr><td rowspan="5">就労状況</td><td rowspan="4">就労していた場合</td><td>職種（仕事の内容）を記入してください。</td><td colspan="2"></td></tr>
<tr><td>通勤方法を記入してください。</td><td colspan="2">通勤方法
通勤時間（片道）　　　時間　　　　分</td></tr>
<tr><td>出勤日数を記入してください。</td><td colspan="2">障害認定日の前月　　日　障害認定日の前々月　　日</td></tr>
<tr><td>仕事中や仕事が終わった時の身体の調子について記入してください。</td><td colspan="2"></td></tr>
<tr><td>就労していなかった場合</td><td>仕事をしていなかった（休職していた）理由すべて○で囲んでください。
なお、オを選んだ場合は、具体的な理由を（　）内に記入してください。</td><td colspan="2">ア　体力に自信がなかったから
イ　医師から働くことを止められていたから
ウ　働く意欲がなかったから
エ　働きたかったが適切な職場がなかったから
(オ)　その他（理由　　遷延性意識障害のため　　）</td></tr>
<tr><td rowspan="2">日常生活状況</td><td colspan="2">日常生活の制限について、該当する番号を○で囲んでください。
1 → 自発的にできた
2 → 自発的にできたが援助が必要だった
3 → 自発的にできないが援助があればできた
4 → できなかった</td><td colspan="2">着替え（1・2・3・④）　　洗面（1・2・3・④）
トイレ（1・2・3・④）　　入浴（1・2・3・④）
食事（1・2・3・④）　　　散歩（1・2・3・④）
炊事（1・2・3・④）　　　洗濯（1・2・3・④）
掃除（1・2・3・④）　　　買物（1・2・3・④）</td></tr>
<tr><td colspan="2">その他日常生活で不便に感じたことがありましたら記入してください。</td><td colspan="2" align="center">植物状態</td></tr>
</table>

2．現在（請求日頃）の状況を記入してください。

<table>
<tr><td rowspan="5">就労状況</td><td rowspan="4">就労している場合</td><td>職種（仕事の内容）を記入してください。</td><td colspan="2"></td></tr>
<tr><td>通勤方法を記入してください。</td><td colspan="2">通勤方法
通勤時間（片道）　　　時間　　　　分</td></tr>
<tr><td>出勤日数を記入してください。</td><td colspan="2">請求日の前月　　日　請求日の前々月　　日</td></tr>
<tr><td>仕事中や仕事が終わった時の身体の調子について記入してください。</td><td colspan="2"></td></tr>
<tr><td>就労していない場合</td><td>仕事をしていない（休職している）理由すべて○で囲んでください。
なお、オを選んだ場合は、具体的な理由を（　）内に記入してください。</td><td colspan="2">ア　体力に自信がないから
イ　医師から働くことを止められているから
ウ　働く意欲がないから
エ　働きたいが適切な職場がないから
オ　その他（理由　　　　　　　　　　　　　　）</td></tr>
<tr><td rowspan="2">日常生活状況</td><td colspan="2">日常生活の制限について、該当する番号を○で囲んでください。
1 → 自発的にできる
2 → 自発的にできたが援助が必要である
3 → 自発的にできないが援助があればできる
4 → できない</td><td colspan="2">着替え（1・2・3・4）　　洗面（1・2・3・4）
トイレ（1・2・3・4）　　入浴（1・2・3・4）
食事（1・2・3・4）　　　散歩（1・2・3・4）
炊事（1・2・3・4）　　　洗濯（1・2・3・4）
掃除（1・2・3・4）　　　買物（1・2・3・4）</td></tr>
<tr><td colspan="2">その他日常生活で不便に感じていることがありましたら記入してください。</td><td colspan="2"></td></tr>
<tr><td rowspan="3">障害者手帳</td><td colspan="2">障害者手帳の交付を受けていますか。</td><td colspan="2">1 受けている　　(2) 受けていない　　3 申請中</td></tr>
<tr><td colspan="2">交付されている障害者手帳の交付年月日、等級、障害名を記入してください。
その他の手帳の場合は、その名称を（　）内に記入してください。</td><td colspan="2">① 身・精・療・他(　　　　　　　　　　)
　昭和・平成・令和　　　年　　　月　　　日（　　級）
　障害名 (　　　　　　　　　　　　　　　　)</td></tr>
<tr><td colspan="2">※ 略字の意味
身→ 身体障害者手帳　　療→ 療育手帳
精→ 精神障害者保健福祉手帳　他→ その他の手帳</td><td colspan="2">② 身・精・療・他(　　　　　　　　　　)
　昭和・平成・令和　　　年　　　月　　　日（　　級）
　障害名 (　　　　　　　　　　　　　　　　)</td></tr>
</table>

上記のとおり相違ないことを申し立てます。

令和　6　年　11　月　29　日　　　　　　　　　　請求者　現住所　千代田区大手本町1丁目5番7号

代筆者　氏　名　有楽町　和枝　　　　　　　　　　　　　氏　名　有楽町　岳士
　　　　請求者からみた続柄（　　妻　　）　　　　　　　電話番号　090 - 2345 - 6987

第3章　ケース別　障害年金の請求と書式の書き方　143

書式8 病歴・就労状況等申立書（その4）

病歴・就労状況等申立書　No. 1 - 1 枚中

（請求する病気やけがが複数ある場合は、それぞれ用紙を分けて記入してください。）

病歴状況	傷病名	慢性呼吸不全
発病日	昭和・㊩・令和 29 年 4 月 頃 日	初診日　昭和・㊩・令和 29 年 5 月 8 日

記入する前にお読みください。
○ 次の欄には障害の原因となった病気やけがについて、発病したときから現在までの経過を年月順に期間をあけずに記入してください。
○ 受診していた期間は、通院期間、受診回数、入院期間、治療経過、医師から指示された事項、転医・受診中止の理由、日常生活状況、就労状況などを記入してください。
○ 受診していなかった期間は、その理由、自覚症状の程度、日常生活状況、就労状況などについて具体的に記入してください。
○ 健康診断などで障害の原因となった病気やけがについて指摘されたことも記入してください。
○ 同一の医療機関を長期間受診していた場合、医療機関を長期間受診していなかった場合、発病から初診までが長期間の場合は、その期間を3年から5年ごとに区切って記入してください。

	期間・医療機関	左の期間の状況
1	昭和・㊩・令和 29 年 4 月 頃 日から 昭和・㊩・令和 29 年 5 月 8 日まで ㊥受診した・受診していない 医療機関名 **恵比須内科**	普通に歩いているだけなのに息苦しさを覚えた。風邪だと思い放置していたが、息苦しいだけで他に症状はなく2週間経過しても改善しないので、自宅近くの内科医院を受診したところ慢性呼吸不全と診断された。
2	昭和・㊩・令和 29 年 5 月 9 日から 昭和・平成・㊝ 4 年 3 月 10 日まで ㊥受診した・受診していない 医療機関名 **恵比須内科**	投薬をしてもらい、禁煙することで症状は落ち着いた。令和2年2月頃を最後に通院も途切れる。
3	昭和・平成・㊝ 4 年 3 月 11 日から 昭和・平成・㊝ 6 年 現在 まで ㊥受診した・受診していない 医療機関名 **浜松町総合病院**	新型コロナウィルスに感染し、令和4年3月11日に診察を受け入院した。2週間程度で退院できたが、呼吸不全が再発し、症状は依然と比べものにならないほど悪化し、日常生活でも介助が必要になり、自力での外出がほぼ不可能になった。
4	昭和・平成・令和　年　月　日から 昭和・平成・令和　年　月　日まで 受診した・受診していない 医療機関名	
5	昭和・平成・令和　年　月　日から 昭和・平成・令和　年　月　日まで 受診した・受診していない 医療機関名	

※裏面も記入してください。

就労・日常生活状況	1. 障害認定日（初診日から1年6月目または、それ以前に治った場合は治った日）頃と
	2. 現在（請求日頃）の就労・日常生活状況等について該当する太枠内に記入してください。

1. 障害認定日（　昭和・平成・令和　　　年　　　月　　　日）頃の状況を記入してください。

就労状況	就労していた場合	職種（仕事の内容）を記入してください。	
		通勤方法を記入してください。	通勤方法 通勤時間（片道）　　　時間　　　分
		出勤日数を記入してください。	障害認定日の前月　　日　障害認定日の前々月　　日
		仕事中や仕事が終わった時の身体の調子について記入してください。	
	就労していなかった場合	仕事をしていなかった（休職していた）理由すべて○で囲んでください。 なお、オを選んだ場合は、具体的な理由を（　）内に記入してください。	ア　体力に自信がなかったから イ　医師から働くことを止められていたから ウ　働く意欲がなかったから エ　働きたかったが適切な職場がなかったから オ　その他（理由　　　　　　　　　　　　　　）
日常生活状況	日常生活の制限について、該当する番号を○で囲んでください。 1 → 自発的にできた 2 → 自発的にできたが援助が必要だった 3 → 自発的にできないが援助があればできた 4 → できなかった		着替え（1・2・3・4）　洗面（1・2・3・4） トイレ（1・2・3・4）　入浴（1・2・3・4） 食事（1・2・3・4）　散歩（1・2・3・4） 炊事（1・2・3・4）　洗濯（1・2・3・4） 掃除（1・2・3・4）　買物（1・2・3・4）
	その他日常生活で不便に感じたことがありましたら記入してください。		

2. 現在（請求日頃）の状況を記入してください。

就労状況	就労している場合	職種（仕事の内容）を記入してください。	
		通勤方法を記入してください。	通勤方法 通勤時間（片道）　　　時間　　　分
		出勤日数を記入してください。	請求日の前月　　日　請求日の前々月　　日
		仕事中や仕事が終わった時の身体の調子について記入してください。	
	就労していない場合	仕事をしていない（休職している）理由すべて○で囲んでください。 なお、オを選んだ場合は、具体的な理由を（　）内に記入してください。	㋐　体力に自信がないから イ　医師から働くことを止められているから ウ　働く意欲がないから エ　働きたいが適切な職場がないから オ　その他（理由　　　　　　　　　　　　　　）
日常生活状況	日常生活の制限について、該当する番号を○で囲んでください。 1 → 自発的にできる 2 → 自発的にできるが援助が必要である 3 → 自発的にできないが援助があればできる 4 → できない		着替え（1・2・③・4）　洗面（1・2・③・4） トイレ（1・2・③・4）　入浴（1・2・3・④） 食事（1・2・3・④）　散歩（1・2・3・④） 炊事（1・2・3・④）　洗濯（1・2・3・④） 掃除（1・2・3・④）　買物（1・2・3・④）
	その他日常生活で不便に感じていることがありましたら記入してください。		**日常生活においても、常時介助が必要**
障害者手帳	障害者手帳の交付を受けていますか。		1 受けている　②受けていない　3 申請中
	交付されている障害者手帳の交付年月日、等級、障害名を記入してください。 その他の手帳の場合は、その名称を（　）内に記入してください。		①　身・精・療・他（　　　　　　　　　　） 昭和・平成・令和　　年　　月　　日（　級） 障害名（　　　　　　　）
	※ 略字の意味 　身→ 身体障害者手帳　　障→ 療育手帳 　精→ 精神障害者保健福祉手帳　他→ その他の手帳		②　身・精・療・他（　　　　　　　　　　） 昭和・平成・令和　　年　　月　　日（　級） 障害名（　　　　　　　）

上記のとおり相違ないことを申し立てます。

令和　6　年　10　月　29　日　　　　　　　　　　　　請求者　　現住所　台東区浅草南1丁目10番1号

代筆者　氏　名　　　　　　　　　　　　　　　　　　　　　　氏　名　高輪　純兵
　　　　請求者からみた続柄（　　　　　　　）　　　　　　電話番号　080 - 1357 - 2468

第3章　ケース別　障害年金の請求と書式の書き方　145

書式9 病歴・就労状況等申立書（その5）

病歴・就労状況等申立書

No. 1 - 1 枚目

（請求する病気やけがが複数ある場合は、それぞれ用紙を分けて記入してください。）

病歴状況	傷病名	左下肢機能障害			
発病日	昭和・(平成)・令和 24年 6月 7日		初診日	昭和・(平成)・令和 24年 6月 7日	

記入する前にお読みください。
- 次の欄には障害の原因となった病気やけがについて、発病したときから現在までの経過を年月順に期間をあけずに記入してください。
- 受診していた期間は、通院期間、受診回数、入院期間、治療経過、医師から指示された事項、転医・受診中止の理由、日常生活状況、就労状況などを記入してください。
- 受診していなかった期間は、その理由、自覚症状の程度、日常生活状況、就労状況などについて具体的に記入してください。
- 健康診断などで障害の原因となった病気やけがについて指摘されたことも記入してください。
- 同一の医療機関を長期間受診していた場合、医療機関を長期間受診していなかった場合、発病から初診までが長期間の場合は、その期間を3年から5年ごとに区切って記入してください。

		左の期間の状況
1	昭和・(平成)・令和 24年 6月 7日から 昭和・(平成)・令和 29年 3月31日まで (受診した) ・ 受診していない 医療機関名 **都立南北病院**	オートバイで走行中に転倒し、左脚がオートバイの下敷きになり、左脚の膝と足首が動かなくなった。
2	昭和・(平成)・令和 29年 4月 1日から 昭和・平成・(令和) 4年 3月31日まで (受診した) ・ 受診していない 医療機関名 **都立南北病院**	症状に変化はなく、松葉杖を使って歩行している。
3	昭和・平成・(令和) 4年 4月 1日から 昭和・平成・(令和) 7年 現月在日まで (受診した) ・ 受診していない 医療機関名 **都立南北病院**	令和5年12月に網膜色素変性症を患ったことにより、視野狭窄、視力低下が起こり、松葉杖での歩行が困難となった。現在は車いすを利用して移動している。
4	昭和・平成・令和 年 月 日から 昭和・平成・令和 年 月 日まで 受診した ・ 受診していない 医療機関名	
5	昭和・平成・令和 年 月 日から 昭和・平成・令和 年 月 日まで 受診した ・ 受診していない 医療機関名	

※裏面も記入してください。

就労・日常生活状況	1. 障害認定日（初診日から1年6月目または、それ以前に治った場合は治った日）頃と 2. 現在（請求日頃）の就労・日常生活状況等について該当する太枠内に記入してください。

1. 障害認定日 （ 昭和 ・ 平成 ・ 令和　　　年　　　月　　　日）頃の状況を記入してください。

就労状況	就労していた場合	職種（仕事の内容）を記入してください。	
		通勤方法を記入してください。	通勤方法 通勤時間（片道）　　　時間　　　　分
		出勤日数を記入してください。	障害認定日の前月　　　日　障害認定日の前々月　　　日
		仕事中や仕事が終わった時の身体の調子について記入してください。	
	就労していなかった場合	仕事をしていなかった（休職していた）理由すべて○で囲んでください。 なお、オを選んだ場合は、具体的な理由を（　）内に記入してください。	ア　体力に自信がなかったから イ　医師から働くことを止められていたから ウ　働く意欲がないから エ　働きたかったが適切な職場がなかったから オ　その他（理由　　　　　　　　　　　　　　　）
日常生活状況		日常生活の制限について、該当する番号を○で囲んでください。 1 → 自発的にできた 2 → 自発的にできたが援助が必要だった 3 → 自発的にできないが援助があればできた 4 → できなかった	着替え（1・2・3・4）　洗面（1・2・3・4） トイレ（1・2・3・4）　入浴（1・2・3・4） 食事（1・2・3・4）　散歩（1・2・3・4） 炊事（1・2・3・4）　洗濯（1・2・3・4） 掃除（1・2・3・4）　買物（1・2・3・4）
		その他日常生活で不便に感じたことがありましたら記入してください。	

2. 現在（請求日頃）の状況を記入してください。

就労状況	就労している場合	職種（仕事の内容）を記入してください。	
		通勤方法を記入してください。	通勤方法 通勤時間（片道）　　　時間　　　　分
		出勤日数を記入してください。	請求日の前月　　　日　請求日の前々月　　　日
		仕事中や仕事が終わった時の身体の調子について記入してください。	
	就労していない場合	仕事をしていない（休職している）理由すべて○で囲んでください。 なお、オを選んだ場合は、具体的な理由を（　）内に記入してください。	ア　体力に自信がないから ⑦　医師から働くことを止められているから ウ　働く意欲がないから エ　働きたいが適切な職場がないから オ　その他（理由　　　　　　　　　　　　　　　）
日常生活状況		日常生活の制限について、該当する番号を○で囲んでください。 1 → 自発的にできる 2 → 自発的にできたが援助が必要である 3 → 自発的にできないが援助があればできる 4 → できない	着替え（1・2・③・4）　洗面（1・2・③・4） トイレ（1・②・3・4）　入浴（1・2・③・4） 食事（1・②・3・4）　散歩（1・2・3・④） 炊事（1・2・3・④）　洗濯（1・2・3・④） 掃除（1・2・3・④）　買物（1・2・3・④）
		その他日常生活で不便に感じていることがありましたら記入してください。	移動は車いすでできるが、左脚が伸びきった状態で固定しているので、車いすからの乗り降りに苦労している。
障害者手帳		障害者手帳の交付を受けていますか。	①　受けている　　2　受けていない　　3　申請中
		交付されている障害者手帳の交付年月日、等級、障害名を記入してください。 その他の手帳の場合は、その名称を（　）内に記入してください。 ※ 略字の意味 身→ 身体障害者手帳　　　療→ 療育手帳 精→ 精神障害者保健福祉手帳　他→ その他の手帳	① 身・精・療・他（　　　　　　　　　　） 　昭和・平成・令和　　年　　月　　日（　級） 　障害名（　　　　　　　　　　　　　） ② 身・精・療・他（　　　　　　　　　　） 　昭和・平成・令和　　年　　月　　日（　級） 　障害名（　　　　　　　　　　　　　）

上記のとおり相違ないことを申し立てます。

令和　7　年　8　月　9　日

代筆者　氏　名
　　　　請求者からみた続柄（　　　　　　　　）

請求者　現住所　**練馬区練馬西1丁目2番3号**
　　　　氏　名　**大塚　一郎**
　　　　電話番号　**03‐1122‐3344**

第3章　ケース別　障害年金の請求と書式の書き方　147

書式10 病歴・就労状況等申立書（その6）

病歴・就労状況等申立書 No. 1 - 1 枚中

（請求する病気やけがが複数ある場合は、それぞれ用紙を分けて記入してください。）

病歴状況	傷病名	網膜色素変性症
発病日	昭和・平成・㊝令和 5 年 12 月 頃 日	初診日 昭和・平成・㊝令和 5 年 12 月 22 日

記入する前にお読みください。
○ 次の欄には障害の原因となった病気やけがについて、発病したときから現在までの経過を年月順に期間をあけずに記入してください。
○ 受診していた期間は、通院期間、受診回数、入院期間、治療経過、医師から指示された事項、転医・受診中止の理由、日常生活状況、就労状況などを記入してください。
○ 受診していなかった期間は、その理由、自覚症状の程度、日常生活状況、就労状況などについて具体的に記入してください。
○ 健康診断などで障害の原因となった病気やけがについて指摘されたことも記入してください。
○ 同一の医療機関を長期間受診していた場合、医療機関を長期間受診していなかった場合、発病から初診までが長期間の場合は、その期間を3年から5年ごとに区切って記入してください。

	期間	左の期間の状況
1	昭和・平成・㊝令和 5 年 12 月 1 日から 昭和・平成・㊝令和 7 年 現 月 在 日まで ㊝受診した ・ 受診していない 医療機関名　都立南北病院	急に視野が狭くなったように感じ、さらに細かい文字等が見えにくくなったため、令和5年12月22日に眼医者に受診したところ、網膜色素変性症と診断された。
2	昭和・平成・令和 年 月 日から 昭和・平成・令和 年 月 日まで 受診した ・ 受診していない 医療機関名	左の期間の状況
3	昭和・平成・令和 年 月 日から 昭和・平成・令和 年 月 日まで 受診した ・ 受診していない 医療機関名	左の期間の状況
4	昭和・平成・令和 年 月 日から 昭和・平成・令和 年 月 日まで 受診した ・ 受診していない 医療機関名	左の期間の状況
5	昭和・平成・令和 年 月 日から 昭和・平成・令和 年 月 日まで 受診した ・ 受診していない 医療機関名	左の期間の状況

※裏面も記入してください。

就労・日常生活状況	1. 障害認定日（初診日から1年6月目または、それ以前に治った場合は治った日）頃と 2. 現在（請求日頃）の就労・日常生活状況等について該当する太枠内に記入してください。

1. 障害認定日 （ 昭和・平成・(令和) 7 年 6 月 22 日）頃の状況を記入してください。

就労状況	就労していた場合	職種（仕事の内容）を記入してください。	
		通勤方法を記入してください。	通勤方法 通勤時間（片道）　　　時間　　　分
		出勤日数を記入してください。	障害認定日の前月　　　日　障害認定日の前々月　　　日
		仕事中や仕事が終わった時の身体の調子について記入してください。	
	就労していなかった場合	仕事をしていなかった（休職していた）理由すべて〇で囲んでください。 なお、オを選んだ場合は、具体的な理由を（　）内に記入してください。	ア　体力に自信がなかったから (イ)　医師から働くことを止められていたから ウ　働く意欲がなかったから エ　働きたかったが適切な職場がなかったから オ　その他（理由　　　　　　　　　　　　　　　　）
日常生活状況		日常生活の制限について、該当する番号を〇で囲んでください。 1 → 自発的にできた 2 → 自発的にできたが援助が必要だった 3 → 自発的にできないが援助があればできた 4 → できなかった	着替え（1・2・(3)・4）　　洗面（1・2・(3)・4） トイレ（1・2・(3)・4）　　入浴（1・2・3・(4)） 食事（1・(2)・3・4）　　　散歩（1・2・3・(4)） 炊事（1・2・3・(4)）　　　洗濯（1・2・3・(4)） 掃除（1・2・3・(4)）　　　買物（1・2・3・(4)）
		その他日常生活で不便に感じたことがありましたら記入してください。	移動は車いすでできるが、左脚が伸びきった状態で固定しているので、車いすからの乗り降りに苦労している。

2. 現在（請求日頃）の状況を記入してください。

就労状況	就労している場合	職種（仕事の内容）を記入してください。	
		通勤方法を記入してください。	通勤方法 通勤時間（片道）　　　時間　　　分
		出勤日数を記入してください。	請求日の前月　　　日　請求日の前々月　　　日
		仕事中や仕事が終わった時の身体の調子について記入してください。	
	就労していない場合	仕事をしていない（休職している）理由すべて〇で囲んでください。 なお、オを選んだ場合は、具体的な理由を（　）内に記入してください。	ア　体力に自信がないから イ　医師から働くことを止められているから ウ　働く意欲がないから エ　働きたいが適切な職場がないから オ　その他（理由　　　　　　　　　　　　　　　　）
日常生活状況		日常生活の制限について、該当する番号を〇で囲んでください。 1 → 自発的にできる 2 → 自発的にできたが援助が必要である 3 → 自発的にできないが援助があればできる 4 → できない	着替え（1・2・3・4）　　洗面（1・2・3・4） トイレ（1・2・3・4）　　入浴（1・2・3・4） 食事（1・2・3・4）　　　散歩（1・2・3・4） 炊事（1・2・3・4）　　　洗濯（1・2・3・4） 掃除（1・2・3・4）　　　買物（1・2・3・4）
		その他日常生活で不便に感じていることがありましたら記入してください。	
障害者手帳		障害者手帳の交付を受けていますか。	1 受けている　　2 受けていない　　(3)申請中
		交付されている障害者手帳の交付年月日、等級、障害名を記入してください。 その他の手帳の場合は、その名称を（　）内に記入してください。 ※ 略字の意味 身→ 身体障害者手帳　療→ 療育手帳 精→ 精神障害者保健福祉手帳　他→ その他の手帳	① 身・精・療・他（　　　　　　　　） 昭和・平成・令和　　年　　月　　日（　　級） 障害名（　　　　　　　　　　　）
			② 身・精・療・他（　　　　　　　　） 昭和・平成・令和　　年　　月　　日（　　級） 障害名（　　　　　　　　　　　）

上記のとおり相違ないことを申し立てます。

令和 7 年 8 月 9 日

代筆者　氏　名　　　　　　　　　請求者からみた続柄（　　　）

請求者　現住所 練馬区練馬西1丁目2番3号

氏　名　大塚　一郎

電話番号　03 - 1122 - 3344

書式11 病歴・就労状況等申立書（その7）

病歴・就労状況等申立書　No. 1 － 1 枚中

（請求する病気やけがが複数ある場合は、それぞれ用紙を分けて記入してください。）

病歴状況	傷病名	肝機能障害
発病日	昭和・平成・(令和) 2 年 5 月 25 日	初診日 昭和・平成・(令和) 2 年 5 月 25 日

記入する前にお読みください。
○ 次の欄には障害の原因となった病気やけがについて、発病したときから現在までの経過を年月順に期間をあげずに記入してください。
○ 受診していた期間は、通院期間、受診回数、入院期間、治療経過、医師から指示された事項、転医・受診中止の理由、日常生活状況、就労状況などを記入してください。
○ 受診していなかった期間は、その理由、自覚症状の程度、日常生活状況、就労状況などについて具体的に記入してください。
○ 健康診断などで障害の原因となった病気やけがについて指摘されたことも記入してください。
○ 同一の医療機関を長期間受診していた場合、医療機関を長期間受診していなかった場合、発病から初診までが長期間の場合は、その期間を3年から5年ごとに区切って記入してください。

1	昭和・平成・(令和) 2 年 5 月25日から 昭和・平成・(令和) 2 年 5 月31日まで (受診した)・受診していない 医療機関名 五反田クリニック	発病したときの状態と発病から初診までの間の状況（先天性疾患は出生時から初診まで） 会社指定の健康診断を受けた際にALTの数値が悪かったが痛みもなく、日常生活には影響はない。
2	昭和・平成・(令和) 2 年 6 月 1 日から 昭和・平成・(令和) 5 年 8 月31日まで 受診した・(受診していない) 医療機関名	左の期間の状況 日常生活に支障もなかったので医療機関を受診していない。
3	昭和・平成・令和 5 年 9 月 1 日から 昭和・平成・令和 7 年 現在 日まで (受診した)・受診していない 医療機関名 渋谷大学病院	左の期間の状況 令和6年の年明け頃から、倦怠感を感じるようになり、足のむくみがひどくなる。年末くらいから歩くのもつらくなる。 大学病院で検査を受け肝機能障害と診断された。
4	昭和・平成・令和 年 月 日から 昭和・平成・令和 年 月 日まで 受診した・受診していない 医療機関名	左の期間の状況
5	昭和・平成・令和 年 月 日から 昭和・平成・令和 年 月 日まで 受診した・受診していない 医療機関名	左の期間の状況

※裏面も記入してください。

就労・日常生活状況	1．障害認定日（初診日から１年６月目、またはそれ以前に治った場合は治った日）頃の状況と 2．現在（請求日頃）の状況について該当する太枠内に記入してください。

1．障害認定日（昭和・平成・令和　　年　　月　　日）頃の状況を記入してください。

就労状況	就労していた場合	職種（仕事の内容）を記入してください。		
		通勤方法を記入してください。	通勤方法 通勤時間（片道）　　時間　　分	
		出勤日数を記入してください。	障害認定日の前月　　日　障害認定日の前々月　　日	
		仕事中や仕事が終わった時の身体の調子について記入してください。		
	就労していなかった場合	仕事をしていなかった（休職していた）理由をすべて○で囲んでください。 なお、オを選んだ場合は、具体的な理由を（　）内に記入してください。	ア　体力に自信がなかったから イ　医師から働くことを止められていたから ウ　働く意欲がなかったから エ　働きたかったが適切な職場がなかったから オ　その他（理由　　　　　　　　　　　　　　　）	
日常生活状況		日常生活の制限について、該当する番号を○で囲んでください。 1→自発的にできた 2→自発的にできたが援助が必要だった 3→自発的にできないが援助があればできた 4→できなかった	着替え（1・2・3・4）　　洗　面（1・2・3・4） トイレ（1・2・3・4）　　入　浴（1・2・3・4） 食　事（1・2・3・4）　　散　歩（1・2・3・4） 炊　事（1・2・3・4）　　洗　濯（1・2・3・4） 掃　除（1・2・3・4）　　買　物（1・2・3・4）	
		その他日常生活で不便に感じたことがありましたら記入してください。		

2．現在（請求日頃）の状況を記入してください。

就労状況	就労している場合	職種（仕事の内容）を記入してください。		
		通勤方法を記入してください。	通勤方法 通勤時間（片道）　　時間　　分	
		出勤日数を記入してください。	請求日の前月　　日　請求日の前々月　　日	
		仕事中や仕事が終わった時の身体の調子について記入してください。		
	就労していない場合	仕事をしていない（休職している）理由をすべて○で囲んでください。 なお、オを選んだ場合は、具体的な理由を（　）内に記入してください。	ア　体力に自信がないから ㋑　医師から働くことを止められているから ウ　働く意欲がないから エ　働きたいが適切な職場がないから オ　その他（理由　　　　　　　　　　　　　　　）	
日常生活状況		日常生活の制限について、該当する番号を○で囲んでください。 1→自発的にできる 2→自発的にできるが援助が必要である 3→自発的にできないが援助があればできる 4→できない	着替え（1・2・③・4）　　洗　面（1・2・③・4） トイレ（1・②・3・4）　　入　浴（1・2・③・4） 食　事（1・2・3・④）　　散　歩（1・2・3・④） 炊　事（1・2・3・④）　　洗　濯（1・2・3・④） 掃　除（1・2・3・④）　　買　物（1・2・3・④）	
		その他日常生活で不便に感じていることがありましたら記入してください。	人と交流していないので、他人と接する時にどうしてよいかわからず、けんかをふっかけてしまう。	

障害者手帳	障害者手帳の交付を受けていますか。	① 受けている　　2 受けていない　　3 申請中	
	交付されている障害者手帳の交付年月日、等級、障害名を記入してください。 その他の手帳の場合は、その名称を（　）内に記入してください。	①	身・㊫・療・他（　　　　　　　　　　　） 昭和・平成・㋹和　 6 年 1 月 30 日 （ 2 級） 障害名　　　双極性障害
	※略字の意味 身→身体障害者手帳　　障→療育手帳 精→精神障害者保健福祉手帳　他→その他の手帳	②	身・精・療・他（　　　　　　　　　　　） 昭和・平成・令和　　年　　月　　日 （　　級） 障害名

上記のとおり相違ないことを申し立てます。

令和　6 年 11 月 29 日

代筆者　氏　名 請求者からみた続柄（　　　　　　）

請求者　現住所　中央区中央１丁目３番６号

氏　名　駒込　俊介 電話番号　090－5432－12109834

書式12 病歴・就労状況等申立書（その8）

病歴・就労状況等申立書

No. 1 - 1 枚中

（請求する病気やけがが複数ある場合は、それぞれ用紙を分けて記入してください。）

病歴状況	傷病名	胃がん
発病日	昭和・平成・(令和) 3 年 6 月 頃日	初診日 昭和・平成・(令和) 6 年 1 月 10 日

記入する前にお読みください。
- 次の欄には障害の原因となった病気やけがについて、発病したときから現在までの経過を年月順に期間をあけずに記入してください。
- 受診していた期間は、通院期間、受診回数、入院期間、治療経過、医師から指示された事項、転医・受診中止の理由、日常生活状況、就労状況などを記入してください。
- 受診していなかった期間は、その理由、自覚症状の程度、日常生活状況、就労状況などについて具体的に記入してください。
- 健康診断などで障害の原因となった病気やけがについて指摘されたことも記入してください。
- 同一の医療機関を長期間受診していた場合、医療機関を長期間受診していなかった場合、発病から初診までが長期間の場合は、その期間を3年から5年ごとに区切って記入してください。

		左の期間の状況
1	昭和・平成・(令和) 3 年 6 月 1 日から 昭和・平成・(令和) 6 年 1 月 9 日まで 受診した・(受診していない) 医療機関名	令和3年6月くらいから胃の痛み・不快感・違和感、胸やけ、吐き気、食欲不振などは感じていたが、昔から医者嫌いで受診はしなかった。また自営業なので健康診断を受ける時間がもったいなく感じ、健康診断も受けていない。
2	昭和・平成・(令和) 6 年 1 月 10 日から 昭和・平成・(令和) 7 年 現月 在 日まで (受診した)・受診していない 医療機関名 **東西総合病院**	令和6年1月10日に吐血し、救急搬送された。検査入院の結果胃がんと診断された。 幸い胃の全摘手術を受けることにより生還することができたが、ほとんど寝たきりのような生活になってしまった。
3	昭和・平成・令和 年 月 日から 昭和・平成・令和 年 月 日まで 受診した・受診していない 医療機関名	左の期間の状況
4	昭和・平成・令和 年 月 日から 昭和・平成・令和 年 月 日まで 受診した・受診していない 医療機関名	左の期間の状況
5	昭和・平成・令和 年 月 日から 昭和・平成・令和 年 月 日まで 受診した・受診していない 医療機関名	左の期間の状況

※裏面も記入してください。

就労・日常生活状況	1. 障害認定日（初診日から1年6月目または、それ以前に治った場合は治った日）頃と 2. 現在（請求日頃）の就労・日常生活状況等について該当する太枠内に記入してください。

1．障害認定日　（　昭和　・　平成　・　令和　）　7　年　7　月　10　日）頃の状況を記入してください。

就労状況	就労していた場合	職種（仕事の内容）を記入してください。	
		通勤方法を記入してください。	通勤方法 通勤時間（片道）　　　時間　　　分
		出勤日数を記入してください。	障害認定日の前月　　　日　障害認定日の前々月　　　日
		仕事中や仕事が終わった時の身体の調子について記入してください。	
	就労していなかった場合	仕事をしていなかった（休職していた）理由すべて〇で囲んでください。 なお、オを選んだ場合は、具体的な理由を（　）内に記入してください。	㋐ 体力に自信がなかったから イ 医師から働くことを止められていたから ウ 働く意欲がなかったから エ 働きたかったが適切な職場がなかったから オ その他（理由　　　　　　　　　）
日常生活状況		日常生活の制限について、該当する番号を〇で囲んでください。 1 → 自発的にできた 2 → 自発的にできたが援助が必要だった 3 → 自発的にできないが援助があればできた 4 → できなかった	着替え（1・2・③・4）　　洗 面（1・2・③・4） トイレ（1・2・③・4）　　入 浴（1・2・3・④） 食 事（1・2・③・4）　　散 歩（1・2・3・④） 炊事（1・2・3・④）　　洗 濯（1・2・3・④） 掃 除（1・2・3・④）　　買 物（1・2・3・④）
		その他日常生活で不便に感じたことがありましたら記入してください。	一日のうち大半を伏している状況で、一人では何もできない。

2．現在（請求日頃）の状況を記入してください。

就労状況	就労している場合	職種（仕事の内容）を記入してください。	
		通勤方法を記入してください。	通勤方法 通勤時間（片道）　　　時間　　　分
		出勤日数を記入してください。	請求日の前月　　　日　請求日の前々月　　　日
		仕事中や仕事が終わった時の身体の調子について記入してください。	
	就労していない場合	仕事をしていない（休職している）理由すべて〇で囲んでください。 なお、オを選んだ場合は、具体的な理由を（　）内に記入してください。	ア 体力に自信がないから イ 医師から働くことを止められているから ウ 働く意欲がないから エ 働きたいが適切な職場がないから オ その他（理由　　　　　　　　　）
日常生活状況		日常生活の制限について、該当する番号を〇で囲んでください。 1 → 自発的にできる 2 → 自発的にできたが援助が必要である 3 → 自発的にできないが援助があればできる 4 → できない	着替え（1・2・3・4）　　洗 面（1・2・3・4） トイレ（1・2・3・4）　　入 浴（1・2・3・4） 食 事（1・2・3・4）　　散 歩（1・2・3・4） 炊事（1・2・3・4）　　洗 濯（1・2・3・4） 掃 除（1・2・3・4）　　買 物（1・2・3・4）
		その他日常生活で不便に感じていることがありましたら記入してください。	
障害者手帳		障害者手帳の交付を受けていますか。	1 受けている　　②受けていない　　3 申請中
		交付されている障害者手帳の交付年月日、等級、障害名を記入してください。 その他の手帳の場合は、その名称を（　）内に記入してください。 ※ 略字の意味 　身→ 身体障害者手帳　　療→ 療育手帳 　精→ 精神障害者保健福祉手帳　他→ その他の手帳	① 身・精・療・他（　　　　　　　　） 　昭和・平成・令和　　年　　月　　日（　級） 　障害名（　　　　　　　　　　　）
			② 身・精・療・他（　　　　　　　　） 　昭和・平成・令和　　年　　月　　日（　級） 　障害名（　　　　　　　　　　　）

上記のとおり相違ないことを申し立てます。

令和　7　月　7　月　7　日	請求者	現住所　江戸川区大江戸5丁目3番7号
代筆者　氏　名　　　　　請求者からみた続柄（　　　）		氏　名　新橋　宗太郎 電話番号　090 - 8855 - 4466

第3章　ケース別　障害年金の請求と書式の書き方　153

書式13 病歴・就労状況等申立書（その9）

病歴・就労状況等申立書

No. 1 - 1 枚中

（請求する病気やけがが複数ある場合は、それぞれ用紙を分けて記入してください。）

病歴状況	傷病名	ペーチェット病
発病日	昭和・(平成)・令和 31 年 4 月 頃 日	初診日 昭和・平成・(令和) 1 年 6 月 3 日

記入する前にお読みください。
○ 次の欄には障害の原因となった病気やけがについて、発病したときから現在までの経過を年月順に期間をあけずに記入してください。
○ 受診していた期間は、通院期間、受診回数、入院期間、治療経過、医師から指示された事項、転医・受診中止の理由、日常生活状況、就労状況などを記入してください。
○ 受診していなかった期間は、その理由、自覚症状の程度、日常生活状況、就労状況などについて具体的に記入してください。
○ 健康診断などで障害の原因となった病気やけがについて指摘されたことも記入してください。
○ 同一の医療機関を長期間受診していた場合、医療機関を長期間受診していなかった場合、発病から初診までが長期間の場合は、その期間を3年から5年ごとに区切って記入してください。

		左の期間の状況
1	昭和・(平成)・令和 31 年 4 月 1 日から 昭和・平成・(令和) 3 年 3 月 31 日まで (受診した)・受診していない 医療機関名 **浜松アイクリニック**	目がかすみ、小さな物が飛んでいるように見えたので眼科を受診した。飛蚊症と診断され治療を続けたが、改善するどころか悪化が進行したので、大きな病院で検査をするように紹介された。日常生活にも支障があり仕事も辞め、ほとんど自宅で過ごしている。
2	昭和・平成・(令和) 3 年 4 月 1 日から 昭和・平成・(令和) 7 年 現 在 日まで (受診した)・受診していない 医療機関名 **品川大学病院**	検査の結果、ペーチェット病と診断された。治療を続けるものの日に日に悪化していった。今ではほとんど視力がない状態になった。
3	昭和・平成・令和 年 月 日から 昭和・平成・令和 年 月 日まで 受診した ・ 受診していない 医療機関名	
4	昭和・平成・令和 年 月 日から 昭和・平成・令和 年 月 日まで 受診した ・ 受診していない 医療機関名	
5	昭和・平成・令和 年 月 日から 昭和・平成・令和 年 月 日まで 受診した ・ 受診していない 医療機関名	

※裏面も記入してください。

就労・日常生活状況	1．障害認定日（初診日から1年6月目、またはそれ以前に治った場合は治った日）頃の状況と 2．現在（請求日頃）の状況について該当する太枠内に記入してください。

1．障害認定日（昭和・平成・[令和] 2 年 12 月 3 日）頃の状況を記入してください。

就労状況	就労していた場合	職種（仕事の内容）を記入してください。	テレフォンオペレーター
		通勤方法を記入してください。	通勤方法　電車および徒歩 通勤時間（片道）　0 時間 35 分
		出勤日数を記入してください。	障害認定日の前月 18 日　障害認定日の前々月 22 日
		仕事中や仕事が終わった時の身体の調子について記入してください。	資料を見たり、PC入力するのに苦労した。目が異常に疲れた。
	就労していなかった場合	仕事をしていなかった（休職していた）理由をすべて○で囲んでください。 なお、オを選んだ場合は、具体的な理由を（　）内に記入してください。	ア　体力に自信がなかったから イ　医師から働くことを止められていたから ウ　働く意欲がなかったから エ　働きたかったが適切な職場がなかったから オ　その他（理由　　　　　　　　　　　　　　）
日常生活状況		日常生活の制限について、該当する番号を○で囲んでください。 1→自発的にできた 2→自発的にできたが援助が必要だった 3→自発的にできないが援助があればできた 4→できなかった	着替え（①・2・3・4）　　洗面（①・2・3・4） トイレ（①・2・3・4）　　入浴（①・2・3・4） 食事（①・2・3・4）　　散歩（1・2・③・4） 炊事（1・2・③・4）　　洗濯（1・2・③・4） 掃除（1・2・③・4）　　買物（1・2・③・4）
		その他日常生活で不便に感じたことがありましたら記入してください。	視力が低下し、しかも痛みを感じるので読み書きに時間がかかった。

2．現在（請求日頃）の状況を記入してください。

就労状況	就労している場合	職種（仕事の内容）を記入してください。	
		通勤方法を記入してください。	通勤方法 通勤時間（片道）　　時間　　分
		出勤日数を記入してください。	請求日の前月　　日　　請求日の前々月　　日
		仕事中や仕事が終わった時の身体の調子について記入してください。	
	就労していない場合	仕事をしていない（休職している）理由をすべて○で囲んでください。 なお、オを選んだ場合は、具体的な理由を（　）内に記入してください。	ア　体力に自信がないから イ　医師から働くことを止められているから ウ　働く意欲がないから エ　働きたいが適切な職場がないから オ　その他（理由　　　　　　　　　　　　　　）
日常生活状況		日常生活の制限について、該当する番号を○で囲んでください。 1→自発的にできる 2→自発的にできるが援助が必要である 3→自発的にできないが援助があればできる 4→できない	着替え（1・2・③・4）　　洗面（1・2・③・4） トイレ（1・2・③・4）　　入浴（1・2・③・4） 食事（1・2・3・④）　　散歩（1・2・3・④） 炊事（1・2・3・④）　　洗濯（1・2・3・④） 掃除（1・2・3・④）　　買物（1・2・3・④）
		その他日常生活で不便に感じていることがありましたら記入してください。	視力がほとんどなく、自力でできることがほとんどなくなった。
障害者手帳		障害者手帳の交付を受けていますか。	① 受けている　　2 受けていない　　3 申請中
		交付されている障害者手帳の交付年月日、等級、障害名を記入してください。 その他の手帳の場合は、その名称を（　）内に記入してください。 ※略字の意味 　身→身体障害者手帳　　療→療育手帳 　精→精神障害者保健福祉手帳　他→その他の手帳	① 身・精・療・他（　　　　　　　　　　　） 昭和・平成・[令和] 3 年 5 月 30 日（ 2 級） 障害名（　　　　　　　　　　　　　　　） ② 身・精・療・他（　　　　　　　　　　　） 昭和・平成・令和　　年　　月　　日（　　級） 障害名（　　　　　　　　　　　　　　　）

上記のとおり相違ないことを申し立てます。

令和 7 年 1 月 29 日	請求者	現住所 台東区上野西8丁目8番8号
代筆者　氏名　目白　利夫 請求者からみた続柄（　夫　）		氏名　目白　陽菜 電話番号　03－5589－1234

第3章　ケース別　障害年金の請求と書式の書き方　155

書式14 病歴・就労状況等申立書（その10）

病歴・就労状況等申立書

No. 1 - 1 枚中

（請求する病気やけがが複数ある場合は、それぞれ用紙を分けて記入してください。）

病歴状況	傷病名	うつ病					
発病日	昭和・平成・⦅令和⦆	3 年	12 月	頃 日	初診日	昭和・平成・⦅令和⦆	4 年 2 月 22 日

記入する前にお読みください。
○ 次の欄には障害の原因となった病気やけがについて、発病したときから現在までの経過を年月順に期間をあけずに記入してください。
○ 受診していた期間は、通院期間、受診回数、入院期間、治療経過、医師から指示された事項、転医・受診中止の理由、日常生活状況、就労状況などを記入してください。
○ 受診していなかった期間は、その理由、自覚症状の程度、日常生活状況、就労状況などについて具体的に記入してください。
○ 健康診断などで障害の原因となった病気やけがについて指摘されたことも記入してください。
○ 同一の医療機関を長期間受診していた場合、医療機関を長期間受診していなかった場合、発病から初診までが長期間の場合は、その期間を3年から5年ごとに区切って記入してください。

	期間	左の期間の状況
1	昭和・平成・⦅令和⦆ 3 年 12 月 頃 日から 昭和・平成・⦅令和⦆ 6 年 3 月 31 日まで ⦅受診した⦆・受診していない 医療機関名 **高田馬場メンタルクリニック**	年末近く残業続きで睡眠時間が確保できなくなった。ある日朝起きた時何もすることができないくらい気持ちが沈み、涙が出てきた。 しばらく我慢して仕事を続けたが、令和4年2月22日に心療内科を受診してうつ病と診断され、仕事は休職、後に退職した。
2	昭和・平成・⦅令和⦆ 6 年 4 月 1 日から 昭和・平成・⦅令和⦆ 7 年 現 在 日まで ⦅受診した⦆・受診していない 医療機関名 **高田馬場メンタルクリニック**	気分の浮き沈みに波があり、調子のよい日は軽い散歩くらいはできるが、ほとんど自宅で過ごしている。
3	昭和・平成・令和　年　月　日から 昭和・平成・令和　年　月　日まで 受診した・受診していない 医療機関名	
4	昭和・平成・令和　年　月　日から 昭和・平成・令和　年　月　日まで 受診した・受診していない 医療機関名	
5	昭和・平成・令和　年　月　日から 昭和・平成・令和　年　月　日まで 受診した・受診していない 医療機関名	

※裏面も記入してください。

就労・日常生活状況	1. 障害認定日（初診日から1年6月目または、それ以前に治った場合は治った日）頃と 2. 現在（請求日頃）の就労・日常生活状況等について該当する太枠内に記入してください。

1. 障害認定日 （ 昭和・平成 ・**令和** 5 年 8 月 22 日）頃の状況を記入してください。

就労状況	就労していた場合	職種（仕事の内容）を記入してください。	
		通勤方法を記入してください。	通勤方法 通勤時間（片道）　　　時間　　　　分
		出勤日数を記入してください。	障害認定日の前月　　　日　障害認定日の前々月　　　日
		仕事中や仕事が終わった時の身体の調子について記入してください。	
	就労していなかった場合	仕事をしていなかった（休職していた）理由すべて○で囲んでください。 なお、オを選んだ場合は、具体的な理由を（　）内に記入してください。	**ア** 体力に自信がなかったから イ 医師から働くことを止められていたから ウ 働く意欲がなかったから エ 働きたかったが適切な職場がなかったから オ その他（理由　　　　　　　　　　　　　　　）
日常生活状況		日常生活の制限について、該当する番号を○で囲んでください。 1 → 自発的にできた 2 → 自発的にできたが援助が必要だった 3 → 自発的にできないが援助があればできた 4 → できなかった	着替え（**①**・2・3・4）　洗面（1・**②**・3・4） トイレ（**①**・2・3・4）　入浴（1・**②**・3・4） 食事（1・**②**・3・4）　散歩（1・2・**③**・4） 炊事（1・2・**③**・4）　洗濯（1・2・3・**④**） 掃除（1・2・3・**④**）　買物（1・2・3・**④**）
		その他日常生活で不便に感じたことがありましたら記入してください。	何かをする気力が湧かない。

2. 現在（請求日頃）の状況を記入してください。

就労状況	就労している場合	職種（仕事の内容）を記入してください。	
		通勤方法を記入してください。	通勤方法 通勤時間（片道）　　　時間　　　　分
		出勤日数を記入してください。	請求日の前月　　　日　請求日の前々月　　　日
		仕事中や仕事が終わった時の身体の調子について記入してください。	
	就労していない場合	仕事をしていない（休職している）理由すべて○で囲んでください。 なお、オを選んだ場合は、具体的な理由を（　）内に記入してください。	**ア** 体力に自信がないから イ 医師から働くことを止められているから ウ 働く意欲がないから エ 働きたいが適切な職場がないから オ その他（理由　　　　　　　　　　　　　　　）
日常生活状況		日常生活の制限について、該当する番号を○で囲んでください。 1 → 自発的にできる 2 → 自発的にできたが援助が必要である 3 → 自発的にできないが援助があればできる 4 → できない	着替え（1・2・**③**・4）　洗面（1・2・**③**・4） トイレ（1・**②**・3・4）　入浴（1・2・**③**・4） 食事（1・2・**③**・4）　散歩（1・2・**③**・4） 炊事（1・2・**③**・4）　洗濯（1・2・3・**④**） 掃除（1・2・3・**④**）　買物（1・2・3・**④**）
		その他日常生活で不便に感じていることがありましたら記入してください。	人と交流していないので、他人と接する時にどうしてよいかわからず、けんかをふっかけてしまう。

障害者手帳	障害者手帳の交付を受けていますか。	**①** 受けている　　2 受けていない　　3 申請中
	交付されている障害者手帳の交付年月日、等級、障害名を記入してください。 その他の手帳の場合は、その名称を（　）内に記入してください。 ※ 略字の意味 　身→ 身体障害者手帳　　障→ 療育手帳 　精→ 精神障害者保健福祉手帳　他→ その他の手帳	① 身・**精**・療・他（　　　　　　　　　　） 昭和・平成・**令和** 5 年 1 月 25 日（ 2 級） 障害名　うつ病 ② 身・精・療・他（　　　　　　　　　　） 昭和・平成・令和　　年　　月　　日（ 級） 障害名（　　　　　　　　　　）

上記のとおり相違ないことを申し立てます。

令和 7 年 8 月 27 日

請求者　現住所 中野区西中野5丁目4番8号

氏　名 中野　純

電話番号 03 - 5556 - 6665

代筆者　氏　名
　　　　請求者からみた続柄（　　　　　　　　）

第3章　ケース別　障害年金の請求と書式の書き方　157

資料　受診状況等証明書

年金等の請求用

障害年金等の請求を行うとき、その障害の原因又は誘因となった傷病で初めて受診した医療機関の初診日を明らかにすることが必要です。そのために使用する証明書です。

受 診 状 況 等 証 明 書

① 氏　　　　　名 _____

② 傷　病　　　名 _____

③ 発 病 年 月 日　昭和・平成・令和　　年　　　月　　　　日

④ 傷病の原因又は誘因 _____

⑤ 発病から初診までの経過

　　前医からの紹介状はありますか。⇒　　有　　　無　　（有の場合はコピーの添付をお願いします。）

　　..

　　..

　　..

　　..

※診療録に前医受診の記載がある場合 右の該当する番号に〇印をつけてください	1　初診時の診療録より記載したものです。 2　昭和・平成・令和　　年　　　月　　　日の診療録より記載したらのです。

⑥ 初 診 年 月 日　昭和・平成・令和　　　　年　　　　月　　　　日

⑦ 終 診 年 月 日　昭和・平成・令和　　　　年　　　　月　　　　日

⑧ 終診時の転帰（　治癒・転医・中止　）

⑨ 初診から終診までの治療内容及び経過の概要

　　..

　　..

　　..

　　..

　　..

⑩ 次の該当する番号（1～4）に〇印をつけてください。

　　複数に〇をつけた場合は、それぞれに基づく記載内容の範囲がわかるように余白に記載してください。

　　　上記の記載は　　1　診療録より記載したものです。

　　　　　　　　　　　2　受診受付簿、入院記録より記載したものです。

　　　　　　　　　　　3　その他（　　　　　　　　　　　　　　）より記載したものです。

　　　　　　　　　　　4　昭和・平成・令和　　年　　　月　　　日の本人の申し立てによるものです。

---

⑪　令和　　　年　　　月　　　日

　　医療機関名　　　　　　　　　　　　　　　診療担当科名

　　所　在　地　　　　　　　　　　　　　　　医師氏名　　　　　　　　　印

（提出先）日本年金機構　　　　　　　　　　　　　　　（裏面もご覧ください。）

資料　診断書（精神の障害用）のサンプル

国民年金
厚生年金保険　　　**診　断　書**（精神の障害用）　　様式第120号の4

| 氏名 | | 生年月日 | 昭和 平成 令和　　年　月　日生（　歳） | 性別　男・女 |

住所　住所地の郵便番号　－　　都道府県　　都市区

① 障害の原因となった傷病名
ICD－10コード（　　）

② 傷病の発生年月日　昭和 平成 令和　年　月　日　診療録で確認 本人の申立て（　年　月日）　本人の発病時の職業

③ ①のため初めて医師の診療を受けた日　昭和 平成 令和　年　月　日　診療録で確認 本人の申立て（　年　月日）　④既存障害

⑥ 傷病が治った（症状が固定した状態を含む。）かどうか。　平成 令和　年　月　日　確認 推定　症状のよくなる見込・・・有・無・不明　⑤既往症

⑦ 発病から現在までの病歴及び治療の経過、内容、就学・就労状況等、期間、その他参考となる事項

障害者の氏名　　　請求人との続柄　　　聴取年月日　　年　月　日

⑧ 診断書作成医療機関における初診時所見
初診年月日　昭和 平成 令和　年　月　日

これまでの発育・養育歴（出生から発病の状況や教育歴及びこれまでの概要をできるだけ詳しく記入してください。）

ア 発育・養育歴

イ 教育歴
乳児期
幼稚園　・　就学猶予
小学校（普通学級・特別支援学級・特別支援学校）
中学校（普通学級・特別支援学級・特別支援学校）
高　校（普通科・特別支援学校）

ウ 職歴

エ 治療歴（書ききれない場合は⑬「備考」欄に記入してください。）（※ 同一医療機関の入院・外来は分けて記入してください。）

医療機関名	治療期間	入院・外来	病名	主な療法	転帰（軽快・悪化・不変）
	年　月～　年　月	入院・外来			
	年　月～　年　月	入院・外来			
	年　月～　年　月	入院・外来			
	年　月～　年　月	入院・外来			
	年　月～　年　月	入院・外来			

⑩ 障害の状態（平成・令和　年　月　日　現症）

ア 前回の診断書の記載時との比較（前回の診断書を作成している場合は記入してください。）
1 変化なし　2 改善している　3 悪化している　4 不明

I 抑うつ状態
1 思考・運動制止　2 刺激性、興奮　3 憂うつ気分
4 自殺企図　5 希死念慮
6 その他（　　）

II そう状態
1 行為心迫　2 多弁・多動　3 気分（感情）の異常な高揚・刺激性
4 観念奔逸　5 易怒性・被刺激性亢進　6 誇大妄想
7 その他（　　）

III 幻覚妄想状態 等
1 幻覚　2 妄想　3 させられ体験　4 思考形式の障害
5 著しい奇異な行為　6 その他（　　）

IV 精神運動興奮状態及び昏迷の状態
1 興奮　3 拒絶・拒食　4 減裂思考
2 衝動行為　6 自傷　7 無言・無反応
8 その他（　　）

V 減内方活動等残遺状態
1 自閉　2 感情の平板化　3 意欲の減退
4 その他（　　）

VI 意識障害・てんかん
1 意識混濁　2 （夜間）せん妄　3 もうろう　4 錯乱
5 てんかん発作　6 不機嫌症　7 その他（　　）
・てんかん発作の状態　発作のタイプは記入上の主要事項
1 てんかん発作のタイプ（ A・B・C・D ）
2 てんかん発作の頻度（年間　回、月平均　回 程度）

VII 知能障害等
1 知的障害　ア 軽度　イ 中等度　ウ 重度　エ 最重度
2 認知障害　ア 軽度　イ 中等度　ウ 重度　エ 最重度
3 高次脳機能障害
ア 失行　イ 失語
　記憶障害　エ 注意障害　オ 遂行機能障害　カ 社会的行動障害
4 学習障害　ア 読み　イ 書き　ウ 計算　エ その他（　　）
5 その他（　　）

VIII 発達障害関連症状
1 相互的な社会関係の質的障害　2 言語コミュニケーションの障害
3 限定した常同的で反復的な関心と行動　4 その他（　　）

IX 人格変化
1 欠陥状態　2 無関心　3 無為
4 その他の状態（　　）

X 乱用、依存等（薬物等名：　　）
1 乱用　2 保存

XI その他［　　　　　　　　　　　　　　］

イ 左記の状態について、その程度・症状・処方薬等を具体的に記載してください。

本人の障害の程度及び状態に無関係な欄には記入する必要はありません。（無関係な欄は、斜線により抹消してください。）

ウ 日常生活状況

I 家庭及び社会生活についての具体的な状況
 （ア） 現在の生活環境（該当するもの一つを○で囲んでください。）
   入院 ・ 入所 ・ 在宅 ・ その他（　　　　　　　　）
   （施設名　　　　　　　　　　　　　　　　　　　　）
   同居者の有無（ 有 ・ 無 ）
 （イ） 全般的状況（家族及び家族以外の者との対人関係についても
   具体的に記入してください。）

```
[                                                            ]
```

2 日常生活能力の判定（該当するものにチェックしてください。）
（判断にあたっては、単身で生活するとしたら可能かどうかで判断してください。）

（1）適切な食事―配膳などの準備を含めて適当量をバランスよく摂ることはできるなど。
　□できる　□自発的にできるが時には助言や指導を必要とする　□自発的かつ適正に行うことはできないが助言や指導があれば行える　□助言や指導をしても行えない若しくは行わない

（2）身辺の清潔保持―洗面、洗濯、入浴等の身体の衛生保持や着替え等ができる。また、自室の清掃や片付けができるなど。
　□できる　□自発的にできるが時には助言や指導を必要とする　□自発的かつ適正に行うことはできないが助言や指導があれば行える　□助言や指導をしても行えない若しくは行わない

（3）金銭管理と買い物―金銭を独力で適切に管理し、やりくりがほぼできる。また、一人で買い物が可能であり、計画的な買い物がほぼできるなど。
　□できる　□おおむねできるが時には助言や指導を必要とする　□助言や指導があればできる　□助言や指導をしても行えない若しくは行わない

（4）通院と服薬（要・不要）―規則的に通院や服薬を行い、病状等を主治医に伝えることができるなど。
　□できる　□おおむねできるが時には助言や指導を必要とする　□助言や指導があればできる　□助言や指導をしても行えない若しくは行わない

（5）他人との意思伝達及び対人関係―他人の話を聞く、自分の意思を相手に伝える、集団的行動が行えるなど。
　□できる　□おおむねできるが時には助言や指導を必要とする　□助言や指導があればできる　□助言や指導をしても行えない若しくは行わない

（6）身辺の安全保持及び危機対応―事故等の危険から身を守る能力がある、通常と異なる事態となった時に他人に援助を求めるなどを含めて、適正に対応することができるなど。
　□できる　□おおむねできるが時には助言や指導を必要とする　□助言や指導があればできる　□助言や指導をしても行えない若しくは行わない

（7）社会性―銀行での金銭の出し入れや公共施設等の利用が一人で可能。また、社会生活に必要な手続きが行えるなど。
　□できる　□おおむねできるが時には助言や指導を必要とする　□助言や指導があればできる　□助言や指導をしても行えない若しくは行わない

エ 現症時の就労状況

○勤務先 ・ 一般企業 ・ 就労支援施設 ・ その他（　　　　　　）
○雇用体系 ・ 障害者雇用 ・ 一般雇用 ・ 自営 ・ その他（　　　）
○勤続年数（　　年　　月）　　○仕事の頻度（週に・月に（　　）日）
○ひと月の給与（　　　　円程度）
○仕事の内容

○仕事場での援助の状況や意思疎通の状況

---

3 日常生活能力の程度（該当するもの一つを○で囲んでください。）
※ 日常生活能力の程度を記載する際には、状態をもっとも適切に記載できる（精神障害）又は（知的障害）のどちらかを使用してください。

（精神障害）
（1） 精神障害（病の体験・残遺症状・認知障害・性格変化等）を認めるが、社会生活は普通にできる。

（2） 精神障害を認め、家庭内での日常生活は普通にできるが、社会生活には、援助が必要である。
（たとえば、日常的な家事をこなすことはできるが、状況や手順が変化したりすると困難を生じることがある。社会行動や自発的な行動が適切に出来ないことがある。金銭管理はおおむねできる場合など。）

（3） 精神障害を認め、家庭内での単純な日常生活はできるが、時に応じて援助が必要である。
（たとえば、習慣化した外出はできるが、家事をこなすために助言や指導を必要とする。社会的な対人交流は乏しく、自発的な行動に困難がある。金銭管理が困難な場合など。）

（4） 精神障害を認め、日常生活における身のまわりのことも、多くの援助が必要である。
（たとえば、著しく適正を欠く行動が見受けられる。自発的な発言が少ない、あっても発言内容が不適切であったり不明瞭であったりする。金銭管理ができない場合など。）

（5） 精神障害を認め、身のまわりのこともほとんどできないため、常時の援助が必要である。
（たとえば、家庭内生活においても、食事や身のまわりのことを自発的にすることができない。また、在宅の場合に通院等の外出には、付き添いが必要な場合など。）

（知的障害）
（1） 知的障害を認めるが、社会生活は普通にできる。

（2） 知的障害を認め、家庭内での日常生活は普通にできるが、社会生活には、援助が必要である。
（たとえば、簡単な漢字は読み書きができ、会話も意思の疎通が可能であるが、抽象的なことは難しい。身辺生活も一人でできる程度）

（3） 知的障害を認め、家庭内での単純な日常生活はできるが、時に応じて援助が必要である。
（たとえば、ごく簡単な読み書きや計算はでき、助言と手助けがあれば作業は可能である。具体的指示であれば理解ができ、身辺生活についてもおおむね一人でできる程度）

（4） 知的障害を認め、日常生活における身のまわりのことも、多くの援助が必要である。
（たとえば、簡単な文字や数字は理解でき、保護的な環境であれば単純作業は可能である。習慣化していることであれば言葉での指示も理解でき、身辺生活についても部分的にできる程度）

（5） 知的障害を認め、身のまわりのこともほとんどできないため、常時の援助が必要である。
（たとえば、文字や数の理解がほとんど無く、言葉による意思の疎通がほとんど不能であり、身辺生活の処理も一人ではできない程度）

オ 身体所見（神経学的な所見を含む。）

カ 臨床検査（心理テスト・認知検査、知的障害の場合は、知能指数、精神年齢を含む。）

キ 福祉サービスの利用状況（障害者総合支援法に規定する自立訓練、共同生活援助、居宅介護、その他障害福祉サービス等）

---

⑪ 現症時の日常生活活動能力及び労働能力（必ず記入してください。）	

⑫ 予 後（必ず記入してください。）	

⑬ 備 考	

上記のとおり、診断します。　　　　　　　　　年　　月　　日
　病院又は診療所の名称　　　　　　　　診療担当科名
　所 在 地　　　　　　　　　　　　　　医師氏名

書式15　受診状況等証明書が添付できない申立書

年金等の請求用

受診状況等証明書が添付できない申立書

傷　病　名　　　　　　統合失調症

医　療　機　関　名　　　　豊島メンタルクリニック

医療機関の所在地　　　　豊島区豊島１－１－１

受　診　期　間　　昭和・(平成)・令和15年 5月13日　～　昭和・(平成)・令和18年 8月31日

上記医療機関の受診状況等証明書が添付できない理由をどのように確認しましたか。
次の＜添付できない理由＞と＜確認方法＞の該当する□に✓をつけ、＜確認年月日＞に確認した
日付を記入してください。
その他の□に✓をつけた場合は、具体的な添付できない理由や確認方法も記入してください。

＜添付できない理由＞　　　　＜確認年月日＞　平成・(令和)　3 年 1 月 5 日

- ✓　カルテ等の診療録が残っていないため
- □　廃業しているため
- □　その他　＿＿＿＿＿＿＿＿＿＿＿＿＿＿＿＿＿＿＿＿＿＿＿＿＿

＜確認方法＞　　□　電話　　✓　訪問　　□　その他（　　　　　　　　　　　　　）

上記医療機関の受診状況などが確認できる参考資料をお持ちですか。
お持ちの場合は、次の該当するものすべての□に✓をつけて、そのコピーを添付してください。
お持ちでない場合は、「添付できる参考資料は何もない」の□に✓をつけてください。

- □　身体障害者手帳・療育手帳・　　　✓　お薬手帳・糖尿病手帳・(領収書)・(診察券)
  - 精神障害者保健福祉手帳　　　　　　（可能な限り診察日や診療科が分かるもの）
- □　身体障害者手帳等の申請時の診断書　□　小学校・中学校等の健康診断の記録や
- □　生命保険・損害保険・　　　　　　　　成績通知表
  - 労災保険の給付申請時の診断書　　□　盲学校・ろう学校の在学証明・卒業証書
- □　事業所等の健康診断の記録　　　　□　第三者証明
- □　母子健康手帳　　　　　　　　　　□　その他（　　　　　　　　　　　）
- □　健康保険の給付記録（レセプトも含む）□　添付できる参考資料は何もない

上記のとおり相違ないことを申し立てます。

令和 3 年 1 月 12 日

請求者　　住　所　　東京都豊島区池袋町１－１－１

　　　　　氏　名　　　　日暮 洋司　　　　　印　※本人自らが署名する場合
　　　　　　　　　　　　　　　　　　　　　　　　押印は不要です。

代筆者氏名　＿＿＿＿＿＿＿＿＿＿＿＿＿＿　請求者との続柄　　本人

（提出先）日本年金機構　　　　　　　　　　　　　（裏面もご覧ください。）

第３章　ケース別　障害年金の請求と書式の書き方　**161**

書式16　障害給付　請求事由確認書

障害給付　請求事由確認書

　私は、下記の請求事由を確認し、傷病名（　　　ベーチェット病　　　　　）
で「障害認定日による請求」を請求事由として、障害給付を請求します。

　ただし、「障害認定日による請求」で受給権が発生しない場合は、「事後重症による請求」を請求事由として障害給付を請求します。

【請求事由について】
1．障害認定日による請求
　障害給付は、病気またはケガによって初めて医師の診療を受けた日（初診日）から1年6月を経過した日（その期間内に治ったときはその日）に、一定の障害の状態にあるときに受けられます。（ただし、一定の資格期間が必要です。）この場合、年金請求書に添付する診断書は、初診日から1年6月を経過した日の障害状態がわかるものが必要です。
　なお、請求する日が、1年6月を経過した日より1年以上過ぎているときには、治ったことにより請求するときを除き、初診日から1年6月を経過した日の診断書と請求時点の診断書の両方が必要となります。（ただし、障害状態の確認を行う際に、他の時点の障害の状態がわかる診断書を求めることがあります。）

2．事後重症による請求
　「1．障害認定日による請求」で受給権が発生しなかった場合でも、その後、病状が悪化し、65歳に達する日の前日までの間において、一定の障害の状態となったときには本人の請求により障害給付が受けられます。ただし、請求は65歳に達する日の前日までに行わなければなりません。この場合、年金請求書に添付する診断書は、請求時における障害の状態がわかるものが必要です。

令和　7 年　1 月 29 日

（請求者本人）

　　　氏　　名：　目白　陽菜　　　　　　　　㊞

　　　住　　所：　台東区上野 8－8－8

　　　連絡先：（　　03　　）　　5589 － 1234

（代　理　人）

　　　氏　　名：　目白　利夫　　　　　　　　㊞

　　　請求者との関係：　夫

　　　住　　所：　台東区上野 8－8－8

　　　連絡先：（　　03　　）　　5589 － 1234

※請求者、代理人ともに本人自署の場合、押印は不要です。

書式17　障害年金の初診日に関する調査票（先天性障害：眼用）

障害年金の初診日に関する調査票【先天性障害（網膜色素変性症等）：眼用】

本調査票は、初診日を審査する際の資料となるものです。

◎　次のことにお答えください。

1．眼の疾患について、幼児期に家族から又は学校の健康診断等で、何かいわれて医療機関に行ったことがありましたか。

✔　いわれたことはない

□　昭和・平成・令和　　年　　月　　日頃受診した（受診医療機関名　　　　　　　　）

2．該当する項目に✔を記入のうえ、該当日と当時の視力を記載してください。

□障害基礎年金請求　20歳時（昭和・平成・令和　　年　　月　　日）における視力

□障害厚生年金請求　厚生年金資格取得時（昭和・(平成)・令和31年　4月　1日）における視力

| 右眼 | 裸眼（ 0.5 ） | 矯正（ 1.2 ） |
| 左眼 | 裸眼（ 1.0 ） | 矯正（ 1.2 ） |

3．視力が落ちてきたことにいつごろ気づかれましたか。

昭和・平成・(令和)　5年　8月　1日頃

4．あなたの視力の経過について、記入してください。

※中学校卒業から数年単位でわかる範囲で記入してください。

経　　過	右　　眼		左　　眼	
	裸　眼	矯　正	裸　眼	矯　正
中学校卒業時				
昭和・(平成)・令和25年 6月	1.0		1.0	
昭和・(平成)・令和30年 5月	0.5		1.0	
昭和・平成・令和　年　月				
昭和・平成・令和　年　月				
昭和・平成・令和　年　月				
昭和・平成・令和　年　月				
昭和・平成・令和　年　月				
昭和・平成・令和　年　月				

上記のとおり回答します。

令和 7年 2月 3日

報告者

住所　千代田区大手町6－5－4

氏名　代々木 真理子　　　（続柄　姉　）

※　ご回答ありがとうございました。

回答内容を審査した結果、照会することがありますので、あらかじめご承知おきください。

第3章　ケース別　障害年金の請求と書式の書き方　**163**

書式18　障害年金の初診日に関する調査票（先天性障害：耳用）

障害年金の初診日に関する調査票【先天性障害：耳用】

本調査票は、初診日を審査する際の資料となるものです。

◎　次のことにお答えください。

1．聴力障害について、幼児期に家族から又は学校の健康診断等で、何かいわれて医療機関に行ったことがありましたか。

　　　　　　□　いわれたことはない

　　　　　　☑　昭和・(平成)・令和24年 5 月 1 日頃受診した（受診医療機関名 **有楽耳鼻科院** ）

2．該当する項目に✔を記入のうえ、該当日と当時の聴力を記載してください。

　　　□障害基礎年金請求　　20歳時（昭和・平成・(令和) 7 年 2 月14日）における聴力

　　　□障害厚生年金請求　　厚生年金資格取得時（昭和・平成・令和　　年　　　月　　　日）における聴力

　　　右耳　（　 60 　dB）　　　　左耳　（　 70 　dB）

3．聴力が落ちてきたことにいつごろ気づかれましたか。

　　　昭和・(平成)・令和 30 年 4 月 1 日頃

4．あなたの聴力の経過について、記入してください。

　　※中学校卒業から数年単位でわかる範囲で記入してください。

経　　　　過	右　　　耳		左　　　耳	
中学校卒業時	40	dB	40	dB
昭和・平成・(令和) 5 年 4 月	60	dB	60	dB
昭和・平成・令和　　年　　　月		dB		dB
昭和・平成・令和　　年　　　月		dB		dB
昭和・平成・令和　　年　　　月		dB		dB
昭和・平成・令和　　年　　　月		dB		dB
昭和・平成・令和　　年　　　月		dB		dB
昭和・平成・令和　　年　　　月		dB		dB
昭和・平成・令和　　年　　　月		dB		dB

上記のとおり回答します。

令和 7 年 3 月10日

　　　　　　　　　　　住所 **台東区浅草南1－3－6**

　　　　　　　報告者

　　　　　　　　　　　氏名 **五反田 静香**　　　　　（続柄 **本人** ）

※　ご回答ありがとうございました。

　　回答内容を審査した結果、照会することがありますので、あらかじめご承知おきください。

書式19　障害年金の初診日に関する調査票（先天性股関節疾患用）

障害年金の初診日に関する調査票【先天性股関節疾患（臼蓋形成不全を含む）用】

本調査票は、初診日を審査する際の資料となるものです。

◎　次のことにお答えください。
1. 股関節の手術（骨切術、人工関節、人工骨頭など）をされている場合は、手術前のレントゲンフィルムを提出してください。手術をされていない場合は、一番古いレントゲンフィルムを提出してください。
（提出できない場合は、以下にその理由をご記入ください。）

> 一番古いレントゲンは最初に受診した病院で撮影したと記憶しています。
> しかしその病院は既に廃院となっており、レントゲンフィルムは残っていません。

2. 学校（小学校、中学校、高校等）での体育の実技は、他の生徒と同じようにできましたか。または、股関節の不自由が原因で見学することがありましたか。

> 小学校までは、特別痛むことはなく、他の生徒と同じように体育の授業を受けていました。
> 中学生になってから、痛むことがあり、時々見学をしていました。痛みはだんだんひどくなり、
> 中学校3年生以降は、水泳以外の体育の授業は見学しています。

3. 0歳から20歳までの股関節の治療の経過を記入してください。

年令	受診の状況	症状の経過
0歳～5歳	3か月検診で発見され、2歳くらいまでギプスをしていました。その後は半年1回定期的に検査を受けました。北海道クリニック	脱臼が確認されましたが、痛みなど特別な自覚症状もありませんでした。
6歳～10歳	転居もあり、受診してません。	特別な自覚症状もありませんでした。
11歳～15歳	月に1回通院し、検査を受けています。東大塚病院	中学生になる頃から、痛みだし、運動することが厳しくなりました。医師の指示により毎日マッサージを受けました。
16歳～20歳	月に1回通院し、検査を受けています。保存療法を続けていますが、今後は手術も視野に入れて治療を続けています。東大塚病院	以前ほど痛みを感じなくなりましたが、時々激しく痛みます。常に足を開くことを意識することと、股関節の筋肉をつけるように指導されました。

※　受診した期間は、受診医療機関名及び通院期間・受診回数・入院期間・治療の経過、医師から指示された事項、転医・受診中止の理由などを記入してください。また、受診していない期間については、その理由、自覚症状の程度、日常生活の状況などについて、具体的に記入してください。

上記のとおり回答します。
令和 7 年 11 月 30 日

住所　東京都港区新橋北4-4-2
報告者
氏名　大崎　喜代子　　　　（続柄　母　）

※　ご回答ありがとうございました。
回答内容を審査した結果、照会することがありますので、あらかじめご承知おきください。

書式20　障害年金の初診日に関する調査票（糖尿病用）

障害年金の初診日に関する調査票【糖尿病用】

本調査票は、初診日を審査する際の資料となるものです。

◎　次のことにお答えください。

1．倦怠感・身体の不調・口渇等を自覚されたのは、いつ頃ですか。また、そのときはどのような状態
　でしたか。

　　昭和・(平成)・令和 31 年 2 月 7 日

　　状態　炭酸飲料が好きでよく飲むが、その日はいくら飲んでも
　　すぐにのどが乾いた

2．　健康診断等で尿に糖が出ていることを指摘されたことはありますか。
　　□　指摘あり（検査日：昭・平・令　　年　　月　　日）
　　☑　指摘なし

3．（2で指摘ありの場合）その検査日以降のすべての検査結果（写）を添付してください。
　　※事業所に保管されている場合もありますので、確認してください。
　　□　保管されているすべての検査結果（写）を添付した。（他にはない）
　　□　十分に確認したが、添付できる検査結果が残っていない。（ひとつもない）

4．（2で指摘ありの場合）健康診断の結果ですぐに医療機関を受診しましたか。
　　□　すぐに受診した（昭・平・令　　年　　月　　日）医療機関名（　　　　　　　　）
　　□　すぐに受診しなかった
　　　（理由及び健康診断の指摘後、受診するまでの間の体調）

上記のとおり回答します。

令和 6 年 11 月 1 日

　　　　　　　　　住所　横浜市西区港未来１－２－１

　　　　　報告者
　　　　　　　　　氏名　品川 宏和　　　　（続柄 本人 ）

※　ご回答ありがとうございました。
　　回答内容を審査した結果、照会することがありますので、あらかじめご承知おきください。

書式21　障害年金の初診日に関する調査票（腎臓・膀胱の病気用）

障害年金の初診日に関する調査票【腎臓・膀胱の病気用】

本調査票は、初診日を審査する際の資料となるものです。

◎　次のことにお答えください。

1．身体の不調・むくみ等を自覚されたのは、いつ頃ですか。また、そのときはどのような状態でしたか。

昭和・平成・令和 30 年 11 月　　日

状態　「立ち仕事で足がむくむようになっていた。ほぼ1日中立っている
　　　　仕事なので、そのせいだと思い特別気にしていなかった。」

2．　健康診断等で尿に蛋白が出ていることを指摘されたことはありますか。

☑　指摘あり（検査日：昭・平・令 31 年 3 月 16 日）

☐　指摘なし

3．　（2で指摘ありの場合）その検査日以降のすべての検査結果（写）を添付してください。

※事業所に保管されている場合もありますので、確認してください。

☑　保管されているすべての検査結果（写）を添付した。（他にはない）

☐　十分に確認したが、添付できる検査結果が残っていない。（ひとつもない）

4．　（2で指摘ありの場合）健康診断の結果ですぐに医療機関を受診しましたか。

☐　すぐに受診した（昭・平・令　年　　月　　日）医療機関名（　　　　　　）

☑　すぐに受診しなかった

　　（理由及び健康診断の指摘後、受診するまでの間の体調）

　　　最初の健診から2か月後、再検査を受け、その後受診した。

上記のとおり回答します。

令和 7 年 11 月 2 日

　　　　　　　　　住所　台東区西日暮里 1－2－3

報告者

　　　　　　　　　氏名　田端 花子　　　　　印　（続柄 本人 ）

※　ご回答ありがとうございました。

　　回答内容を審査した結果、照会することがありますので、あらかじめご承知おきください。

※　ご記入いただいた個人情報は、独立行政法人等の保有する個人情報の保護に関する法律に基づき、
　　適切に取り扱われます。

第3章　ケース別　障害年金の請求と書式の書き方　　**167**

書式22　障害年金の初診日に関する調査票（肝臓の病気用）

障害年金の初診日に関する調査票【肝臓の病気用】

本調査票は、初診日を審査する際の資料となるものです。

◎　次のことにお答えください。

1．倦怠感・身体の不調・むくみ等を自覚されたのは、いつ頃ですか。また、そのときはどのような状態でしたか。

昭和・(平成)・令和 12 年 7 月 1 日

状態
脚がむくむようになり倦怠感があった。
立ち仕事だったのでしばらく仕事を休んだ。

2．　健康診断等で肝機能障害を指摘されたことはありますか。

☑　指摘あり（検査日：昭・(平)・令 14 年 6 月 10 日）
□　指摘なし

3．（2で指摘ありの場合）その検査日以降のすべての検査結果（写）を添付してください。

※事業所に保管されている場合もありますので、確認してください。

□　保管されているすべての検査結果（写）を添付した。（他にはない）
☑　十分に確認したが、添付できる検査結果が残っていない。（ひとつもない）

4．（2で指摘ありの場合）健康診断の結果ですぐに医療機関を受診しましたか。

□　すぐに受診した（昭・平・令　　年　　月　　日）医療機関名（　　　　　　　　）
☑　すぐに受診しなかった

（理由及び健康診断の指摘後、受診するまでの間の体調）

肝機能の数値が悪いという指摘だったが、若かったこともあり
気にしなかった

上記のとおり回答します。

令和 6 年 12 月 19 日

住所　新宿区北新宿２－４－６

報告者

氏名　目白　稔　　　　　　　（続柄 本人 ）

※　ご回答ありがとうございました。

回答内容を審査した結果、照会することがありますので、あらかじめご承知おきください。

書式23 障害年金の初診日に関する調査票（心臓の病気用）

障害年金の初診日に関する調査票【心臓の病気用】

本調査票は、初診日を審査する際の資料となるものです。

◎ 次のことにお答えください。

1. 身体の不調・むくみ等を自覚されたのは、いつ頃ですか。また、そのときはどのような状態でしたか。
   昭和・平成・㊙ 3 年 10 月 13 日

   状態 〔 軽い運動をしただけなのに、いつもより心拍数が多くなりなかなかおさまらなかった。 〕

2. 健康診断等で心機能障害を指摘されたことはありますか。
   ☑ 指摘あり（検査日：昭・平・㊙ 4 年 6 月 8 日）
   □ 指摘なし

3. （2で指摘ありの場合）その検査日以降のすべての検査結果（写）を添付してください。
   ※事業所に保管されている場合もありますので、確認してください。
   ☑ 保管されているすべての検査結果（写）を添付した。（他にはない）
   □ 十分に確認したが、添付できる検査結果が残っていない。（ひとつもない）

4. （2で指摘ありの場合）健康診断の結果ですぐに医療機関を受診しましたか。
   □ すぐに受診した（昭・平・令　年　月　日）医療機関名（　　　　　　　　）
   ☑ すぐに受診しなかった
   　（理由及び健康診断の指摘後、受診するまでの間の体調）

   〔 健康診断で「軽い」と言われていたので、しばらく様子を見ようと思った。 〕

上記のとおり回答します。
令和 7 年 3 月 4 日
　　　　　　住所　港区白金高輪1－1－1
　　報告者
　　　　　　氏名　日暮 宗一郎　　　　　（続柄 本人 ）

※ ご回答ありがとうございました。
　回答内容を審査した結果、照会することがありますので、あらかじめご承知おきください。

書式24　障害年金の初診日に関する調査票（肺の病気用）

障害年金の初診日に関する調査票【肺の病気用】

> 本調査票は、初診日を審査する際の資料となるものです。

◎　次のことにお答えください。

1．身体の不調・呼吸困難（息切れ、息苦しさ）等を自覚されたのは、いつ頃ですか。また、そのときはどのような状態でしたか。

　　昭和・平成・(令和)　2 年 6 月 頃日

　　状態　｢せきが頻繁に出るようになったが、風邪かと思い
　　　　　何もしなかった｣

2．　健康診断等で肺機能障害を指摘されたことはありますか。

　☑　指摘あり（検査日：昭・平・(令) 2 年 8 月 21日）
　☐　指摘なし

3．　（2で指摘ありの場合）その検査日以降のすべての検査結果（写）を添付してください。

　　※事業所に保管されている場合もありますので、確認してください。

　☑　保管されているすべての検査結果（写）を添付した。（他にはない）
　☐　十分に確認したが、添付できる検査結果が残っていない。（ひとつもない）

4．　（2で指摘ありの場合）健康診断の結果ですぐに医療機関を受診しましたか。

　☑　すぐに受診した（昭・平・(令) 2 年 8 月 27日）医療機関名（　大崎内科医院　）
　☐　すぐに受診しなかった

　　（理由及び健康診断の指摘後、受診するまでの間の体調）

　｢せきは相変わらず出ていた。
　せきが出る以外は特別不調を感じていない。｣

上記のとおり回答します。

令和 7 年 2 月18日

　　　　　　　　　住所 江東区西陽町３－１－２
　　　　　報告者
　　　　　　　　　氏名 上野　達也　　　　　（続柄 本人 ）

※　ご回答ありがとうございました。

　　回答内容を審査した結果、照会することがありますので、あらかじめご承知おきください。

第4章

支給停止・再審査請求
などその他の事項

障害年金が受給できない場合、支給停止、受給権の消滅について知っておこう

年金が受給できない理由に応じて再開時の処遇が異なる

● 障害が残っても、障害年金を受給できない場合とは

　障害年金は、障害を負った者の生活保障のために支給されるものであるため、原則として障害状態に該当しなくなるまでの期間は受け取ることができます。しかし、中には障害の状態にあるにもかかわらず障害年金を受け取ることができない場合があります。たとえば、もともと抱えている障害が3級より下の等級に該当している場合は支給されません。

　故意に障害またはその直接の原因となった事故を生じさせるなどによる障害にも、障害年金は支給されません。また、故意の犯罪行為や重大な過失により障害もしくはその原因となった事故を生じさせ、または障害の程度を増進させた者については、障害年金の全部または一部の支給が行われない場合があります。さらに、正当な理由なく療養に関する指示に従わない場合も、障害年金の全部または一部の支給が行われない場合があります。

● 支給が停止されるケースとは

　支給停止とは、受給権そのものが消滅したわけではなく、等級に該当しないことで障害年金が一時的に停止されている状態です。具体例としては、第一に請求の時点では3級以上に該当したため受給できたものの、現在は軽減し3級より下になった場合が挙げられます。

　なお、障害基礎年金と障害厚生年金では、年金によってカバーすることができる障害等級に違いがあることに注意しなければなりません。たとえば、障害基礎年金は障害の状態が2級より下に、障害厚生年金

は障害の状態が3級より下に軽減した場合にそれぞれ支給が停止されることになります。

　障害年金には永久支給のものもありますが、一定期間ごとに更新時期があり、その都度診断書などを再提出することで新たに認定されるものもあります。そのため、更新の時期に障害等級に該当していない事実が発覚した場合は、支給が停止されます。

■ 障害厚生年金の失権・支給停止事由 ……………………………

● 失権事由

① 受給権者が死亡したとき

② 併合認定により新たな受給権を取得したとき
（従前の障害年金の受給権が消滅する）

③ 障害等級に該当する程度の障害の状態にない者が65歳になったとき
（65歳になった日に、障害等級に該当する程度の障害の状態でなくなった日から起算して、障害等級に該当する程度の障害の状態に該当しないまま3年を経過していないときを除く）

④ 障害等級に該当する障害の状態でなくなった日から起算して、障害等級に該当する程度の障害の状態に該当することなく3年が経過したとき
（3年が経過した日において、その受給権者が65歳未満である場合を除く）

● 支給停止事由

① 労働基準法の障害補償を受ける権利を取得したときから6年間
（障害年金の受給権がある場合は同時に支給停止される）

② 障害の程度が軽くなり、障害等級に該当する程度の障害の状態でなくなったとき
（ただちに受給権を消滅させるのではなく、いったん支給を停止し、その後、障害の程度が悪化して再び障害等級に該当する状態に至った場合に支給が再開される）

③ 障害厚生年金の加給年金の支給対象となっている配偶者が老齢厚生年金（加入期間が20年以上のものに限る）または障害基礎年金、障害厚生年金を受けられるに至ったとき（配偶者の加給年金額のみ支給を停止）

第4章　支給停止・再審査請求などその他の事項　**173**

ただし、支給停止はあくまでも「要件に該当しないため停止されている」状態であるため、再び症状が悪化し、障害等級に該当した場合は支給が再開されます。

◉ 差止めされるケースとは

障害年金は、差止めがなされる場合があります。差止めは支給停止とは異なり、更新のための必要書類（現況届や診断書など）を提出期限までに出さなかった場合に実施されます。差止めが実施される場合は、差止めについての通知書が郵送されることで通知することになります。しかし、後日に現況届や診断書などを提出した場合は、過去に差し止められた期間分の年金が過去に遡って支給されます。再開しても停止期間の年金が支払われない支給停止とはこの点が異なります。

◉ 受給権が消滅するケースとは

障害年金を受給する権利が消滅することを失権といいます。失権の具体例としては、65歳を過ぎるまで3級より下だった場合などが該当します。なぜなら、65歳以降には老齢年金の支給が開始されるためで、後で3級以上になったとしても障害年金を受け取ることができません。ただし、3級より下の障害状態になってから3年以内に65歳になった場合、受給権が失権するのは3級より下の障害状況になってから3年後とみなす特例が設けられている点に注意が必要です。

その他、支給対象者が死亡した場合や、併合認定により以前の受給権が消滅するケースなども、失権の例として挙げることができます。

年金の支給が止められる場合がある

障害の程度により支給停止または再開されることがある

● 現況届の内容によっては支給停止になる

　障害年金は、障害により日常生活に支障をきたす人の生活を保障するために国が支給するものです。したがって、障害の程度が変更になった場合などには、年金の支給が一部または全額停止されるケースがあります。

　そのため、国側は障害年金の受給者の現状を把握するため、一定期間ごとに診断書の提出を求めています。この診断書は、「障害年金受給権者現況届」ともいい、障害状態が継続しているかを確認するための書類です。年金を受給している者は、必ずこの診断書を定期的に提出する必要があり、記載内容によっては年金金額が支給停止になる場合があります。

　障害年金の証書には、次回の診断書提出年月に関する記載がされています。障害基礎年金の場合、障害厚生年金の場合はいずれも、診断書の提出期限は受給権者の誕生日が属する月の末日です。誕生月に入るまでに書類が郵送されてくるため、誕生月が過ぎるまでに医師へ記入の依頼をしなければなりません。また、20歳前に発症した障害による障害基礎年金の場合も、提出日は誕生日が属する月の末日になります。

　なお、診断書を適切に提出しなかった場合は受給が一時的に差止めとなるため、注意が必要です。

● 支給停止の処分に納得できない場合は

　実際に支給停止の処分を受けてしまい、その処遇に納得がいかない場合は、不服申立ての制度を利用することが可能です。不服申立ての

第4章　支給停止・再審査請求などその他の事項

手順は、年金の請求が却下された場合に行うケースと同じ内容になります。また、支給停止の状態を解消するためには「障害給付受給権者支給停止事由消滅届」という書類を提出する方法もあります。これは、診断書の更新時期に障害状態が軽減されていたことで支給停止となってしまい、その後に重症化した場合などに用いることが可能です。実際に提出する場合は、新たに医師による診断書を作成依頼した上で提出を行います。

● 働くことと支給停止の関係性とは

現在の障害年金制度の場合、障害等級に該当しなくなったために年金の支給が停止されたとしても、受給権者が65歳になるまでは権利自体を失う「失権」状態にはなりません。また、障害等級に該当しなくなってから3年の間は、たとえ65歳を迎えたとしても失権状態にはなりません。

したがって、障害の状態が再び重症化し、障害等級に該当した場合は障害年金の支給が行われます。特に、精神疾患による障害の場合は、症状に波があるケースも多いため、障害年金の支給停止や再受給が繰り返される場合があります。つまり、老齢年金の受給開始となる65歳までは障害年金が受給できる可能性が残されているため、障害年金が支給停止になることを不安に感じて働くのをためらう必要はありません。実際に働くことを検討する際には、いきなり高収入や長時間の就労につくよりも、緩やかなペースで少しずつ働く時間を増やしていけるような方法を検討することが効果的です。ハローワークで行う職業訓練を利用する方法や、就労継続支援A型、B型事業所へ通うなどの方法があります。心身ともに無理なく、少しずつ社会復帰できるような方法を取ることが重要だといえます。

③ 再審査請求について知っておこう

却下された場合でも再度の請求機会が設けられている

◎ いつまでに再審査請求をするのか

　障害年金を請求した場合、初診日や障害等級、保険料納付要件に該当しなかったという理由でその請求が却下される場合があります。この場合は、請求先の日本年金機構より「不支給決定通知書」が届くことになりますが、届いた直後は今後の生活への不安にかられ、パニックになってしまうケースも見られます。

　しかし、このような場合はまず落ち着くことが第一です。障害年金の請求には、再請求の機会があります。

　不支給決定通知に不服がある場合、まずは審査請求という不服の申立てを書面または口頭で行うことが可能です。なお、申立て先は、各地域の社会保険審査官です。

　また、この審査請求は、処分を認知してから３か月の間に行わなければなりません。審査請求により請求が受理された場合は、障害年金を受給することが可能です。

　ただし、審査請求を行っても請求が却下された場合は、再審査請求を行うことができます。再審査請求先は、厚生労働省の管轄である社会保険審査会宛で、請求期間は審査官による決定書の謄本が送られてきた日の翌日から数えて２か月の間に行わなければなりません。審査請求の場合より請求期間が短いことが特徴であるため、注意をする必要があります。

　なお、審査請求日から２か月以内に社会保険審査官による裁決が行われなかった場合でも、審査請求の結果にかかわらず再審査請求を申し出ることができます。

第４章　支給停止・再審査請求などその他の事項　177

再審査請求の審理はどのように行われるのか

　再審査請求の段階になった場合、審査請求の場合とは別の機関が審理を行います。再審査請求で採用されているのは「公開審理」というシステムで、請求した本人も出席し、さまざまな意見を言うことが可能で、傍聴することもできます。公開審理は直接意見を述べる貴重な機会であるものの、行われる場所が東京都であるため、地方在住者の場合は出席が難しいケースがあります。欠席の場合でも、公開審理に参加しなくても不利益となることはありません。

　社会保険審査会は、厚生労働省で行われる審査会です。メンバーは委員長と5人の委員で構成されており、審査請求とは別の弁護士や医師、社会保険労務士などで構成されているため、内容によっては再審査請求でようやく認められるというケースも見られます。

　公開審理当日は、まずは社会保険審査調整室という場所で受付を行い、控室で待機した上で審理室へ入る形で進行します。会議ではまず審理の時間が取られ、質疑応答を経た上で請求者が意見を述べます。出席する場合は、あらかじめ発言の内容を考えておくなどの準備が効果的です。

再裁定請求とは

　再審査請求を行ってもなお請求が却下された場合でも、受給のチャンスが完全に断たれたわけではありません。「再裁定請求」を行うという方法が残されています。

　再裁定請求とは、もう一度障害年金の請求から実施することをいいます。現状では初診日の確認が取れないと判断された場合でも、再度初診日を証明することができた場合や、新たに障害等級に該当する診断書を取得できた場合などに行うことができます。

　なお、前回の請求日と比較して障害の程度が進行し、新たに進行した状態での診断書を入手した場合は事後重症扱いとなるため、すでに

行っている不服申立てに対する回答を待たない状態で請求することが可能です。

◉ 等級に納得できない場合

　実際に障害年金の受給が認められた場合でも、決定した等級に対する不満を覚える場合があります。この場合、不服申立てを行い審査請求に持ち込む方法もありますが、障害年金の処分が決定した日から1年経過している場合には、額改定請求を行うことが可能です。

　障害の等級の定期的な見直しには個人差があり、年単位で行われる場合もあれば、永久に同じ等級とされる場合もあります。しかし、認定された障害等級に不服がある場合や、障害が悪化することで明らかに障害の程度が重くなったと認められる場合は、額改定請求として再度見直しを求めることができます。

　実際に改定が認められた場合は、請求日の翌月から等級が変わり、受給額が変更になるため、額改定請求の実施にあたっては迅速な対応が効果的です。なお、受給権利の取得日や障害の程度の診査日から1年を経過していない場合は請求ができないため、注意が必要です。

■ 審査請求・再審査請求の流れ

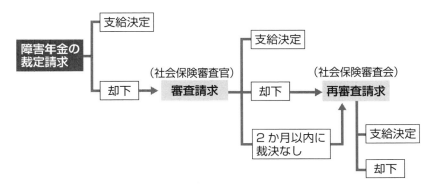

障害年金の受給の可否や金額について、社労士に確認してもらいたいのですが、用意しておくべき書類などがあるのでしょうか。どんな説明を受けるのでしょうか。

社労士は、依頼主が障害年金の要件を満たしているかを確認の上で、実際に請求の手続きを取ることになります。

したがって、請求時に必要な書類の他に、要件を満たすかどうかの判断をするための書類が求められます。たとえば、障害年金には保険料納付要件があります。これは、依頼主が障害年金の受給資格要件を満たしているかどうかを判断することに加え、実際の年金額にも影響する大切な要件です。この要件を判断するためには、日本年金機構のホームページ「ねんきんネット」における照会作業や毎年誕生月に郵送される「ねんきん定期便」などの書類が必要です。また、最寄りの年金事務所でも、加入要件や納付期間を調べてもらうことができるため、取り寄せる方法も有効です。

障害年金の請求における社労士の役割は、年金制度の知識を活用しながら、依頼主と病院などの医療機関、行政の間の連絡係を受け持つことです。自身で請求する場合に比べ、請求までの期間と苦労を軽減することが可能になりますが、同時に報酬を支払う必要性が生じます。

社労士に実際に依頼した場合、まずは今後の流れと必要となる書類の内容や取り寄せ方法などの説明を受けます。また、社労士が年金の請求手続きを行う場合、自身で請求する場合に比べ認定率がアップします。そのため、認定までに必要となる要件の確認や必要書類が適切にリンクした内容になっているか、などの審査を入念に行うことになります。明らかに請求をしても却下される恐れがある場合は、説明やヒアリングの時点で実際に着手する前にその内容を正しく伝えますので、不明点や疑問点はためらわずに質問をすることが重要です。また、報酬についての説明も入念に聞く必要があるでしょう。

第5章

遺族年金のしくみと
請求手続き

遺族年金はどんなしくみになっているのか

死亡した者の職業により受給できる年金が異なり、受給には要件がある

● 遺族年金とその種類

　遺族年金とは、公的年金に加入している人や、老齢年金・障害年金を受給している人が亡くなったときに、生計を維持されていた家族に対して支給される年金です。残された家族の生活を保障することを目的とした給付であり、給付を受ける対象者によって、一生涯受けられる場合と支給期間が限られている場合があります。遺族年金は、遺族給付の中でも中心的な役割を果たしているといえるでしょう。
　遺族年金には、遺族基礎年金、遺族厚生年金などの種類があります。どの遺族年金が支給されるかは、亡くなった人の職業によって異なります。

● 遺族年金のしくみ

　たとえば、亡くなった人が自営業者であり、国民年金に加入していた場合には、その遺族には遺族基礎年金が支給されます。また、亡くなった人が会社員であり、厚生年金に加入していた場合には、その遺族には遺族基礎年金に加えて遺族厚生年金が支給されます。ただし、どちらの遺族年金も、受給するためには、さまざまな要件を満たす必要があります。特に、亡くなった人の配偶者（夫・妻）が遺族基礎年金を受けようとする場合には、「18歳に到達する年度の末日までの間にある子（1〜2級の障害がある場合には20歳未満の子）」がいるかどうかが非常に重要になります。遺族基礎年金は、「子のある配偶者（夫・妻）」か「子」でなければ年金を受け取ることができない決まりになっているからです。つまり、遺族基礎年金は、子どものいない配

偶者や、子どもがいてもすでに全員が高校を卒業する年齢を超えている配偶者は、受給することができないのです。

　一方、遺族厚生年金は、子どもがいるかどうかという点によって支給・不支給が判断されることはありません。ただし、亡くなった人の妻以外（子、夫、父母など）が受給する場合には、年齢制限がある点に注意が必要です。

● 遺族年金は請求する必要がある

　遺族年金は、受給要件を満たしただけでは受給することができません。年金事務所などに裁定請求をし、年金を受け取る資格があることの確認を受けなければなりません。それらの手続を経て、年金が振り込まれるのです。また、受給権者が他に老齢年金や障害年金を受給している場合には、遺族年金を受給するかどうかの選択も必要です。

■ 遺族年金のしくみ ・・

> **遺族年金 … 残された家族の生活を保障することを目的とした給付制度**

> **遺族厚生年金**
> ※亡くなった方が、会社員で厚生年金に加入、
> 　老齢厚生年金を受給中など。

> **遺族基礎年金**
> ※亡くなった方が、自営業者で国民年金に加入、
> 　老齢基礎年金を受給中など。

（例）会社員の配偶者（夫）がなくなった場合

| ②遺族厚生年金 |
| ①遺族基礎年金 |

⇒子のある配偶者（妻）・子は、①、②両方を受給できる
⇒子のない配偶者（妻)は、②を受給できる
　（中高齢寡婦加算の特例あり）
　※その他の要件も満たすことが必要

第5章　遺族年金のしくみと請求手続き　**183**

遺族基礎年金のしくみや受給額について知っておこう

死亡した者・遺族のいずれも支給要件を満たす必要がある

● 遺族基礎年金の支給要件について

　遺族基礎年金は、支給要件を満たさなければ受け取ることができません。支給要件としては、①死亡した者が一定要件を満たす、②遺族が一定の範囲に該当する者、であることが必要です。

　遺族基礎年金の場合は、死亡日に国民年金に加入している、または過去に国民年金の加入者であった60歳から65歳の人で、日本国内に在住していたことが必要です。遺族年金の場合は老齢年金と異なり、死亡日に老齢基礎年金の受給権や受給資格期間を満たす必要はありません。なお、保険料納付要件やその特例措置は障害年金と同様の内容となりますが、支給対象者は死亡した者の「配偶者か子」になります。配偶者については、以前は「妻」のみが支給対象となっていましたが、対象範囲が夫にも拡大されたため、配偶者に変更されました。

● 死亡したのがいつか

　どんな場合でも常に遺族年金の受給が認められるわけではありません。遺族基礎年金の場合、死亡した者が①国民年金の加入期間中である、②被保険者であった者で60～65歳の者で、日本国内に住んでいる、③老齢基礎年金を受給中である、④老齢基礎年金の受給資格期間を満たしている、という4つの要件のうち1つ以上を満たしている必要があります（197ページ図の要件1参照）。

● 一定の遺族がいること

　遺族基礎年金を受給できる遺族は、被保険者または被保険者であっ

た者の死亡の当時、その者によって生計を維持されていた「子のいる配偶者」または「子」のみです。なお、生計を維持する状態とは、生計が同一（同居状態など）であることの他、年収850万円未満という収入要件に該当する状態のことです。

遺族基礎年金は親を失った子の養育支援を目的とする年金です。たとえば夫の死亡時に要件に該当する子がいない場合、子の養育費用が必要ないとされ、その妻は遺族基礎年金を受給することができません。また、妻が死亡した時に子がいない夫の場合も、同様に養育費用は必要ないとされ、受給することができません。

ここでいう「子」とは、18歳未満（18歳に到達する年度末を経過していない）、もしくは障害年金における障害等級1、2級に該当する20歳未満の子のことを意味します。

なお、子のいない妻の場合は前述のように遺族基礎年金の受給はできないものの、60～65歳の期間に要件を満たすことで、寡婦年金を受給できる可能性があります。

● きちんと保険料を納めていること

遺族基礎年金は、死亡した人が生前にきちんと保険料を納めている場合のみ受け取ることができます。そのために保険料納付要件が設けられており、具体的には死亡日の前日において、死亡日の月の前々月までの保険料を納めるべき期間のうち、保険料納付済期間と保険料免除期間の合計が3分の2以上あることが定められています。

ただし、障害等級1、2級に該当する障害厚生年金の受給者や老齢年金の受給者、または受給資格を満たしている人の場合は、要件を満たしたために年金を受給している、または受給権を得ていると考えられることから、すでに納付要件を満たしているものとして扱われます。

また、令和8年3月31日までは特例として、死亡日の月の前々月までの1年間に保険料の滞納がなければ受給することができます。

第5章　遺族年金のしくみと請求手続き　**185**

受給要件は緩和されることがある

　前述した保険料納付の特例の他にも、受給要件が緩和される場合があります。昭和61年３月末までに旧国民年金制度における母子福祉年金や準母子福祉年金を受給する権利を取得した者に対する代替策として、遺族基礎年金の支給が行われる制度も設けられています。

遺族基礎年金の受給金額

　遺族基礎年金の金額は、本体部分と子どもの扶養のための加算部分で構成されます。本体部分は、老齢基礎年金と同じ金額で、昭和31年４月２日以降生まれの人で年間81万6,000円、昭和31年４月１日以前生まれの人で81万3,700円です。子どもの扶養のための加算は、第１子と第２子が23万4,800円、第３子以降が７万8,300円（令和６年度の基準金額）です。子どもが18歳以上になった場合などの支給要件から外れた場合は、年金の受給権は消滅します。また、子が受給する場合は、１人の場合は本体部分（81万6,000円）のみ、２人以上の場合は人数に応じて加算部分が増額します。

　なお、支給される年金額は終始同様の金額というわけではなく、受取人の状況に応じて改定が行われます。たとえば、子のある妻が受給している場合は加算額の対象となる子の増減に応じて改定が行われます。子が生まれた場合は増額、加算対象の２人以上の受給権者がいる場合に１人を除く子の受給権利がなくなった場合は減額されます。

　一方、子自身が受給している場合は、同じく受給権利のある他の子の数に応じて増減改定が行われます。たとえば、行方がわからなくなっていた子の居所が判明した場合は増額となり、２人以上の受給権者がいる場合に１人を除く子の受給権利がなくなった場合は減額されます。

Q 生活に経済的な不安がなくても遺族年金の受給が認められるのでしょうか。また、父子家庭でも受給できるのでしょうか。

A 遺族年金を受給するためには、死亡した者の死亡日に関する要件や、保険料納付要件を満たす必要があります。それに加え、受給権者自身の経済力に関する要件も満たさなければなりません。

遺族基礎年金の場合、受給権者となり得るのは、死亡した者である被保険者（被保険者であった者）の配偶者または子どもです。受給権者自身の経済力が問われる理由は、遺族基礎年金が遺族の生活保障のために支給される年金であるためです。遺族自身が十分な収入を得ている場合、死亡した者が稼ぐはずであった収入に頼らなくても自身で生活することが可能になり、年金を受給する必要性がなくなります。遺族基礎年金の受給が可能な受給権者とは、具体的には、前年の年収が850万円（または所得が655万5,000円）未満である者です。一時的な所得がある場合には、それを除いた金額で、年収・所得要件に該当するかどうかを判断します。この要件を満たせば、死亡した者との生計維持関係が認められ、年金を受給することができます。また、これらの条件に該当しない場合であっても、近い将来、年収・所得要件に該当する事情（退職または廃業など）があるときには、生計維持関係が認められる場合もあります。

なお、当初の遺族基礎年金は、働き手である夫を失った家庭を支援するという目的で定められたため、もともとは妻と子のみが受給権者とされていました。しかし、現在は家庭環境の多様化に対応するため、受給権利を持つ対象者は、「子のある妻」または「子」から、「子のある配偶者（夫・妻）」または「子」に拡大されています。したがって、父子家庭であったとしても、他の条件が満たされている場合には、遺族基礎年金を受給することが可能です。

遺族基礎年金はどんな場合にもらえなくなるのか

配偶者と子がそれぞれ失権事由と支給停止事由に該当した場合はもらえない

● 遺族基礎年金を受給できなくなる場合

　遺族基礎年金を受給できなくなるのは、「失権」と「支給停止」になった場合です。**失権**とは、年金の受給権利を永久に失うことです。一方、**支給停止**とは、ある理由により年金の支給が止まっていることで、支給の停止理由が消滅すれば支給が再開されます。

　遺族基礎年金の場合、支給対象となるのは配偶者または子のみです。

　配偶者が年金受給権利を失権する場合は、①死亡、②自身の婚姻（事実上の婚姻関係の場合を含む）、③直系血族（自身の祖父母など）または直系姻族（配偶者の直系血族）以外の者の養子になった場合、④子が加算の対象に該当しなくなった場合です。

　一方、子が失権する場合は、①死亡、②自身の婚姻（事実上の婚姻関係の場合を含む）、③直系血族（自分の祖父母など）または直系姻族（配偶者の直系血族）以外の者の養子になった場合、④離縁によって、死亡した被保険者または被保険者であった者の子でなくなった場合、⑤18歳に達した日以後の最初の３月31日が終了した場合（一定障害がある場合を除く）、⑥障害等級１級または２級に該当する障害の状態にある子の該当事情がなくなった場合（18歳年度末までの者を除く）または、⑦20歳に達した場合です。

　なお、婚姻は失権事由のひとつですが、配偶者が結婚した場合でもその子は失権しません。また、配偶者つまりその子の親の結婚相手との養子縁組は直系姻族の養子になるため、養子になったときの失権事由にあたりません。

● 遺族基礎年金が支給停止となる場合とは

遺族基礎年金は、次の要件に該当した場合に支給停止されます。

① 労働基準法の規定による遺族補償が受けられる場合

仕事中に死亡した場合など、労働基準法による遺族補償が受けられる場合は、二重取りを防ぐため、死亡日から6年間は遺族基礎年金、遺族厚生年金ともに支給が停止されます。

② 子どもに生計を同じくする父母がいる場合

遺族基礎年金の支給については、配偶者も子も法的には同列に扱われています。ただし、子に親がいる場合は親のみに遺族基礎年金が支給されるため、その期間中は子への支給が停止されます。その後、親が死亡して子のみが残された場合などに子の支給停止が解除されて、子が年金を受け取ることになります。

■ 配偶者・子の遺族基礎年金失権事由

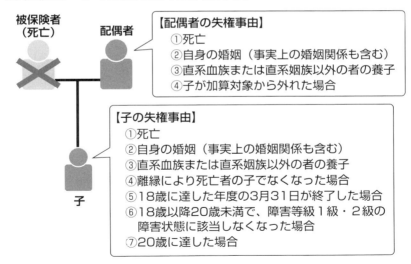

Q 遺族基礎年金を受け取りながら自分の老齢基礎年金を受給することもできるのでしょうか。二重取りはできないのでしょうか。

 年金は、加齢や障害、配偶者を失った場合の生活保障として定められているものです。そのため、受給については「一人一年金」が基本であり、1人あたり1つの事由による年金を受け取れるものとされています。したがって、遺族基礎年金を受け取っている者が高齢となり、老齢基礎年金の受給資格を得た場合は、両方を二重取りすることはできません。つまり、遺族として受け取るのか老齢として受け取るのかを選択することになります。

なお、他の制度による補償を受けることができる場合は、遺族基礎年金や他の制度による補償金の支払金額が調整されます。たとえば、労災事故により配偶者を失い、遺族基礎年金を受け取ることになったケースでは、同じ事由で「労働者災害補償保険法」による遺族補償年金を受け取ることができます。この場合は、遺族基礎年金が優先的に全額支払われ、遺族補償年金が支給調整されます。

また、老齢基礎年金を繰り上げて受け取っている場合に夫が死亡し、遺族厚生年金を受け取ることになったケースでは、受取人である妻が65歳未満である場合は老齢基礎年金、遺族厚生年金のどちらかを選んで受け取ります。また、妻が65歳を迎えている場合は例外として老齢基礎年金・遺族厚生年金を併給して受け取ることが可能になります。

その他、第三者行為事故にまつわる年金も支給が調整されます。第三者行為事故とは、自動車や鉄道、労働災害による事故のことです。自損事故や自殺などの場合も手続きの上では第三者行為として届出をすることに注意が必要です。この場合は、補償として支払われる損害賠償金が遺族年金との間で調整され、遺族年金が最大3年間停止されるケースがあります。

寡婦年金について知っておこう

結婚期間が10年以上の妻が受給することができる

● 寡婦年金とは

　会社員が死亡したとき、その人に生計を維持されていた配偶者は、遺族基礎年金をもらえる子どもがいなくても、遺族厚生年金を受給することができます。しかし、自営業者が死亡したときは、その配偶者は、遺族厚生年金を受給できないのはもちろんのこと、遺族基礎年金についても、条件に該当する子どもがいなければ受給することができません。これでは、これまで本人がコツコツと納めてきた国民年金保険料がムダになってしまうことになります。

　そこで、このような不公平を起こさないために、寡婦年金や死亡一時金という制度が設けられています。ここでは寡婦年金の制度について具体的に説明していきます。

● どんな場合に受け取れるのか

　寡婦年金は、国民年金の第1号被保険者の保険料納付済期間と保険料免除期間が、合計して10年以上ある夫(障害基礎年金、老齢基礎年金の支給を受けていない人に限ります)に先立たれてしまった場合に、生計を維持されていた妻(65歳未満)に支給される年金です。ただし、結婚期間は10年以上継続していることが必要です。なお、この期間は内縁関係であってもかまいません。

　この要件に該当する場合、妻が60歳から65歳になるまでの間、寡婦年金が支給されます。支給される年金額は、亡くなった夫が65歳に達したと仮定したときに、もらえただろうと考えられる老齢基礎年金の4分の3に相当する金額です。

第5章　遺族年金のしくみと請求手続き　191

寡婦年金は、夫が死亡した月の翌月（妻が60歳未満の場合は妻が60歳に達した月の翌月）から、妻が65歳に達するまでの間、支給されます。ただし、妻が死亡したときや、再婚をしたとき、繰上げによる老齢基礎年金を受給したときなどには、寡婦年金を受給することができなくなりますので、注意が必要です。

◉ 支給停止や支給調整される場合

　寡婦年金の支給要件が全て揃っている場合であっても、他の制度による補償を受けられるような場合には、その間支給が停止されたり調整されたりする場合があるので、注意しましょう。

　たとえば、同一の死亡事由によって、労働基準法から遺族補償が行われるときには、死亡日から6年間、寡婦年金の支給が停止されます。また、同一の死亡事由によって、労働者災害補償保険法の遺族補償年金を受給できるときには、寡婦年金は全額支給されますが、労働者災害補償保険法の遺族補償年金は金額が減額されて支給されることになります。

■ 寡婦年金が支給される要件 ·····································

第1号被保険者の夫が死亡

夫死亡時妻は**65歳未満**

第1号被保険者として、保険料納付済期間と
保険料免除期間の合計が **10年以上** ある

カラ期間は使えない

婚姻関係が **10年以上** 継続していた

内縁関係でもよい

老齢基礎年金を受けていない
障害基礎年金を受けていない

夫死亡時60歳未満のときは
60歳まで支給停止

妻 **60歳から65歳** になるまで
夫が受けられたであろう
老齢基礎年金の4分の3の額が
寡婦年金 として支給される

死亡一時金ももらえるときは、
どちらかを選択する

死亡一時金について知っておこう

3年以上の保険料納付期間があれば遺族に支給される

● 死亡一時金とは

　第1号被保険者としての被保険者期間があるにもかかわらず、老齢基礎年金も障害基礎年金も受給することなく死亡してしまう場合があります。このとき、遺族基礎年金の支給の要件に該当する遺族がいればよいのですが、そのような遺族もいない場合には、これまでの国民年金の納付がムダになってしまいます。そこで、このようなときに遺族が受け取ることのできるのが死亡一時金です。年金形式ではなく、一時金として支給される点に特徴があります。

● どんな場合に受け取れるのか

　支給を受けるには、国民年金の第1号被保険者として保険料を納付した期間が3年（36か月）以上である必要があります。この期間を計算する際には、保険料4分の1免除期間は4分の3、保険料半額免除期間は2分の1、保険料4分の3免除期間は4分の1に相当する月数に数字を置き換えて、合計の期間を計算することになります。

　支給を受けられるのは、本人が死亡した当時、生計を同一にしていた遺族であり、①配偶者、②子、③父母、④孫、⑤祖父母、⑥兄弟姉妹に限られます。なお、①～⑥に該当する人が複数いる場合には、数字が早い方が優先されます。たとえば、死亡した人に配偶者と子どもがいる場合には、死亡一時金は配偶者に支給されることになります。

● どのくらいもらえるのか

　死亡一時金の支給額は、保険料納付済の期間に応じて異なります。

たとえば、保険料納付済期間が36月以上180月未満の場合は12万円、180か月以上240か月未満の場合は14万5,000円、というように、保険料納付済期間が多くなるほど、支給額も増額するというしくみになっています。なお、36か月以上、付加保険料を納付している場合には、8,500円が加算されて支給されます。

● 支給調整される場合はあるのか

　死亡一時金と寡婦年金の要件を同時に満たしている場合であっても、両方の支給を受けることはできません。自分でどちらかを選択して受け取る必要があります。

　どちらを選択するかは、実際の自分の置かれた立場を考えて慎重に選ぶ必要があります。たとえば、妻がまだ60歳になっていない場合には、寡婦年金の方が有利だといえるでしょう。しかし、夫が死亡した時の妻の年齢が65歳に近いような場合には、死亡一時金の方が有利になります。

■ 死亡一時金が支給される要件 ……………………………………

第1号被保険者として、
保険料を**3年以上**納めた

老齢基礎年金を受けていない
障害基礎年金を受けていない
遺族基礎年金を受給できる遺族がいない

遺族の優先順位に応じて
死亡一時金が支給される

寡婦年金も受けられるときは、
どちらかの選択となる

死亡一時金の優先順位

1位	配偶者
2位	子
3位	父母
4位	孫
5位	祖父母
6位	兄弟姉妹

死亡した者と生計を
同じにしていた者に限る

死亡一時金の金額

保険料納付済期間	死亡一時金の額
36か月以上180か月未満	120,000円
180か月以上240か月未満	145,000円
240か月以上300か月未満	170,000円
300か月以上360か月未満	220,000円
360か月以上420か月未満	270,000円
420か月以上	320,000円

遺族厚生年金のしくみについて知っておこう

支給対象者の範囲が遺族基礎年金と比べ拡大されている

● 遺族厚生年金とは

　遺族厚生年金の場合、遺族基礎年金と受給基準がやや異なり、受取人の範囲が広くなっています。したがって、障害年金の場合と同様に、遺族基礎年金を受給できないケースでも遺族厚生年金を受給できることがあります。

　遺族厚生年金の支給要件は、①死亡した者が一定要件を満たす、②遺族が一定の範囲に該当する者、であることが必要です。つまり、死亡した者、遺族ともに要件を満たさなければ、遺族厚生年金を受け取ることはできません。

● 死亡したのがいつか

　遺族年金を受給するためには、死亡した人が図（197ページ）の要件1を満たしていなければなりません。

　遺族厚生年金の場合、死亡した者が①厚生年金の加入期間中である、②厚生年金に加入している期間に初診日のある傷病により、初診日から5年以内に死亡した場合、③1・2級に該当する障害厚生年金を受給中である、④老齢厚生年金を受給中、もしくは資格期間を満たしている、という4つの要件のうち1つ以上を満たしている必要があります。

　遺族厚生年金の死亡した者要件のうち、①～③の要件を短期要件、④の要件を長期要件といいます。なお、短期要件に該当する場合は後述の保険料納付要件を満たしている場合に受給できます。一方、長期要件の場合は、保険料納付済期間、保険料免除期間および合算対象期間を合算した期間が25年以上ある場合に受給できます。

第5章　遺族年金のしくみと請求手続き　**195**

死亡した者の死亡日にまつわる要件が短期要件か長期要件のいずれに該当するかに応じて、年金額が変わることが特徴です。

短期要件・長期要件で異なる点としては、加入期間の長さの扱い方です。短期要件の場合は、300月分の期間が最低保証期間として定められています。そのため、加入期間が300月に満たない場合でも、300月とみなされた上で年金額の計算が行われます。

一方、長期要件の場合、短期要件のような最低保証期間が設けられていないため、加入期間は実態に基づいた数字となります。したがって、加入期間が1年に満たない短期間の場合は、その短期間を用いて年金額の計算が行われます。

短期要件・長期要件のいずれにも該当する場合は、原則は短期要件での受給が優先されます。したがって、長期要件を選択する場合以外は短期要件として扱われます。

● 一定の遺族がいること

遺族厚生年金が支給される遺族の範囲は、遺族基礎年金よりも広範囲です（図参照）。遺族は死亡した者との関係によって順位がつけられており、まず最優先されるのが配偶者と子です。配偶者のうち、妻には年齢要件は設けられていませんが、夫には妻が死亡したときに55歳以上という年齢要件があります。また、夫は60歳から受給開始となりますが、遺族基礎年金を受給中の場合に限って55歳から遺族厚生年金も受給することができます。

なお、夫についての受給要件については、法改正の可能性があります（235ページ以降）。

また、子にも養育支援が必要となる年齢としての年齢要件が設けられており、18歳未満（18歳に到達する年度の末日を経過していない状態である）、もしくは障害年金における障害等級1、2級に該当する20歳未満という内容となっています。その次に位置付けられるのは、

父母です。父母には55歳以上という年齢要件が設けられており、実際に支給を受けることができるのは60歳に達して以降となります。父母

■ 遺族給付を受給するための要件 ……………………………………

要件1

	遺族基礎年金	遺族厚生年金
死亡したのがいつか	・国民年金に加入中 ・元加入者で60歳以上65歳未満で日本在住 ・老齢基礎年金受給権者※ ・老齢基礎年金の受給資格期間を満たした人※	・厚生年金に加入中 ・厚生年金に加入中に初診日があった傷病が原因で初診日から5年以内に死亡 ・1・2級の障害厚生年金を受け取っている人 ・老齢厚生年金受給権者※ ・老齢厚生年金の受給資格期間を満たした人※

※保険料納付済期間と保険料免除期間、合算対象期間及び合算対象期間を合算した期間が25年以上である者に限る

要件2

	遺族基礎年金		遺族厚生年金		
	※子または子のある配偶者のみ	死亡当時の年齢	※遺族厚生年金には優先順位がある		死亡当時の年齢
遺族の範囲 （生計維持関係にあること）	子のいる配偶者	18歳未満の子のいる配偶者	1位	配偶者	（妻の場合） 年齢は問わない （夫の場合） 55歳以上
	子	18歳未満		子	18歳未満
			2位	父母	55歳以上
			3位	孫	18歳未満
			4位	祖父母	55歳以上

（年収850万円未満であること）

※表中の「18歳未満」は18歳に達して最初の3月末日までをいう。また20歳未満で1・2級の障害の子も含む
※表中の「55歳以上」は55歳から59歳までは支給停止。60歳からの受給となる

要件3

	遺族基礎年金・遺族厚生年金とも
死亡した者が保険料納付要件を満たしているか （障害給付の要件と同じ）	・死亡日の前日において、死亡日が含まれる月の前々月までの被保険者期間のうち、保険料納付済期間と保険料免除期間の合計が3分の2以上あること ・令和8年3月31日までは、死亡日の月の前々月までの1年間に滞納がないこと（65歳未満に限る）

※老齢年金受給権者、受給資格期間を満たしていた人、障害年金受給者の死亡の場合は上記要件は問わない

第5章　遺族年金のしくみと請求手続き　197

に次ぐものとしては、孫が挙げられます。孫が受給できるのは、配偶者や子、父母がいない場合に限られます。そして、順位の最後に位置する者は、祖父母です。祖父母にも55歳以上という年齢要件があり、配偶者や子、父母、孫がいないケースに限られます。

　遺族厚生年金は、前述のように決められた優先順位の最先順位の人にだけ支給され、上位の権利者が受給した場合は、下位の権利者は受給権が消滅します。なお、遺族基礎年金の支給を受けている「子のいる配偶者」と「子」の場合は、遺族厚生年金もあわせて受給することができます。

● きちんと保険料を納めていること

　遺族厚生年金にも、遺族基礎年金のように保険料納付要件が設けられています。つまり、死亡した人が生前にきちんと保険料を納めていないと、遺族は遺族年金を受け取れないことになります。

　要件の内容は、死亡日の前日において、死亡日の月の前々月までの保険料を納めるべき期間のうち、保険料納付済期間と保険料免除期間の合計が3分の2以上あることです。ただし、障害等級1、2級の障害厚生年金の受給者の場合は、遺族厚生年金の納付要件を満たしているものとして扱われます。

　また、令和8年3月31日までは、特例の暫定措置として、死亡日の月の前々月までの1年間に滞納がなければ受給することができます。これは、年金加入が義務化されておらず、加入期間が要件に満たない人を救済するための措置となっています。

● さまざまな特例や経過措置がある

　遺族厚生年金には、さまざまな特例措置が設けられています。たとえば、遺族厚生年金を受給するには保険料納付要件を満たす必要がありますが、中には年金の切り替えの届出が遅れてしまい、その期間が

未納として扱われ、要件を満たすことができない場合があります。

　このような場合に備え、「特定期間」の手続きを行うことが認められています。未納のままであった期間を特定期間として申し出ることで、その期間が受給資格期間としてみなされることになります。

　ただし、特定期間の効力はあくまでも「申し出を行った届出日」に有効となります。したがって、死亡日を過ぎた状態で特定期間の届出を行った場合は、その期間を遺族厚生年金の受給資格期間として含めることはできないため注意が必要です。

　また、死亡後に過去の年金切り替えの不備が判明した場合などは、期間に満たないとして遺族厚生年金を受け取ることができないケースがあります。このようなケースに備え、①死亡日が平成25年6月26日から平成30年3月末までの期間であり、死亡日を過ぎてから手続きの不備が判明し、訂正した場合、②死亡日が平成25年6月26日から平成25年9月末までの期間であり、死亡日前に手続きの不備が判明し、訂正した場合のいずれかに該当すれば、死亡日を過ぎた状態で特定期間の届出を行った場合でも、特定期間が有効となる時期が死亡日の前日と扱われます。

　また、遺族厚生年金には、経過的寡婦加算という経過措置も設けられています。具体的には、遺族厚生年金を受給している妻が、自身の老齢厚生年金を受け取る時期となる65歳に達した際に、これまでの期間に受けていた中高齢寡婦加算額の代わりに受け取ることができるものです。

　年金加入が義務化されていなかった時期には加入が任意となっていた第3号被保険者である妻の場合、未加入期間の影響で老齢基礎年金の額が低額となる恐れがあります。

　このように、65歳前と以後で生活保障のための年金額が変わるという事態を避けるため、経過的寡婦加算という制度が定められました。この経過措置の対象となるのは、昭和31年4月1日以前に生まれた遺族厚生年金の受給権者となる妻です。

第5章　遺族年金のしくみと請求手続き　**199**

遺族厚生年金はどのくらいもらえるのか

年金額は死亡者が生存時に支払った給料に比例する

● 遺族厚生年金の年金額

　定額の遺族基礎年金に比べ、遺族厚生年金の額は報酬比例というしくみをとり、死亡した者が支払った保険料が多いほど遺族厚生年金の金額も多くなります。計算式は原則として死亡した者が生存時に受け取るはずであった老齢厚生年金額（報酬比例部分）× 4分の3です。

　ただし、この報酬比例部分については、遺族厚生年金の死亡者要件が短期要件か長期要件のいずれに該当するかで計算方法が異なります。

　たとえば、死亡した夫が、①厚生年金の被保険者（現役の会社員）、②厚生年金の被保険者であった者で、被保険者期間中に初診日のある傷病で初診日から5年以内に死亡した、③障害等級1級または2級の障害厚生年金を受けとっていた、という短期要件に該当した場合には、加入月数が1か月以上あれば、加入月数を300か月（25年）あったとみなして計算します。短期要件は、死亡者の年金加入期間が25年に満たない場合を対象とした要件であるため、計算時には最低保証である25年を満たしたものとして扱われます。

　一方、夫が老齢厚生年金の受給中、もしくは老齢厚生年金の受給資格を得た後に死亡した場合、という「長期要件」に該当した場合には、夫が加入していた期間の実期間をもとに年金額を計算します。長期要件は、もともと受給資格期間が25年以上必要だった（現在は10年以上）老齢基礎年金の受給資格者を対象としているため、最低保証がなく、実際の期間で算出されるしくみをとっています。

　また、報酬比例部分の計算式は被保険者期間の時期に応じて異なり、計算式が異なるボーダーラインである時期は平成15年4月となります。

具体的には、平成15年3月末までの時期は「平均標準報酬月額×7.125／1000×被保険者期間数」、平成15年4月以降の時期は「平均標準報酬額×5.481／1000×被保険者期間数」で求められます。実際の報酬比例部分は、上記の式で算出された金額の合算となります。

● 遺族厚生年金額が改定されることもある

遺族厚生年金は、受取人の状況に応じて改定が行われます。たとえば、中高齢寡婦加算をあわせて受給している40〜65歳未満の妻が死亡し、受給権利が他の者に移った場合は、中高齢寡婦加算額が差し引かれた額となります。また、経過的寡婦加算を受給している者より別の者へ受給権利が移った場合も同様で、経過的寡婦加算額は差し引かれることになります。

■ 遺族基礎年金と遺族厚生年金の受給金額

8 遺族厚生年金に行われる加算について知っておこう

やむを得ぬ事情で年金を受け取れない者を救済するための加算である

● 中高齢寡婦加算とはどんな加算か

　第3号被保険者である会社員の妻が、夫が死亡した時点で40歳以上65歳未満の場合、子がいないと遺族基礎年金は給付されませんが、遺族厚生年金に加算給付があります。これを中高齢寡婦加算といいます。老齢年金を受け取る前の時期に夫に先立たれた場合、残された妻の生活が困窮するおそれが見られるため、定められました。

　年金制度には遺族基礎年金と遺族厚生年金がありますが、そもそも子のいない妻は遺族基礎年金の支給要件から外れているため、年金を受け取ることができません。子がいる場合でも、子に年齢要件が設けられているため、子が18歳となる年度末を超えている場合は、遺族基礎年金を受け取ることができません。そして、遺族基礎年金は、例として子1人をもつ妻の場合は年間100万円前後の金額が支給されるため、遺族基礎年金が受け取れるかどうかでかなりの差が生じます。

　つまり、このように遺族基礎年金が受給できない40歳以上65歳未満で生計を同じにする子がいない妻を救うために中高齢寡婦加算制度が設けられています。具体的な加算額は、61万2,000円（令和6年度の基準）です。ただし、厚生年金保険の被保険者期間が20年に満たない状態で老齢厚生年金を受けていた（または受給資格期間を満たしていた）夫の死亡による遺族厚生年金には、加算額は支給されません。

　また、40歳になった当時、子がいるため遺族基礎年金を受けていた妻が40歳以降に子が18歳になった年度の3月31日に達した（子が障害状態の場合は20歳）ため遺族基礎年金を受給できなくなった場合にも、受給できなくなった日以後65歳になるまで中高齢寡婦加算を受給する

ことができます。

なお、遺族基礎年金の支給対象者は妻に限られず夫も対象ですが、中高齢寡婦加算は夫に先立たれた「妻」のみが対象となる点に注意が必要になります。

● 経過的寡婦加算について

遺族厚生年金には、経過的寡婦加算という加算制度もあります。具体的には、死亡した夫の遺族厚生年金を受給している妻が65歳になった際に、65歳になるまでの間に受けていた中高齢寡婦加算額の代わりに受け取ることができる加算額のことです。

中高齢寡婦加算の代わりという役割から、経過的寡婦加算の対象者はこれまで中高齢寡婦加算を受けていた遺族厚生年金の受給権利を持つ妻になります（妻が65歳以降に遺族厚生年金の受給権利を持った場合はその時から加算）。

■ 子のいる妻の場合と子のいない妻の場合

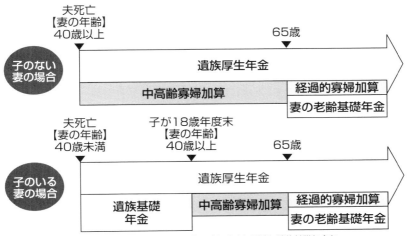

※子がいる妻は、40歳以降に子が18歳年度末に到達し遺族基礎年金を受給できなくなってから中高齢の寡婦加算を受給する

第5章　遺族年金のしくみと請求手続き　203

中高齢寡婦加算を受給している妻は、65歳になると自身の老齢基礎年金の支給が開始されるため、それまで支給されていた中高齢寡婦加算の受給権が消滅します。しかし、昭和31年4月1日以前生まれの妻については、中高齢寡婦加算にかえて経過的寡婦加算が支給されます。このような年齢要件が設けられている背景には、任意加入が認められていた時代に保険料を支払っていなかった妻の受け取る老齢年金額が低額となってしまうことがあります。年金額が少ないことで妻の生活が困窮する状態を防ぐため、経過的寡婦加算の制度が定められました。

　なお、具体的な加算額は、妻の生年月日によって決定されます。昭和2年4月1日までに生まれた人は61万300円受給できますが、一定の年齢ごとに減額し、昭和31年4月2日以降生まれの人は0円となります。

■ 生年月日で違う経過的寡婦加算の額 ································

令和6年度支給額

生年月日	加算額	生年月日	加算額
〜 昭 2.4.1	610,300	昭17.4.2 〜 昭18.4.1	284,820
昭 2.4.2 〜 昭 3.4.1	579,004	昭18.4.2 〜 昭19.4.1	264,477
昭 3.4.2 〜 昭 4.4.1	550,026	昭19.4.2 〜 昭20.4.1	244,135
昭 4.4.2 〜 昭 5.4.1	523,118	昭20.4.2 〜 昭21.4.1	223,792
昭 5.4.2 〜 昭 6.4.1	498,066	昭21.4.2 〜 昭22.4.1	203,450
昭 6.4.2 〜 昭 7.4.1	474,683	昭22.4.2 〜 昭23.4.1	183,107
昭 7.4.2 〜 昭 8.4.1	452,810	昭23.4.2 〜 昭24.4.1	162,765
昭 8.4.2 〜 昭 9.4.1	432,303	昭24.4.2 〜 昭25.4.1	142,422
昭 9.4.2 〜 昭10.4.1	413,039	昭25.4.2 〜 昭26.4.1	122,080
昭10.4.2 〜 昭11.4.1	394,909	昭26.4.2 〜 昭27.4.1	101,737
昭11.4.2 〜 昭12.4.1	377,814	昭27.4.2 〜 昭28.4.1	81,395
昭12.4.2 〜 昭13.4.1	361,669	昭28.4.2 〜 昭29.4.1	61,052
昭13.4.2 〜 昭14.4.1	346,397	昭29.4.2 〜 昭30.4.1	40,710
昭14.4.2 〜 昭15.4.1	331,929	昭30.4.2 〜 昭31.4.1	20,367
昭15.4.2 〜 昭16.4.1	318,203	昭31.4.2 〜	−
昭16.4.2 〜 昭17.4.1	305,162		

9 本人が行方不明のときの取扱いについて知っておこう

死亡の推定や失踪宣告の制度を利用できる

● 本人の行方がわからない時は請求できないのか

　遺族年金は、本人が死亡したときに、遺族に一定額が支給されるという制度です。しかし、実際は、事故や災害などが原因となり、本人の行方がわからない（遺体が見つからず、死亡しているという証拠がない）というケースが少なくありません。このような場合に、遺族年金の請求が一切できないとなると、遺族の生活を保障するという機能が果たせなくなってしまいます。

　そこで、国民年金法や厚生年金保険法には、死亡の推定という規定が置かれており、行方不明の場合であっても、早期に遺族保障を行うことのできる体制を整えています。

● 死亡の推定を受けることができる

　国民年金法（18条の3）や厚生年金保険法（59条の2）に定められている「死亡の推定」は、船舶や航空機の事故に巻き込まれてしまった場合に適用されます。乗っていた人の生死が3か月間わからない場合や、3か月以内に死亡したことは間違いないが、死亡した日時がはっきりしないという場合に、とりあえず事故の発生した日に死亡したものと判断して、遺族年金の支給を開始するという制度です。

　たとえば、令和6年11月1日に乗っていた船舶の行方がわからなくなったという場合には、事故の発生した日から3か月が経過した令和7年2月1日に死亡の推定の効力が生じ、遺族年金の請求をすることができるようになります。ただし、死亡したものと推定される日は事故の発生した日ですので、受給に必要な保険料納付要件や生計維持要

件については、令和6年11月1日を基準として判断されることになります。

● 民法の失踪宣告による場合

　船舶や航空機の事故以外の理由によって、行方不明になっている場合には、「死亡の推定」の適用がありませんので、民法（30条）の失踪宣告の規定に従って、請求をすることになります。失踪宣告には、①普通失踪と②特別（危難）失踪の2種類があります。普通失踪は、単に行方不明になっている場合に利用するもので、特別（危難）失踪は、事件・事故、災害などに巻き込まれて行方不明になっている場合に利用する制度です。それぞれ死亡したものとみなされる日が違うので、注意が必要です。

　まず、①の普通失踪の場合、行方不明になった日から7年が経過した日に死亡したものとみなされます。たとえば、平成29年11月1日に行方不明になった場合は、令和6年11月1日に死亡したものとみなされます。遺族年金を受け取るための要件（身分関係、年齢、障害など）については、令和6年11月1日を基準に判断されることになります。ただし、保険料納付要件や生計維持関係については、行方不明になった平成29年11月1日が基準になります。

　次に、②の特別（危難）失踪については、危難（事件・事故、災害など）が去った後1年が経過したときから失踪宣告をすることができます。ただし、死亡したとみなされる日は「危難が去った時」である点に注意する必要があります。

　なお、これらの失踪宣告の制度を利用して、遺族年金の支給を受ける場合には、その請求をする前に、家庭裁判所に対して失踪宣告の申立てを行い、失踪宣告を受けておく必要があります。前述した死亡の推定の制度を利用する場合（船舶・航空機事故の場合）には、死亡したことの蓋然性が高いため、失踪宣告を受ける必要はありません。

遺族厚生年金はどんな場合にもらえなくなるのか

支給対象者がそれぞれ失権事由と支給停止事由に該当した場合はもらえない

● 遺族厚生年金が支給停止となる場合とは

　遺族厚生年金の場合も、国民年金の遺族基礎年金と同じく、失権または支給停止になった場合は受給できません。

　遺族厚生年金の支給対象者は、死亡した被保険者（被保険者であった者）の配偶者、子、父母、孫、祖父母ですが、対象者によって失権事由が異なります。

　配偶者が失権する場合は、①死亡、②婚姻（事実上の婚姻関係を含む）、③直系血族および直系姻族以外の者の養子（事実上の養子縁組を含む）になった場合、④遺族基礎年金の受給権のない妻が遺族厚生年金を受給して5年を経過した場合、⑤遺族基礎年金の受給権がある場合に、30歳になる前に遺族基礎年金の受給権が消滅（子のない妻になった）から5年を経過した場合、などがあります。ただし④と⑤については、子のない30歳未満の妻限定での失権事由で、平成19年4月以降に受給権が発生した遺族厚生年金の場合に限ります。

　子または孫が失権する場合は、①死亡、②婚姻（事実上の婚姻関係を含む）、③直系血族および直系姻族以外の者の養子（事実上の養子縁組を含む）になった場合、④離縁によって死亡した被保険者または被保険者であった者との親族関係が終了した場合、⑤18歳に達した日以後の最初の3月31日が終了した場合（障害等級1級・2級に該当する障害の状態にあるときは20歳に到達した場合）、⑥18歳となった年度の3月31日から20歳未満で障害等級1級・2級の障害状態に該当しなくなった場合です。なお、孫の場合は、被保険者の死亡時に胎児だった子が生まれた場合も失権事由になります。

第5章　遺族年金のしくみと請求手続き　207

父母または祖父母が失権する場合は、①死亡、②婚姻（事実上の婚姻関係を含む）、③直系血族および直系姻族以外の者の養子（事実上の養子縁組を含む）になった場合、④離縁によって死亡した被保険者または被保険者であった者との親族関係が終了した場合、⑤被保険者の死亡時に胎児だった子が生まれた場合、などがあります。

　妻が再婚した場合、その妻は遺族厚生年金の受給権を失権するものの、その子までもが失権するわけではありません。また、その子が再婚した妻の夫と養子縁組をした場合でも、直系姻族の養子扱いになるため、子が失権をすることはありません。なお、遺族厚生年金が支給停止になる事由については、下図のとおりです。

　なお、遺族年金の受給要件については、法改正の可能性があります（235ページ以降）。

■ 遺族厚生年金の支給停止事由 ···

	ケース	摘　要
①	労基法の遺族補償が行われるとき	６年間
②	夫、父母、祖父母が55歳以上60歳未満のとき	
③	子、妻、夫に対する遺族厚生年金が右のいずれかに該当するとき	・子の停止…妻または夫に遺族厚生年金の受給権がある間 ・妻の停止…子のみが遺族基礎年金の受給権がある間 ・夫の停止…子のみが遺族基礎年金の受給権がある間

遺族厚生年金の支給調整について知っておこう

さまざまな状況によって遺族年金が支給停止や減額される

● 労災給付を同時に受給できるときはどうなるのか

　遺族厚生年金は、厚生年金の加入者が死亡した際に遺族の生活を保障するために受け取ることができるものです。しかし、死亡時の状況は人それぞれであり、中には仕事中や通勤中に死亡した場合など、労災事故に該当する場合があります。労災事故に該当した際には、労働者災害補償保険法が適用され、労災給付である遺族補償が行われます。この場合、家族の死亡により同じく受給することが可能な遺族基礎年金や遺族厚生年金との併給調整が行われます。

　具体的には、遺族基礎年金や遺族厚生年金が優先的に全額支給され、労災給付は支給が調整されます。遺族基礎年金・遺族厚生年金をともに受け取ることができる場合は80％、遺族基礎年金のみ受給できる場合は88％、遺族厚生年金のみ受給できる場合は84％に労災給付の支給率が調整され、支払われることになります。

● 損害賠償請求できる場合はどうなるのか

　死亡の状況によっては、加害者に対する損害賠償請求が可能なケースがあります。たとえば、自動車やバイク、自転車などによる交通事故や鉄道事故、飛行機事故、船舶事故などで死亡した場合などは、遺族に支給される遺族基礎年金や遺族厚生年金は損害賠償請求額の限度内で、事故発生日から起算して最大３年間保険の給付が停止されます。

　なお、損害賠償請求が適用されるケースには、殺人事件や傷害事件による場合も含まれます。

第５章　遺族年金のしくみと請求手続き

● 故意に被保険者を死亡させた場合は対象となるのか

遺族年金は、故意に被保険者などを死亡させた場合には支給されません。また、遺族年金を受給していた先順位の者を故意に死亡させた場合にも同様です。

被保険者であった者が、自己の故意の犯罪行為、重大な過失、正当な理由なく療養に関する指示に従わないことにより死亡した場合には、年金の全部もしくは一部が支給されないこともあります。

なお、自殺については、なんらかの精神異常があって引き起こされると考えられるため上記のケースに当てはまらないと考えられています。

● 老齢年金と同時に受給することはできるのか

年金制度には、年金の併給は「同一事由」に限るという原則があります。生活を保障するために支払われるものであるため、複数の理由を根拠に同一の人に支払われすぎないようにすることが理由です。

つまり、同時に受給することができるのは、同じ「老齢」を目的とした、老齢基礎年金と老齢厚生年金、または「被保険者の死亡」を目的とした遺族基礎年金と遺族厚生年金、というような場合に限定されます。

しかし、この原則を適用した場合、配偶者の遺族厚生年金をもらっているという理由で、保険料を支払ったことで権利を得た自身の老齢年金は受け取れなくなるという不平等な事態が発生します。

そこで、老齢厚生年金の受給権利をもつ65歳以上の遺族厚生年金の受給者には、次のような併給の措置という特例が設けられることになりました。

① 老齢基礎年金と遺族厚生年金は併給できます。

② 遺族厚生年金が自身の老齢厚生年金より年金額が高い場合は、その差額が支払われます。ただし、昭和17年4月1日以前生まれで、すでに遺族厚生年金を受ける権利のある配偶者は、ⓐ老齢基礎年金と老齢厚生年金の併給、ⓑ老齢基礎年金と遺族厚生年金の併給、ⓒ

老齢基礎年金と老齢厚生年金の2分の1と遺族厚生年金の3分の2の併給、のいずれかを選択することになります。

③　障害基礎年金を受けられる時は、ⓐ老齢基礎年金と老齢厚生年金の併給、ⓑ障害基礎年金と障害厚生年金の併給（障害厚生年金を受給できる場合）、ⓒ老齢基礎年金と老齢厚生年金の併給、のいずれかを選択することになります。

④　昭和61年改正前の旧厚生年金保険の遺族年金を受けている場合は、ⓐ老齢基礎年金と老齢厚生年金の併給、ⓑ障害基礎年金と旧厚生年金の遺族年金の併給、のいずれかを選択することになります。

なお、老齢年金・遺族厚生年金双方の受給権をもつ者が65歳に満たない場合は、原則通り一人一年金制度が適用されるため、老齢年金と遺族厚生年金のいずれかを受け取るかを選択しなければならない点に注意が必要です。

● 失業して基本手当を受給できる場合どうなるのか

雇用保険に加入していた者が、失業状態となった場合、失業給付が支給されます。失業給付を受けている場合、老齢年金との支給調整が行われます。具体的には、60歳代の前半に受け取ることができる老齢厚生年金は、基本手当を受けている間は全額が支給停止されます。

しかし、障害年金や遺族年金の場合は、基本手当を受け取っている場合でも支給停止されず、全額が支払われるという特徴があります。本来であれば、60歳代前半に受け取る老齢厚生年金の金額が遺族年金より高額となる場合、老齢厚生年金を選択するのが原則です。しかし、失業したことで基本手当を受け取っている場合は、遺族年金を受け取る方が、最終的に受給できる額の合計が高くなる可能性があるため、年金の選択には十分な検討を行うことが有効です。

第５章　遺族年金のしくみと請求手続き　**211**

国民年金基金や厚生年金基金の遺族一時金の支給について知っておこう

国民年金・厚生年金保険を補うために上乗せ支給される一時金である

● 国民年金基金の遺族一時金はどんな場合に支給されるのか

　国民年金基金とは、厚生年金保険に加入していない国民年金の加入者に対する年金の上乗せ給付を行うために設置されています。国民年金には厚生年金保険のような上乗せ制度がないため、厚生年金保険の加入者との間で将来受け取ることができる年金額の格差を生じさせないために設けられました。国民年金基金には、地域型と職能型の2種類がありましたが、平成31年（2019年）4月1日に全国47都道府県の地域型国民年金基金と22の職能型国民年金基金が合併し、全国国民年金基金になりました。現在は全国国民年金基金と職能型国民年金基金の2種類で、職能型には、歯科医師、司法書士、弁護士の3つの基金があります。給付には、老齢年金と遺族一時金があります。

　また、基金に支払う掛金は、口数ごとに自身で決めることができます。給付型、加入する時の年齢、性別によって異なり、上限額が月あたり68,000円と定められています。加入対象者は、国民年金の第1号被保険者のみです。具体的には、国内に住む20～60歳未満の自営業を営む者やその家族、60～65歳未満の任意加入被保険者、学生、フリーランスの者などが挙げられます。ただし、国民年金の保険料を免除されている者は加入することができません。

　所得補償として行われる給付として、老齢年金は、65歳以降に老齢基礎年金に上乗せして支給されます。支払期間は、終身年金（A型またはB型）のみの加入の場合は終身、または、終身に加えて確定年金（Ⅰ～Ⅴ型）にも加入している場合は、確定年金の選択内容に応じて5～15年間となります。

遺族一時金は、保証期間のある終身年金Ａ型に加え、確定年金Ⅰ型、Ⅱ型、Ⅲ型、Ⅳ型、Ⅴ型への加入者が年金受け取り前もしくは保証期間中に死亡した場合に支払いが行われます。受取人は死亡した者と生計を同じくしていた遺族（①配偶者、②子、③父母、④孫、⑤祖父母、⑥兄弟姉妹）です。

なお、加入期間が15年に満たない状態で60歳未満の者が国民年金基金を脱退した場合は、国民年金基金連合会より遺族一時金が支払われます。

● 厚生年金基金・企業年金の遺族給付金はどんな場合に支給されるのか

厚生年金基金とは、厚生年金保険の加入者に対して年金の上乗せ支給を行うために設置されています（現在は基金のほとんどが解散や代行返上などにより企業年金へと移行しており、令和６年８月時点での厚生年金基金の数は４基金）。企業年金には、確定給付企業年金と確定拠出年金（企業型）があります。

年金制度を階数により表現すると、１階部分が国民年金、２階部分が厚生年金となり、厚生年金基金または企業年金は３階部分となります。

遺族給付金制度（遺族年金・遺族一時金・死亡一時金）は、一定要件に該当する者が死亡した場合に給付が行われます。給付要件は各企業ごとに異なりますが、以下のような場合があります。

①　企業年金（厚生年金基金）への加入期間が一定期間以上である場合（年齢要件を設けている場合もあり）

②　脱退一時金の受給権利を持つ者が、支給を繰り下げていた場合（加入年数要件を設けている場合もあり）

③　年金の受給権利を持つ者が、支給開始されてから一定期間で死亡した場合など

なお、遺族給付金を受け取る権利があるのは、死亡した者の配偶者・子・父母・孫・祖父母・兄弟姉妹、生計維持されたその他親族等になります。

第５章　遺族年金のしくみと請求手続き　213

Q 遺族厚生年金の受給者である妻が死亡した場合、受給権はなくなってしまうのでしょうか。

A 年金には、未支給年金という制度があります。年金を受け取っている者が亡くなった際に、死亡によりまだ受け取っていない年金がある場合は、その年金を代わりの者が受け取ることができる制度です。未支給年金制度は死亡時のみに適用されるため、死亡が推定される状況にとどまる場合や失踪し、行方がわからない場合などは適用されません。

受け取ることができるのは亡くなった受給権者の遺族で、受給権者と同居などで生計を同じくしていた①配偶者、②子、③父母、④孫、⑤祖父母、⑥兄弟姉妹、⑦①〜⑥以外の３親等内の親族です。未支給年金を請求した者が受け取る前に死亡した場合は、次の順位に該当する者が年金の請求を行うことが可能です。また、子や孫など同じ順位の者が複数いるケースなどでは、そのうち１人が請求を行い、年金を受け取ることで、全員が請求・受け取りを行ったものとして扱われます。ただし、未支給年金の制度には例外があります。それは、遺族厚生年金を受給していた妻が死亡した場合に、死亡した夫の前妻の子がいる場合です。本来は、妻の実子ではなく養子縁組をしていない場合は法律上の子とみなされず、未支給年金制度は適用されません。しかし、この場合の子には受給権があるとされ、未支給年金の請求を行うことが可能になります。

なお、年金を受けている人がなくなった場合には、最寄りの年金事務所に受給権者死亡届を提出します。さらに、その方の未支給年金がある場合には、未支給年金・未支払給付金請求書（次ページ）を提出することになります。必要となる書類は、死亡した者の年金証書や死亡した者と請求者との関係を示した謄本、住民票の写し、受取預金通帳のコピーなどです。日本年金機構にマイナンバーを登録している人は、年金受給権者死亡届を省略できます。

書式1　未支給年金・未払給付金請求書

様式第514号

国民年金・厚生年金保険・船員保険・共済年金・年金生活者支援給付金

未支給年金・未払給付金請求書

二次元コード

45　46　48　【職員記入欄】
死亡した方が年金生活者支援給付金を受給されていた場合は右欄に ☑

◎◎◎「記入上の注意」などをよく読んでからご記入ください。
※基礎年金番号・年金コードが不明なときは、年金事務所の窓口でご相談ください。
「※」印欄は、記入しないでください。

死亡された受給権者

❶ 基礎年金番号および年金コード

基礎年金番号　　× × × × × × × × × × 1150

年金コード（複数請求する場合は（その他の欄に記入）　**5 3 5 3**

❷ 生年月日　明治・大正・㊐昭和・平成・令和　○○年　○月　○日

⑦（フリガナ）ヤマモト　　イチロウ
氏　名（氏）**山　本**（名）**一　郎**

❸ 死亡した年月日　昭和・平成・㊡令和　○○年　○月　○日

◆死亡した方が厚生年金保険・船員保険・統合の年金以外に共済組合等で支給する共済年金も受給していた場合、あわせて共済の未支給年金（未済の給付）の請求を希望しますか。※共済年金と国民（基礎）年金のみ受けていた方は、別途共済統合年金が必要です。　　はい・いいえ

請求される方

❺（フリガナ）ヤマモト　　ハナコ　　❻続柄　※続柄
氏　名（氏）**山　本**（名）**花　子**　　**妻**

❽ 郵便番号　**151-0073**　☎ 電話番号　**03-○○○○-○○○○**

⑨（フリガナ）※住所コード　　ササヅカ
住　所　**渋谷㊟笹塚○丁目○番□号**

個人番号　**1 2 3 4 5 6 7 8 9 0 1 2**　←請求される方の個人番号（マイナンバー）をご記入ください。

⑦ 年金受取機関
1．金融機関（ゆうちょ銀行を除く）
2．ゆうちょ銀行（郵便局）

（フリガナ）ヤマモト　　ハナコ
口座名義人氏名　**山　本　花　子**

年金送金先

金融機関　金融機関コード支店コード（フリガナ）　　㊞　（フリガナ）　預金種別　口座番号（左詰めで記入）
○×　**笹塚**　1．普通　**× × × × × × ×**
2．当座

ゆうちょ銀行　貯金通帳の口座番号　記号（左詰めで記入）　番号（右詰めで記入）

支払局コード

金融機関またはゆうちょ銀行の証明欄　※
請求者の氏名フリガナと口座名義人氏名フリガナが同じであることをご確認ください。

※貯蓄預金口座または貯蓄貯金口座への振込みはできません。

㋐ 受給権者の死亡当時、受給権者と生計を同じくしていた次のような方がいましたか。

配偶者	子	父母	孫	祖父母	兄弟姉妹	その他3親等内の親族
ⓘいる・いない	ⓘいる・いない	いる・⑩いない	ⓘいる・いない	いる・⑩いない	ⓘいる・いない	ⓘいる・いない

㋑ 死亡した方が三共済（JR、JT、NTT）・農林共済年金に関する共済年金を受けていた場合にご記入ください。
㋒ 死亡者からみて、あなたは相続人ですか。　　はい　・　いいえ
（相続人の場合には、続柄についてもご記入ください。）　（続柄　　　）

㋓ 備　　考

請求される方が、別世帯の配偶者または子の場合

㋔ 別世帯となっていることについての理由書
次の理由により、住民票上、世帯が別となっているが、受給権者の死亡当時、その者と生計を同じくしていたことを申立します。
（該当の理由に○印をつけてください。）

請求者氏名

理　由
1．受給権者の死亡当時、同じ住所に二世帯で住んでいたため。
（請求者が配偶者または子である場合であって、住民票上、世帯が別であったが、住所が同じであったとき。）
2．受給権者の死亡当時、同じ世帯であったが、世帯主の死亡により、世帯主が変更されたため。

死亡した受給権者と請求者の住所が住民票上異なっていたときは、生計を同じくしていた場合には「別世帯となっていることについての理由書」などが必要となります。用紙が必要な方は、「ねんきんダイヤル」またはお近くの年金事務所などにお問い合わせください。
詳しくは、5ページの「生計同一に関する添付書類一覧表」をご覧ください。

令和　○年　○月　○日 提出

市区町村
受付年月日

実施機関等
受付年月日

年金事務所記入欄
※遺族給付同時請求　有（上・下）・無
※死亡届の添付　有　・　無

3

第5章　遺族年金のしくみと請求手続き　**215**

遺族年金の請求手続きについて知っておこう

まずは死亡届と年金管轄者への死亡手続きが必要になる

● 遺族年金の受給の流れ

　遺族年金を受給するためには、まずは市区町村役場へ行き、死亡の届出を行うことから始まります。そして、年金の管轄者に対する死亡の手続きも必要です。これは、死亡した者が年金を受け取っていたかどうかで方法が異なります。なお、年金の管轄者への死亡手続きは、遺族年金を受給する予定がない場合も行わなければなりません。

　まず、死亡者が現役であり年金を受け取っておらず、保険料を支払っていた場合は、国民年金に加入していたケースでは届出は原則不要です。厚生年金保険に加入していたケースでは被保険者資格喪失届を事業所経由で年金事務所へ提出します。一方、死亡者が年金を受け取っている場合は、受給権者死亡届（報告書）を年金事務所へ提出します。なお、受給権者死亡届（報告書）は厚生年金の場合は死亡時より10日以内、国民年金の場合は14日以内に提出しなければなりません。

　その後、受給対象となる遺族年金の内容を検討します。受給要件を満たしているか、受取人が誰になるかもあわせて確認します。寡婦年金や死亡一時金などの対象になる可能性もあるため、受給できる内容については十分に調査する必要があります。

　その上で受給するための書類を準備し、請求を行います。遺族年金の請求には期限が設けられており、死亡日の翌日から5年間とされています。やむを得ず請求が遅れてしまった場合は、その旨を申し立てる必要性が生じます。

　請求後は、請求先による審査を経た上で年金裁定が決定されます。時期としては、年金裁定請求後、1、2か月ほどで年金証書、年金決

定通知書が送付されます。裁定後、遺族年金は偶数月の15日に前月までの2か月分ずつ指定の口座に振り込まれます。その後、毎年現況届が送付されます。現況届の提出を怠った場合、年金が一時的に支給停止されるため、注意が必要です。

◉ 遺族年金を請求するときの手続き

遺族年金を請求する場合は、受給するための書類一式を準備した上で請求を行います。請求する年金の内容に応じて請求先が異なる点に

■ 遺族年金請求時の必要書類 ……………………………………

●遺族年金請求時の必要書類　※マイナンバー記入により省略可

主な添付書類	備　考
年金手帳 基礎年金番号通知書	死亡した本人と請求者のもの
戸籍（除籍）謄本または 法定相続情報一覧図の写し	死亡日以降に交付されたもの　6か月以内 世帯全員。
住民票（除票つき）※	
死亡診断書	死亡日から1か月程度までは市区町村役場で発行。 以後は住所地管轄の法務局で発行してもらう
預金通帳	請求者名義のもの、キャッシュカードでも可
請求者の所得証明書 （または非課税証明書）※	市区町村の税務課で発行
子の生計維持を証明するもの※	加給年金対象者の子がいるとき　在学証明書 など
年金証書	死亡者、請求者がすでに年金をもらっているとき
未支給年金・未支払給付金請求書	死亡者がすでに年金をもらっているとき
年金加入期間確認通知書	死亡者に共済組合の加入期間があるとき

●遺族年金請求時の請求先

死亡した人の年金加入状況		請求先
厚生年金		勤務先を管轄する年金事務所
国民年金	第1号被保険者	市区町村役場
	第3号被保険者期間がある場合	住所地を管轄する年金事務所

第5章　遺族年金のしくみと請求手続き　**217**

注意が必要です。遺族基礎年金のみを請求する場合は、死亡者の住所を管轄する役所の年金窓口、遺族厚生年金の請求を行う場合は全国各地の年金事務所に対して行うことになります。

受給権者死亡届（報告書）を提出する場合は、提出を遺族年金の請求時にまとめて行うことも可能です。書類の種類は非常に多岐にわたるため、事前にチェックリストなどを作成し、活用する方法が効果的です。

● 提出書類の注意点

実際に提出する場合、まずそろえなければならない原則としての書類は前ページ図のとおりです。注意しなければならないのが請求する年金の内容に応じて書類の種類が異なる点です。まず、何を請求するのかを整理してから、書類をまとめていきましょう。

たとえば、遺族基礎年金のみを請求する場合は、遺族基礎年金の年金請求書を準備しなければなりません。年金を受け取る方が複数人いる場合（加算対象者が存在する場合）には、年金請求書（国民年金遺族基礎年金）（別紙）もあわせて提出する必要があります。

また、遺族基礎年金にあわせて遺族厚生年金を請求する場合は、国民年金・厚生年金保険遺族給付の年金請求書と、年金請求書（国民年金・厚生年金保険遺族給付）（別紙）を準備します。そして、遺族厚生年金のみを請求する際には、国民年金・厚生年金保険遺族給付の年金請求書を準備しなければなりません。

提出先は、年金事務所や年金相談センターです。原則は、死亡した者が社会保険の適用事業所に勤務していた場合であれば職場の管轄年金事務所、それ以外の場合は請求する者が住む場所の管轄年金事務所となりますが、全国各地、どこの場所においても受け付けてもらうことができます。ただし、管轄する事務所以外の場所で請求を行った場合、多少のタイムラグが生じる可能性があるので注意が必要です。

遺族年金の書式の書き方について知っておこう

請求する年金の内容に応じて書式が異なる点に注意が必要である

● たとえばこんなケースで考えてみる

　わかりやすい具体例を挙げてみましょう。たとえば、大学を卒業以降は継続して一つの会社に勤務していた夫が死亡しました。夫の年齢は43歳で、残された妻は18年前に結婚以降専業主婦でした。妻の年齢は41歳で、高校生と中学生の子どもが2人いたとします。

　この場合、まず行う内容としては、夫の国民年金・厚生年金の加入歴を確認することが挙げられます。このケースにおける夫は、20歳の時点で国民年金に加入しましたが、大学の卒業以降は勤務先で社会保険に加入したことで、国民年金の第2号被保険者となり、厚生年金保険の被保険者となりました。その後は、毎月給料から天引きされる形で厚生年金保険料の支払いを行っていました。なお、保険料の滞納期間はなく、毎月適切な保険料の支払いを続けていた矢先に亡くなったものとします。

　厚生年金保険の被保険者が死亡した場合、遺族厚生年金の「短期要件」に該当します。短期要件の場合、被保険者期間が25年、つまり300月未満の場合でも、300月に相当する保険料を支払ったものと扱われた上で、年金の算出が行われます。したがって、22歳で厚生年金保険に加入し、43歳で死亡した夫の場合、実際の被保険者期間は21年となりますが、300月（300か月）に相当する保険料を支払ったとみなすため、被保険者期間は25年として計算されることになります。

　また、このケースでは、夫が亡くなった場合に18歳未満の子がいる妻が残されています。また、保険料の滞納期間がないことから、遺族基礎年金の支給要件を満たすことになります。そして、18歳未満の子

第5章　遺族年金のしくみと請求手続き

が2人いることから、子2人分の加算額が遺族基礎年金に上乗せされて支給されます。なお、このケースの妻に子がいなかった場合は遺族基礎年金の支給は行われず、遺族厚生年金のみの支給となります。また、妻の年齢が40歳以上65歳未満に該当するため、遺族厚生年金には中高齢寡婦加算が行われることになります。

◉ 具体的な書式の書き方と注意点

　前述のケースの場合に準備し、提出する書類は、年金請求書（国民年金・厚生年金保険遺族給付）（書式4）です。請求を行う年金の種類によって様式が異なる点に注意が必要です。必ず事前に誤りがないかをチェックしておきましょう。

　年金請求書は、最寄りの年金事務所や厚生労働省のホームページよりダウンロードすることが可能です。社会保険労務士に申請手続きを依頼している場合は、電子申請を利用して手続きを行う場合もあります。また、前述のケースの場合は遺族給付を受けることができる人が複数いるため、その旨を知らせるための添付書類が別途必要になります。これを年金請求書（国民年金・厚生年金保険遺族給付）別紙（書式4）といいます。

　別紙の請求者は本紙に記入した請求者以外の人について記入します。受取口座も別紙の請求者の名義口座とします。他にも子がいる場合は加算額の対象者の欄に記入します。記載後に確認しなければならないことは、①請求をする年金の名称に間違いはないか、②請求するための要件を満たしているか、③添付書類は揃っているか、の3点です。添付書類には戸籍謄本や住民票など数多くの種類があるため、一つずつ確実に揃えていくことが重要です。マイナンバーを記載することで添付書類を省略できる場合もあります。

　また、交通事故など、死亡の原因が第三者行為による場合は、別の書類も添付する必要があるため注意が必要です。

書式2　年金請求書（国民年金遺族基礎年金）

年金請求書（国民年金遺族基礎年金）

様式第108号

受付登録コード	
1 7 1 3	

入力処理コード
6 3 0 0 0 3

年金コード
6 4 5

○□のなかに必要事項をご記入ください。（◆印欄には、なにも記入しないでください。）
○黒インクのボールペンでご記入ください。鉛筆や、摩擦に伴う温度変化等により消色するインクを用いたペンまたはボールペンは、使用しないでください。
○フリガナはカタカナでご記入ください。
○この請求書は市区町村役場またはお近くの年金事務所にご提出ください。

⑧ ＊市区町村　受付年月日　　年金事務所　受付年月日

⑤記録不要制度	⑥		⑦進達番号
【厚生】 【国共】			01
【国共】 【地共】 【私学】			02

⑨別紙区分	⑩重	⑪未統	⑫支保	⑬受数	⑭長障	⑮岸護

※個人番号（マイナンバー）で届出する場合は、本人確認書類が必要です。

死亡した方

①基礎年金番号
2 3 4 5 1 2 3 1 2 3

②生年月日
明・大・昭・平・令
1 3 5 7 9
46 7 13

⑯氏名
（フリガナ）ババ　　カンキチ
（氏）馬場　（名）勘吉

性別
①男　2.女

請求者

個人番号（マイナンバー）

③基礎年金番号
2 4 5 6 2 1 0 1 2 3

④生年月日
明・大・昭・平・令
1 3 5 7 9
01 12 14

⑰氏名
（フリガナ）ババ　　アケミ
（氏）馬場　（名）明美

⑱続柄
妻

性別
1.男　②女

二次元コード

⑲住所の郵便番号
2 5 6 0 0 5 6

⑳住所コード

（フリガナ）ヨコハマ
横浜　㉑区町村

（フリガナ）ヒガシクチュウオウ
東区中央4－4－3

死亡した方

過去に加入していた年金制度の年金手帳の記号番号で、基礎年金番号と異なる記号番号があるときは、その記号番号をご記入ください。

厚生年金保険（または船員保険）

国民年金

請求者

③欄を記入していない方は、つぎのことにお答えください。（記入した方は回答の必要はありません。）
過去に厚生年金保険、国民年金または船員保険に加入したことがありますか。○で囲んでください。　ある・ない
「ある」と答えた方は、加入していた制度の年金手帳の記号番号をご記入ください。

厚生年金保険（または船員保険）

国民年金

㉒年金受取機関　※

1　金融機関（ゆうちょ銀行を除く）
2　ゆうちょ銀行（郵便局）
□公金受取口座として登録済の口座を指定

※1または2に○をつけ、希望する年金の受取口座を下欄に必ずご記入ください。
※指定する口座が公金受取口座として登録済の場合は、左欄に記入してください。

口座名義人氏名
（フリガナ）ババ　アケミ
馬場　明美

年金送金先

	㉓金融機関コード	㉔支店コード	（フリガナ）カントウ	預金	（フリガナ）カナガワ	本店	㉕預金種別	㉖口座番号（左詰めで記入）
金融機関	1 1 2 2 0 1 2		関東	信組信連信漁連農協漁協	神奈川	出張所本所支所	①普通2.当座	3 3 4 5 6 7

ゆうちょ銀行

㉗貯金通帳の口座番号
記号（左詰めで記入）　番号（右詰めで記入）

金融機関またはゆうちょ銀行の証明欄
※請求者の氏名フリガナと口座名義人氏名フリガナが同じであることをご確認ください

※通帳等の写し（金融機関名、支店名、口座名義人氏名フリガナと口座番号の面）を添付する場合
またはお金受取口座を指定する場合は、証明は不要です。

---

⑦	（フリガナ）ババ	ミヤビ	㉘生年月日令9	障害の状態に	
加算額の対象者	（氏）馬場	（名）みやび	2 6 0 6 2 5	②ある・ない	
注意事項2参照	（フリガナ）		㉘生年月日平7	障害の状態に	
	（氏）	（名）		ある・ない	

連絡欄

X線フィルムの送付
有・無

X線フィルムの返送
年　月　日

＊3人目以降は余白等にご記入ください。

第5章　遺族年金のしくみと請求手続き　221

⑦あなたは、現在、公的年金制度（表1参照）から年金を受けていますか。〇で囲んでください。

1 受けている	② 受けていない	3 請 求 中	制度名（共済組合名等）	年金の種類

受けていると答えた方は、下欄に必要事項をご記入ください（月日は支給を受けることになった年月日をご記入ください）。

制度名（共済組合名等）	年金の種類	年 月 日	年金証書の年金コードまたは記号番号等
		・ ・	
		・ ・	
		・ ・	

㉙年金コードまたは共済組合等コード・年金種別

1
2
3

㉜ 他年金種別

※「年金の種類」とは、老齢または退職、障害、遺族をいいます。
※「受けている」には、全額支給停止になっている年金がある場合も含みます。

㉝上 外	㉞ 傷 病 名	㉟ 診 断 書	㊱ 有 年 数	㊵ 有 年	㊲ 第三者行為
上・外 1 2				元号	

㊳ 受給権発生年月日	㊴停止事由	㊴ 停 止 期 間	㊵ 条 文	㊶失権事由 ㊶ 失 権 年 月 日
元号 年 月 日		元号 年 月	0 1 3 7 0 0 1	元号 年 月 日

㊷ 他 制 度 満 了	㊸ 合 算 対 象 記 録 1	2	3
元号 年 月 元号 月	元号 年 月 元号 月	元号 年 月 元号 月	元号 年 月 元号 月
4	5 ㊹	6	7
元号 年 月 元号 月	元号 年 月 元号 月	元号 年 月 元号 月	元号 年 月 元号 月
8	9	10 ㊺	11
元号 年 月 元号 月	元号 年 月 元号 月	元号 年 月 元号 月	元号 年 月 元号 月
12	13	14	15
元号 年 月 元号 月	元号 年 月 元号 月	元号 年 月 元号 月	元号 年 月 元号 月

㊻ 共済コード 共 済 記 録 1	2
元号 年 月 日 元号 年 月 日 要件 計算	元号 年 月 日 元号 年 月 日 要件 計算
3 ㊼	4
元号 年 月 日 元号 年 月 日 要件 計算	元号 年 月 日 元号 年 月 日 要件 計算
5	6
元号 年 月 日 元号 年 月 日 要件 計算	元号 年 月 日 元号 年 月 日 要件 計算
㊽ 7	8
元号 年 月 日 元号 年 月 日 要件 計算	元号 年 月 日 元号 年 月 日 要件 計算

㊾ 時効区分

◆終了表示 E 送信

★ 市区町村 からの 連絡事項	未納保険料 の 納付	有 昭和・平成・令和 年 月分から 無 昭和・平成・令和 年 月分まで	差額保険料の 未納分の納付	有 昭和・平成・令和 年 月分から 無 昭和・平成・令和 年 月分まで
	保険料の追納	有 昭和・平成・令和 年 月分から 無 昭和・平成・令和 年 月分まで	検認票の添付	有 ・ 無

222

㋒履　歴（死亡した方の公的年金制変加入経過） ※できるだけくわしく、正確にご記入ください。		電話番号1（ 045 ）-（ 472 ）-（ 4941 ） 電話番号2（　　　）-（　　　）-（　　　　）		
	(1)事業所（船舶所有者）の名称および 船員であったときは、その船舶名	(2)事業所（船舶所有者）の所在地 または国民年金加入時の住所	(3)勤務期間または国 民年金の加入期間	(4)加入していた年 金制度の種類	(5)備考
最初		横浜市東区中央 4－4－3	平成3・7・12から ・　・　現在まで	①国民年金 2.厚生年金保険 3.厚生年金(船員)保険 4.共済組合等	
2			・　・　から ・　・　まで	1.国民年金 2.厚生年金保険 3.厚生年金(船員)保険 4.共済組合等	
3			・　・　から ・　・　まで	1.国民年金 2.厚生年金保険 3.厚生年金(船員)保険 4.共済組合等	
4			・　・　から ・　・　まで	1.国民年金 2.厚生年金保険 3.厚生年金(船員)保険 4.共済組合等	
5			・　・　から ・　・　まで	1.国民年金 2.厚生年金保険 3.厚生年金(船員)保険 4.共済組合等	
6			・　・　から ・　・　まで	1.国民年金 2.厚生年金保険 3.厚生年金(船員)保険 4.共済組合等	
7			・　・　から ・　・　まで	1.国民年金 2.厚生年金保険 3.厚生年金(船員)保険 4.共済組合等	
8			・　・　から ・　・　まで	1.国民年金 2.厚生年金保険 3.厚生年金(船員)保険 4.共済組合等	
9			・　・　から ・　・　まで	1.国民年金 2.厚生年金保険 3.厚生年金(船員)保険 4.共済組合等	
10			・　・　から ・　・　まで	1.国民年金 2.厚生年金保険 3.厚生年金(船員)保険 4.共済組合等	
11			・　・　から ・　・　まで	1.国民年金 2.厚生年金保険 3.厚生年金(船員)保険 4.共済組合等	
12			・　・　から ・　・　まで	1.国民年金 2.厚生年金保険 3.厚生年金(船員)保険 4.共済組合等	
13			・　・　から ・　・　まで	1.国民年金 2.厚生年金保険 3.厚生年金(船員)保険 4.共済組合等	

㋓死亡した方が退職後、個人で保険料を納める第四種被保険者、船員保険の 年金任意継続被保険者となったことがありますか。	1.は　い・②いいえ			
「はい」と答えた方は、保険料を納めた年金事務所（社会保険事務所）の 名称をご記入ください。				
その保険料を納めた期間をご記入ください。	昭和 平成　　年　　月　　日から	昭和 平成　　年　　月　　日		
第四種被保険者(船員年金任意継続被保険者)の整理記号番号をご記入ください。	(記号)	(番号)		

第5章　遺族年金のしくみと請求手続き　223

㋐	(1)死亡した方の生年月日・住所	昭和46年 7 月 13 日	住 所	横浜市東区中央 4 - 4 - 3		

必ずご記入ください。

(2)死亡年月日			(3)死亡の原因である傷病または負傷の名称	(4)傷病または負傷の発生した日	
令和 6 年 4 月 20 日			大腸ガン	令和 2 年 5 月 頃 日	

(5)傷病または負傷の初診日	(6)死亡の原因である傷病または負傷の発生原因	(7)死亡の原因は第三者の行為によりますか。
令和 2 年 7 月 12 日		1 は い ②いいえ

(8)死亡の原因が第三者の行為により発生したものであるときは、その者の氏名および住所	氏 名	
	住 所	

(9)請求する方は、死亡した方の相続人になれますか。　　①は い　　2 いいえ

(10)死亡した方はつぎの年金制度の被保険者、組合員または加入者となったことがありますか。あるときは番号を〇で囲んでください。

①国民年金法　　2 厚生年金保険法　　3 船員保険法（昭和61年4月以後を除く）
4 廃止前の農林漁業団体職員共済組合法　　5 国家公務員共済組合法　　6 地方公務員等共済組合法
7 私立学校教職員共済法　　8 旧市町村職員共済組合法　　9 地方公務員の退職年金に関する条例　　10 恩給法

(11)死亡した方は、(10)欄に示す年金制度から年金を受けていましたか。	1 は い	受けていたときは、その制度名と年金証書の基礎年金番号および年金コード等をご記入ください。	制 度 名	年金証書の基礎年金番号および年金コード等
	2 いいえ			

㋑ (1)死亡した方がつぎの年金または恩給のいずれかを受けることができたときはその番号を〇で囲んでください。

1 地方公務員の恩給　　2 恩給法(改正前の執行官法附則第13条において、その例による場合を含む。)による普通恩給
3 日本製鉄八幡共済組合年金または養老年金　　4 旧外地関係または旧陸海軍関係共済組合の退職年金給付

(2)死亡した方が昭和61年3月までの期間において国民年金に任意加入しなかった期間または任意加入したが、保険料を納付しなかった期間が、つぎに該当するときはその番号を〇で囲んでください。

1 死亡した方の配偶者が㋑の(10)欄(国民年金法を除く)に示す制度の被保険者、組合員または加入者であった期間
2 死亡した方の配偶者が㋑の(10)欄(国民年金法を除く)および(1)欄に示す制度の老齢年金または退職年金を受けることができた期間
3 死亡した方または配偶者が㋑の(10)欄(国民年金法を除く)および(1)欄に示す制度の老齢年金等の受給資格期間を満たしていた期間
4 死亡した方または配偶者が㋑の(10)欄(国民年金法を除く)および(1)欄に示す制度から障害年金を受けることができた期間
5 死亡した方または配偶者が戦傷病者戦没者遺族等援護法の障害年金を受けることができた期間
6 死亡した方が㋑の(10)欄(国民年金法を除く)および(1)欄に示す制度から遺族に対する年金を受けることができた期間
7 死亡した方が戦傷病者戦没者遺族等援護法の遺族年金または未帰還者留守家族手当もしくは特別手当を受けることができた期間
8 死亡した方または配偶者が都道府県議会、市町村議会の議員および特別区の議会の議員ならびに国会議員であった期間
9 死亡した方が都道府県知事の承認を受けて国民年金の被保険者とされなかった期間

(3)死亡した方が国民年金に任意加入しなかった期間または任意加入したが、保険料を納付しなかった期間が、上に示す期間以外でつぎに該当するときはその番号を〇で囲んでください。

1 死亡した方が日本国内に住所を有さなかった期間
2 死亡した方が日本国内に住所を有していた期間であって日本国籍を有さなかったため国民年金の被保険者とされなかった期間
3 死亡した方が学校教育法に規定する高等学校の生徒または大学の学生であった期間
4 死亡した方が昭和61年4月以後の期間において下に示す制度の老齢または退職を事由とする年金給付を受けることができた期間
　ただし、エからサまでに示す制度の退職を事由とする年金給付であって年齢を理由として停止されている期間は除く。

ア 厚生年金保険法　　イ 船員保険法(昭和61年4月以後を除く)　　ウ 恩給法
エ 国家公務員共済組合法　　オ 地方公務員等共済組合法(ケを除く)　　カ 私立学校教職員共済法
キ 廃止前の農林漁業団体職員共済組合法　　ク 国会議員互助年金法　　ケ 地方議会議員共済法
コ 地方公務員の退職年金に関する条例　　サ 改正前の執行官法附則第13条

(4)死亡した方は国民年金に任意加入した期間について特別一時金を受けたことがありますか。　　1 は い　②いいえ

(5)昭和36年4月1日から昭和47年5月14日までの間に沖縄に住んでいたことがありますか。　　1 は い　②いいえ

(6)死亡の原因は業務上ですか。	(7)労災保険から給付が受けられますか。	(8)労働基準法による遺族補償が受けられますか。
1 は い　②いいえ	1 は い　②いいえ	1 は い　②いいえ

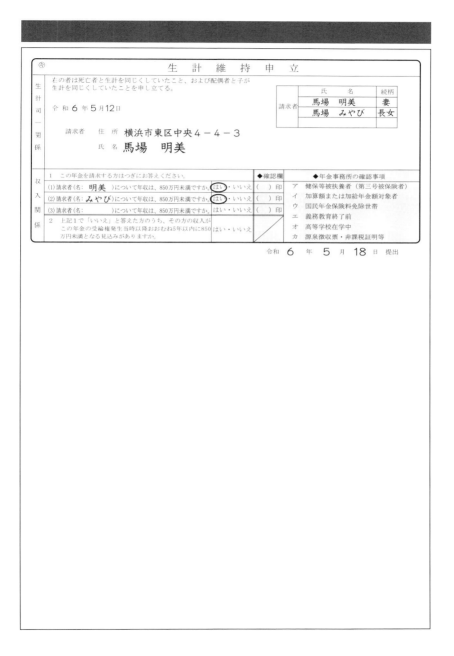

書式3 年金請求書（国民年金遺族基礎年金）別紙

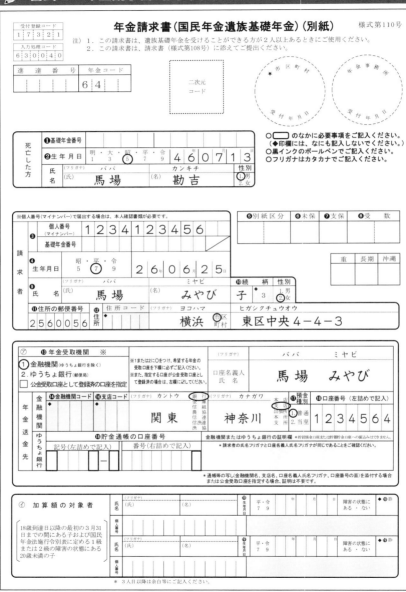

⑦ あなたは、現在、公的年金制度（記入上の注意4参照）から年金を受けていますか。○で囲んでください。

1．受けている	② 受けていない	3．請　求　中	制度名（共済組合名等）	年金の種類

受けていると答えた方は、下欄に必要事項をご記入ください（年月日は支給を受けることになった年月日をご記入ください）。

制度名（共済組合名等）	年金の種類	年　月　日	年金証書の年金コードまたは記号番号等		㉒年金コードまたは共済組合コード・年金種別
		・　・		1	
		・　・		2	
		・　・		3	
				㉓ 他 年 金 種 別	

※「年金の種類」とは、老齢または退職、障害、遺族をいいます。
※「受けている」には、全額支給停止 こなっている年金がある場合も含みます。

上　外	㉖ 傷　病　名	㉘ 診断書	㉙有年数	㉙ 有 年	第三者行為	
上　外				元号		
：2						

㉚受給権発生年月日	㉛停止事由	㉛ 停　止　期　間	㉜ 条　文	㉝失権事由	㉞ 失 権 年 月 日
元号 年 月 日		元号 年 月 元号 年 月	0 1 3 7 0 0 1		元号 年 月 日

㊸ 時 効 区 分	◆終了表示 E 送信

入 力 処 理 コ ー ド	❶進達課所	❶進達番号	❷ 生 年 月 日	年金種別
6 3 0 8 0 0			明・大・昭・平・令 年 月 日 1 3 5 7 9	遺族 64

完 了 処 理	❸ 完 了 表 示	1　完　了

第5章　遺族年金のしくみと請求手続き　227

書式4　年金請求書（国民年金・厚生年金保険遺族給付）

年金請求書（国民年金・厚生年金保険遺族給付）

様式第105号

〔遺族基礎年金・特例遺族年金・遺族厚生年金〕

受付登録コード	1 7 3 1
入力処理コード	4 3 0 0 0 3
年金コード	1 4

（注）1　請求者が2名以上のときは、そのうちの1人について、この請求書にご記入ください。
2　その他の方については、「年金請求書（国民年金・厚生年金保険遺族給付）（別紙）」（様式第106号）に記入し、この年金請求書に添えてください。

○□のなかに必要事項をご記入ください。（◆印欄には、なにも記入しないでください。）
○黒インクのボールペンでご記入ください。鉛筆や、摩擦に伴う温度変化等により消色するインクを用いたペンまたはボールペンは、使用しないでください。
○フリガナはカタカナでご記入ください。

二次元コード

⑧ 実施機関等

受付年月日

死亡した方

❶基礎年金番号	2 1 3 4 1 2 3 4 5 6
❷生年月日	明・大 ⑲昭 平　55 05 05 年 月 日
⑲氏名	（フリガナ）ハラジュク　トモユキ　（氏）原宿　（名）智幸　性別 1.男 2.女

※死亡した方に共済組合等の加入期間がある場合は、請求者の個人番号（マイナンバー）及び基礎年金番号の両方をご記入ください。個人番号（マイナンバー）については10ページをご確認ください。

| ❸個人番号（マイナンバー） | 2 2 5 6 3 5 5 6 7 8 0 3 |
| 基礎年金番号 | |

❺ 記録不要制度	❻ 作成順序
❹（厚年）（船員）（国年）（国共）（地共）（私学）	01 / 02
❼連達番号	❾別紙区分	❿加	船 加	⑪有無
⑫未保	⑬支保	⑭失権者数	⑮長期	⑯基加	⑰沖縄	旧令

請求者

❹生年月日	明・大 ⑱昭 平・令　57 02 20 年 月 日
⑳氏名	（フリガナ）ハラジュク　ミスズ　（氏）原宿　（名）美鈴　㉑続柄 妻　性別 1.男 2.女
㉒住所の郵便番号 1 4 3 0 1 2 3	㉓住所 （フリガナ）オオタ　市町村 オオモリ　大田 大森 1-2-3

社会保険労務士の提出代行者欄

電話番号　03 - 3654 - 3210

＊日中に連絡が取れる電話番号（携帯も可）をご記入ください。

＊公金受取口座については、10ページをご確認ください。

㉔ 年金受取機関 ※

1．金融機関（ゆうちょ銀行を除く）
②ゆうちょ銀行（郵便局）
□公金受取口座として登録済の口座を指定

※ 1または2に○をつけ、希望する年金の受取口座を下欄に必ずご記入ください。
なお、指定する口座が公金受取口座として登録済の場合は、左欄に②してください。

（フリガナ）ハラジュク　ミスズ
口座名義人氏名（氏）原宿　（名）美鈴

| 金融機関 | ㉕金融機関コード | ㉖支店コード | （フリガナ）　銀行 金庫 信組 農協 信漁連 漁協 | 本店 支店 出張所 本所 支所 | ㉗預金種別 1.普通 2.当座 | ㉘口座番号（左詰めで記入） |

| ゆうちょ銀行 | ㉘貯金通帳の口座番号 記号（左詰めで記入）1 0 1 6 0 - 0　番号（右詰めで記入）1 2 3 1 2 3 4 1 |

金融機関またはゆうちょ銀行の証明欄※　貯蓄預金口座または貯蓄貯金口座への振込みはできません。
請求者の氏名フリガナと口座名義人氏名フリガナが同じであることをご確認ください。

※通帳等の写し（金融機関名、支店名、口座名義人氏名フリガナ、口座番号の面）を添付する場合または公金受取口座を指定する場合、証明は不要です。

加算額の対象者または加給金の対象者

氏名	（フリガナ）ハラジュク　トキエ　（氏）原宿　（名）登喜恵	㉙生年月日 令　200625	障害の状態に ある・ない	◆㉚診	連絡欄
個人番号	2 2 3 4 7 8 9 9 0 1 1 6				X線フィルムの送付 有・無 改
氏名	（フリガナ）ハラジュク　ショウタ　（氏）原宿　（名）昇太	㉙生年月日 令　220921	障害の状態に ある・ない	◆㉚診	X線フィルムの返送 年 月 日
個人番号	9 9 0 8 4 6 7 8 7 0 0 7				

＊3人目以降は余白等にご記入ください。

1

228

⑦　あなたは、現在、公的年金制度等（表1参照）から年金を受けていますか。○で囲んでください。

| 1．受けている | ②受けていない | 3．請求中 | 制度名（共済組合名等） | | 年金の種類 |

受けていると答えた方は下欄に必要事項をご記入ください（年月日は支給を受けることになった年月日をご記入ください）。

公的年金制度名 （表1より記号を選択）	年金の種類	年　月　日	年金証書の年金コードまたは記号番号等
		・　・	
		・　・	
		・　・	

㉞ 年金コードまたは共済組合コード・年金種別

	1
	2
	3

㉟ 他　年　金　種　別

「年金の種類」とは、老齢または退職、障害、遺族をいいます。

⑦　履　　歴　（**死亡した方**の公的年金制度加入経過）

※できるだけ詳しく、正確にご記入ください。

	(1)事業所（船舶所有者）の名称および船員 であったときはその船舶名	(2)事業所（船舶所有者）の所在地 または国民年金加入時の住所	(3)勤務期間または国 民年金の加入期間	(4)加入していた年 金制度の種類	(5)備　　考
最初		大田区大森1−2−3	平12・5・4から 平15・3・31まで	①国民年金 2.厚生年金保険 3.厚生年金(船員)保険 4.共済組合等	
2	㈱日本年金エージェント	新宿区大久保3−10−1	平15・4・1から 令5・12・31まで	1.国民年金 ②厚生年金保険 3.厚生年金(船員)保険 4.共済組合等	
3			・　・　から ・　・　まで	1.国民年金 2.厚生年金保険 3.厚生年金(船員)保険 4.共済組合等	
4			・　・　から ・　・　まで	1.国民年金 2.厚生年金保険 3.厚生年金(船員)保険 4.共済組合等	
5			・　・　から ・　・　まで	1.国民年金 2.厚生年金保険 3.厚生年金(船員)保険 4.共済組合等	
6			・　・　から ・　・　まで	1.国民年金 2.厚生年金保険 3.厚生年金(船員)保険 4.共済組合等	
7			・　・　から ・　・　まで	1.国民年金 2.厚生年金保険 3.厚生年金(船員)保険 4.共済組合等	
8			・　・　から ・　・　まで	1.国民年金 2.厚生年金保険 3.厚生年金(船員)保険 4.共済組合等	
9			・　・　から ・　・　まで	1.国民年金 2.厚生年金保険 3.厚生年金(船員)保険 4.共済組合等	
10			・　・　から ・　・　まで	1.国民年金 2.厚生年金保険 3.厚生年金(船員)保険 4.共済組合等	
11			・　・　から ・　・　まで	1.国民年金 2.厚生年金保険 3.厚生年金(船員)保険 4.共済組合等	
12			・　・　から ・　・　まで	1.国民年金 2.厚生年金保険 3.厚生年金(船員)保険 4.共済組合等	
13			・　・　から ・　・　まで	1.国民年金 2.厚生年金保険 3.厚生年金(船員)保険 4.共済組合等	

第5章　遺族年金のしくみと請求手続き

⑦	(1) 死亡した方の生年月日、住所	昭和53年 5月 5日	住 所	大田区大森 1-2-3		

必ずご記入ください。

(2) 死亡年月日	(3) 死亡の原因である傷病または負傷の名称	(4) 傷病または負傷の発生した日
令和5年 12月 16日	急性心不全	令和5年 12月 13日

(5) 傷病または負傷の初診日	(6) 死亡の原因である傷病または負傷の発生原因	(7) 死亡の原因は第三者の行為によりますか。
令和5年 12月 13日	不詳	1. は い ・ ② いいえ

(8) 死亡の原因が第三者の行為により発生したものであるときは、その者の氏名および住所	氏 名	
	住 所	

(9) 請求する方は、死亡した方の相続人になれますか。　　　　　① は い ・ 2. いいえ

(10) 死亡した方は次の年金制度の被保険者、組合員または加入者となったことがありますか。あるときは番号を○で囲んでください。

1. 国民年金法　　　　　　　　　　　　　② 厚生年金保険法　　　　　　　3. 船員保険法（昭和61年4月以後を除く）
4. 廃止前の農林漁業団体職員共済組合法　　5. 国家公務員共済組合法　　　　6. 地方公務員等共済組合法
7. 私立学校教職員組合法　　　　　　　　　8. 旧市町村職員共済組合法　　　9. 地方公務員の退職年金に関する条例　　10. 恩給法

(11) 死亡した方は、(10)欄に示す年金制度から年金を受けていましたか。	1. は い ② いいえ	受けていたときは、その制度名と年金証書の基礎年金番号および年金コード等をご記入ください。	制 度 名	年金証書の基礎年金番号および年金コード等

(12) 死亡の原因は業務上ですか。	(13) 労災保険から給付が受けられますか。	(14) 労働基準法による遺族補償が受けられますか。
1. は い ・ ② いいえ	1. は い ・ ② いいえ	1. は い ・ ② いいえ

(15) 遺族厚生年金を請求する方は、下の欄の質問にお答えください。いずれかを○で囲んでください。

ア 死亡した方は、死亡の当時、厚生年金保険の被保険者でしたか。	① は い ・ 2. いいえ
イ 死亡した方が厚生年金保険(船員保険)の被保険者もしくは共済組合の組合員の資格を喪失した後に死亡したときであって、厚生年金保険(船員保険)の被保険者または共済組合の組合員であった間に発した傷病または負傷が原因で、その初診日から5年以内に死亡したものですか。	1. は い ・ ② いいえ
ウ 死亡した方は、死亡の当時、障害厚生年金(2級以上)または旧厚生年金保険(旧船員保険)の障害年金(2級相当以上)もしくは共済組合の障害年金(2級相当以上)を受けていましたか。	1. は い ・ ② いいえ
エ 死亡した方は平成29年7月までに老齢厚生年金または旧厚生年金保険(旧船員保険)の老齢年金・通算老齢年金もしくは共済組合の退職給付の年金の受給権者でしたか。	1. は い ・ ② いいえ
オ 死亡した方は保険料納付済期間、保険料免除期間および合算対象期間(死亡した方が大正15年4月1日以前生まれの場合は通算対象期間)を合算した期間が25年以上ありましたか。	1. は い ・ ② いいえ

①アからウのいずれか、またはエもしくはオに「はい」と答えた方
　⇒(16)にお進みください。

②アからウのいずれかに「はい」と答えた方で、エまたはオについても「はい」と答えた方
　⇒下の□のうち、希望する欄に☑を付けてください。

　　　□ 年金額が高い方の計算方法での決定を希望する。

□ 指定する計算方法での決定を希望する。 ⇒右欄のアからウのいずれか、またはエもしくはオを○で囲んでください。	ア・イ・ウ または エ・オ

(16) 死亡した方が共済組合等に加入したことがあるときは、下の欄の質問にお答えください。

ア 死亡の原因は、公務上の事由によりますか。	1. は い ・ 2. いいえ
イ 請求者は同一事由によって、追加費用対象期間を有することによる遺族給付を共済組合から受けられますか。	1. は い ・ 2. いいえ

5

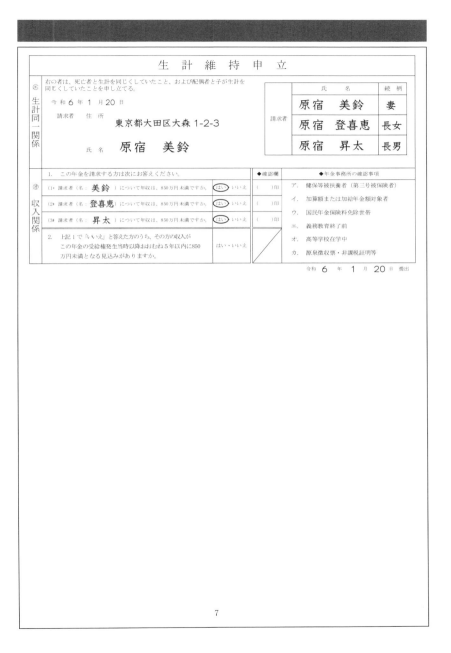

機構独自項目

死亡した方	過去に加入していた年金制度の年金手帳の記号番号で、基礎年金番号と異なる記号番号があるときは、その記号番号をご記入ください。		
	厚 生 年 金 保 険		国 民 年 金
	船 員 保 険		

請求者	請求者の❸欄を記入していない方は、次のことにお答えください。（記入した方は回答の必要はありません。） 過去に厚生年金保険、国民年金または船員保険に加入したことがありますか。○で囲んでください。　　　　　ある　　ない 「ある」と答えた方は、加入していた制度の年金手帳の記号番号をご記入ください。		
	厚 生 年 金 保 険		国 民 年 金
	船 員 保 険		

⑦ 必ずご記入ください。

(1) 死亡した方が次の年金または恩給のいずれかを受けることができたときは、その番号を○で囲んでください。

1. 地方公務員の恩給　　2. 恩給法（改正前の執行官法附則第13条において、その例による場合を含む。）による普通恩給
3. 日本製鉄八幡共済組合の老齢年金または養老年金　　　　　4. 旧外地関係または旧陸海軍関係共済組合の退職年金給付

(2) 死亡した方が昭和61年3月までの期間において国民年金に任意加入しなかった期間または任意加入したが、保険料を納付しなかった期間が、次に該当するときはその番号を○で囲んでください。

1. 死亡した方の配偶者が5ページ⑦の(10)欄（国民年金法を除く）に示す制度の被保険者、組合員または加入者であった期間
2. 死亡した方の配偶者が5ページ⑦の(10)欄（国民年金法を除く）および(1)欄に示す制度の老齢年金または退職年金を受けることができた期間
3. 死亡した方または配偶者が5ページ⑦の(10)欄（国民年金法を除く）に示す制度の老齢年金または退職年金の受給資格期間を満たしていた期間
4. 死亡した方または配偶者が5ページ⑦の(10)欄（国民年金法を除く）および(1)欄に示す制度から障害年金を受けることができた期間
5. 死亡した方または配偶者が戦傷病者戦没者遺族等援護法の障害年金を受けることができた期間
6. 死亡した方が5ページ⑦の(10)欄（国民年金法を除く）および(1)欄に示す制度から遺族に対する年金を受けることができた期間
7. 死亡した方が戦傷病者戦没者遺族等援護法の遺族年金または未帰還者留守家族手当もしくは特別手当を受けることができた期間
8. 死亡した方または配偶者が都道府県議会、市町村議会の議員および特別区の議会の議員ならびに国会議員であった期間
9. 死亡した方が都道府県知事の承認を受けて国民年金の被保険者とされなかった期間

(3) 死亡した方が国民年金に任意加入しなかった期間または保険料を納付しなかった期間が、上に示す期間以外で次に該当するときはその番号を○で囲んでください。

1. 死亡した方が日本国内に住所を有しなかった期間
2. 死亡した方が日本国内に住所を有していた期間であって日本国籍を有さなかったため国民年金の被保険者とされなかった期間
3. 死亡した方が学校教育法に規定する高等学校の生徒または大学の学生であった期間
4. 死亡した方が昭和61年4月以後の期間において下に示す制度の老齢または退職を事由とする年金給付を受けることができた期間

ただし、エからサに示す制度の退職を事由とする年金給付であって年齢を理由として停止されている期間は除く。

ア　厚生年金保険法　　　　　　　　　イ　船員保険法（昭和61年4月以後を除く）　　ウ　恩給法
エ　国家公務員共済組合法　　　　　　オ　地方公務員等共済組合法（ケを除く）　　　カ　私立学校教職員共済法
キ　廃止前の農林漁業団体職員共済組合法　ク　国会議員互助年金法　　　　　　　　　　ケ　地方議会議員共済法
コ　地方公務員の退職年金に関する条例　　サ　改正前の執行官法附則第13条

(4) 死亡した方は国民年金に任意加入した期間について特別一時金を受けたことがありますか。	1. は　い　・　②　いいえ
(5) 昭和36年4月1日から昭和47年5月14日までの間に沖縄に住んでいたことがありますか。	1. は　い　・　②　いいえ
(6) 旧陸海軍等の旧共済組合の組合員であったことがありますか。	1. は　い　・　②　いいえ

⑦ 死亡した方が退職後、個人で保険料を納める第四種被保険者、船員保険の年金任意継続被保険者となったことがありますか。	1. は　い　・　②　いいえ		
「はい」と答えたときは、その保険料を納めた年金事務所（社会保険事務所）の名称をご記入ください。			
その保険料を納めた期間をご記入ください。	昭和 平成　　　年　　月　　日　から　昭和 　　　　　　　　　　　　　　　　　平成　　　年　　月　　日		
第四種被保険者（船員年金任意継続被保険者）の整理記号番号をご記入ください。	(記号)　　　　　　　　(番号)		

9

書式5　年金請求書（国民年金・厚生年金保険遺族給付）別紙

年金請求書（国民年金・厚生年金保険遺族給付）（別紙）

様式第106号

〔遺族基礎年金・特例遺族年金・遺族厚生年金〕

注）1　この請求書は、遺族給付をうけることができる方が2人以上あるときにご使用ください。
　　2　この請求書は、請求書（様式第105号）に添えてご提出ください。

受付登録コード　1 7 3 1 1
入力処理コード　4 3 C 0 4 0

進　達　番　号

年　金　コード　1 4

○　のなかに必要事項をご記入ください。
□　印欄には、なにも記入しないでください。
■　黒インクのボールペンでご記入ください。
■　フリガナはカタカナでご記入ください。

二次元コード

実施機関等

受付年月日

死亡した方

❶基礎年金番号		
❷生年月日	明・大・㊐・平	5 5 0 5 0 5

❺別紙区分　❻未保　❼支保　❽受　　数

| 氏名 | （フリガナ）ハラジュク | （氏）原宿 | トモユキ （名）智幸 | 性別 ①男 ②女 |

| | 船　戦　加　　　　重　検　長　期　基　田　沖　縄　帰　日 |

※死亡した方に共済組合等の加入期間がある場合は、請求者の個人番号（マイナンバー）及び基礎年金番号の両方をご記入ください。個人番号（マイナンバー）については4ページをご確認ください。

請求者

| ❸ 個人番号（マイナンバー） | 2 2 3 4 7 8 9 9 0 1 1 6 |
| 基礎年金番号 | |

| ❹生年月日 | 明・大・昭・㊦・令 | 2 0 0 6 2 5 |

| ❾氏名 | （フリガナ）ハラジュク | （氏）原宿 | トキエ （名）登喜恵 | ❿続柄 子 | 性別 1.男 ②.女 |

| ⓫住所の郵便番号 1 4 3 0 1 2 3 | ⓬（フリガナ）オオタ （住所）大田 | ⓭（フリガナ）オオモリ 市町村 大森 1-2-3 |

社会保険労務士の提出代行者欄

電話番号　03 － 3654 － 3210
＊日中に連絡が取れる電話番号（携帯可）をご記入ください。

＊公金受取口座については、4ページをご確認ください。

⓮ 年金受取機関　※

1．金融機関（ゆうちょ銀行を除く）
②　ゆうちょ銀行（郵便局）
　公金受取口座として登録済の口座を指定

※1または2に○をつけ、希望する年金の受取口座を下欄に必ずご記入ください。
　また、指定する口座が公金受取口座として登録済の場合は、上欄に2にしてください。

（フリガナ）ハラジュク トキエ
口座名義人氏名　原宿　登喜恵

㋐ 年金送金先	金融機関	⓯金融機関コード	⓰支店コード（フリガナ）	銀行 金庫 信組 農協 信連 信漁連 漁協	本店 支店 出張所 本所 支所	⓱預金種別 1.普通 2.当座	⓲口座番号（左詰めで記入）
	ゆうちょ銀行	⓳貯金通帳の口座番号 記号（左詰めで記入） 1 0 1 6 0 - 0	番号（右詰めで記入） 2 4 6 8 1 2 3 1				

金融機関またはゆうちょ銀行の証明欄
※通帳等の写し（金融機関名、支店名、口座名義人氏名フリガナ、口座番号の面）を添付する場合または公金受取口座を指定する場合は、証明は不要です。

※請求者の氏名フリガナと口座名義人氏名フリガナが同じであることをご確認ください。

㋑ 加算額の対象者	氏名	（フリガナ）ハラジュク （氏）原宿	ショウタ （名）昇太	⓴生年月日 令	年　月　日 2 2 0 9 2 1	障害の状態にある・ない	◆㉑診
18歳到達日以降の最初の3月31日までの間にある子および国民年金法施行令別表に定める1級または2級の障害の状態にある20歳未満の子	個人番号	9 9 0 8 4 6 7 8 7 0 0 7					
	氏名	（フリガナ）（氏）	（名）	生年月日 平 令	年　月　日	障害の状態にある・ない	◆㉑診
	個人番号						

1

第5章　遺族年金のしくみと請求手続き　233

⑦　あなたは、現在、公的年金制度等（表1参照）から年金を受けていますか。○で囲んでください。

1．受けている	②受けていない	3．請求中	制度名（共済組合名等）	年金の種類

受けていると答えた方は下欄に必要事項をご記入ください（年月日は支給を受けることになった年月日をご記入ください）。

公的年金制度名 （表1より記号を選択）	年金の種類	年　月　日	年金証書の年金コードまたは記号番号等
		・　・	
		・　・	
		・　・	

「年金の種類」とは、老齢または退職、障害、遺族をいいます。

㉗ 年金コードまたは共済組合コード・年金種別		
1		
2		
3		
㉘ 他 年 金 種 別		

請求者

請求者の「❸個人番号（または基礎年金番号）」欄を記入していない方は、次のことにお答えください。（記入した方は回答の必要はありません。）
過去に厚生年金保険、国民年金または船員保険に加入したことがありますか。○で囲んでください。　　　あ　る　　　な　い
「ある」と答えた方は、加入していた制度の年金手帳の記号番号をご記入ください。

厚 生 年 金 保 険		国 民 年 金	
船 員 保 険			

上　外	❹（外）傷病名	❺（上）傷病名	❻ 診断書	❼ 有年数	❽ 有　年	第三者行為
上　　外 1　・　2					元号	

遺基

❾ 受給権発生年月日	❿ 停止事由	⓫ 停　止　期　間	⓬ 条　文	⓭失権事由	⓮ 失　権　年　月　日
元号　　年　　月　　日		元号　　年　　月　元号　　年　　月	0 1 3 7 0 0 1		元号　　年　　月　　日

遺厚

❶ 受給権発生年月日	❷ 停止事由	❸ 停　止　期　間	❹ 条　文	❺失権事由	❻ 失　権　年　月　日
元号　　年　　月　　日		元号　　年　　月　元号　　年　　月	0 1 5 8 0 0 1		元号　　年　　月　　日

❼ 時効区分		◆終了表示　E　送信

入力処理コード	❶ 進達課所	❶ 進達番号	❷　　生　年　月　日		制度	年金種別
4 3 0 8 0 0			明・大・昭・平・令　年　　月　　日		新法 1	遺族 14

完 了 処 理	❸ 完 了 表 示	1　完　了

3

15 遺族年金の改正について知っておこう

検討段階だが見直しの方向性が発表されている

● なぜ改正する必要があるのか

　令和6年7月30日、厚生労働省（第17回社会保障審議会年金部会）は、遺族厚生年金について、60歳未満で子どものいない配偶者は男女ともに受給期間を5年間とする改正案を発表しました。

　遺族年金の見直しには、遺族厚生年金における男女格差を解消しようというねらいがあります。遺族厚生年金は、死亡した人に生計を維持されていた遺族のうち、以下の優先順位が高い人が受給できます。

ⓐ　子のある配偶者
ⓑ　子（18歳になった年度の3月31日までにあるか、または20歳未満で障害年金の障害等級1級または2級の状態にある場合）
ⓒ　子のない配偶者
ⓓ　父母
ⓔ　孫（子と同様の年齢要件があります）
ⓕ　祖父母

　なお、ⓒ子のない夫、ⓓ父母とⓕ祖父母は、死亡した人が亡くなった日に55歳以上である場合に限り受給権が発生し、受給開始は60歳になってからとなります。

　配偶者には、妻である場合と夫である場合があります。

　ⓐの子のある配偶者では男女格差はありません。年齢要件を満たす子がいる場合、妻であれ、夫であれ、遺族基礎年金と遺族厚生年金が支給されるので、子がいる間は、男女格差はありません。

第5章　遺族年金のしくみと請求手続き

一方、ⓒの子のない配偶者の場合、年齢要件に男女格差が存在しています。子のない妻には年齢要件が設けられていません。年金設計がなされた当時は、就業環境における男女格差が激しく、男性は安定的に就業ができ、収入も高いとみられていたのに対し、女性は就業率も低く、収入も低いものとして考えられていました。そのため妻（女性）は、夫を亡くなると生計を立てられることができないという前提なので、すぐに遺族厚生年金を受給できます。

　子のない夫は、死亡した妻が亡くなった日に55歳以上である場合に限り受給権が発生し、しかも受給開始は60歳になってからとなります。

　夫（男性）は、生計を維持していた妻が亡くなっても、自ら就労して生計を立てられることが可能という考えの下、夫には定年年齢とされてきた60歳まで受給できませんでした。

　しかし、近年、育児介護休業法の改正などにより、女性がキャリアを失うことなく就業を続けられるようになるなど、就業環境が大きく変わり、就業上の男女格差が解消してきています。そのような観点を踏まえて、遺族厚生年金においても男女格差を解消する方向で見直されています。

● 20代から50代に死別した子のない配偶者の遺族厚生年金の見直し

　現在の制度では、子のない妻の場合、夫の死亡時に30歳未満の場合は5年間、30歳以上の場合は期間の定めがなく、遺族厚生年金が支給されています。

　次期改正において、30歳未満の妻に適用されている有期給付の対象となる年齢を段階的に引き上げることが検討されています。また、それまで受給できなかった60歳未満の夫についても有期支給の対象とすることが検討されています。

　これにより男女格差は解消する一方、それまで期間の定めのない給付をもらえた30歳以上の妻が有期給付になることによって、受給期間

が短くなります。そのことから以下の配慮措置が講じられます。

① 現行制度の離婚分割を参考に、死亡者との婚姻期間中の厚年期間に係る標準報酬等を分割する死亡時分割（仮称）の創設が検討されています。これにより、分割を受けた者の将来の老齢厚生年金額が増加します。

② 現行制度における生計維持要件のうち、収入要件の廃止が検討されています。これにより、有期給付の遺族厚生年金の受給対象者が拡大します。

③ 現行制度の遺族厚生年金額（死亡した被保険者の老齢厚生年金の4分の3に相当する額）よりも金額を充実させるための有期給付加算（仮称）の創設が検討されています。これにより、配偶者と死別直後の生活再建を支援することになります。これらの配慮措置を講ずることにより、配偶者と死別直後の生活再建を支援されるとともに、高齢期における生活保障への対応が行われます。

● 中高年寡婦加算及び寡婦年金についての見直し

　中高齢寡婦加算及び国民年金の寡婦年金は、主たる家計の担い手が夫であり、夫と死別した妻がその後就労することが困難である社会経済状況を背景に設計されたもので、現在の女性の就業の進展等を踏まえ、かつ、年金制度上の男女差を解消すべきという観点からも、将来に向かって段階的に廃止することが検討されています。

　なお、廃止にあたっては、激変緩和の観点から十分な経過措置を設けられます。また、葬祭費用を勘案して金額を設定していた国民年金の死亡一時金について、足下の葬祭費用の状況を踏まえて見直しが検討されています。

第5章　遺族年金のしくみと請求手続き　**237**

子に対する遺族基礎年金の支給停止規定の見直し

　　離婚の増加等の子を取り巻く家庭環境の変化を踏まえ、配偶者に遺族基礎年金の受給権が発生しない場合において子の生活の安定を図る遺族基礎年金の目的を達するため、子が置かれている状況によって遺族基礎年金の支給が停止される不均衡の解消を図る必要があります。

　そのため、親の離婚や再婚、あるいは養子縁組など、周囲の大人たちの事情によって置かれている状況が変わりますが、子が自ら選択できない事情によって遺族基礎年金が支給停止されることのないように見直しが検討されています。

　なお、子に対する遺族厚生年金には、生計を同じくする父または母があることによる支給停止規定は存在しません。

　支給停止規定の見直しが検討されているケースは、以下のとおりです。

> ・父の生前に離婚が成立していて、受給権のある子が母（死亡した父と離婚した母）と生計を同じくするケース
> ・父の死亡後に母が他の男性と再婚し、子がその両親と生計を同じくするケース
> ・父の死亡後に祖父母と養子縁組をし、祖父母が法律上の父母となり生計を同じくするケース
> ・父が死亡した際、母の収入が850万円以上あり、生計維持要件を満たしていないとき、母と生計を同じくするケース

　これらのケースのような、生計を同じくする父または母があることによる支給停止規定の見直しが検討されています。

事務所のご案内

櫻坂上社労士事務所

「当事務所に関わるすべての人が幸せになること」を事務所理念として、お客様のあらゆる「困った」を「良かった」に変えることを生きがいとしている社会保険労務士の個人事務所です。

社会的に弱い立場の人が幸せな人生を送る手助けをしたいという想いを胸に秘め、安定した会社員生活を棄てて開業しました。当初は不景気のため、中小企業倒産のニュースを多く聞き「何かできないか」と考え、企業向けの助成金サポートを中心に活動しました。

やがて「障害年金のサポートをしてほしい」という声を聞くようになり、障害年金の手続き代行を開始しました。お客様から寄せられてくる喜びの手紙、感謝のメッセージを励みに、お客様の生活・気持ちを最優先に考えて全力でサポートしています。

また、社会保険労務士の業務から逸脱しますが、障害者の富と幸せを願い、「年金手続きだけでは障害者支援とは言えない」と考え、必要な技術を習得して障害者の社会参加をも積極的に支援しています。さらに「就職したい」「収入を得たい」という切実な気持ちにも寄り添い、就活、起業に必要なノウハウを惜しみなく伝え、障害者の経済活動を支援しています。

障害者雇用を推進しており、率先して障害者にチャンスを提供しています。

主な取り扱い業務

【中小企業様対象】
- ・パワハラ防止社内研修
- ・社員が活き活きする人事評価制度
- ・採用を含む労務管理全般

【障害者の方対象】
- ・障害年金の手続きサポート
- ・障害年金説明会実施
- ・副業・就業・起業サポート

事務所の連絡先

住　所
　〒145-0072　東京都大田区田園調布本町39番8号
　キャッスル田園調布103号室

連絡先
　ＴＥＬ　090-5568-9241　　ＦＡＸ　03-6715-0807
　e-mail　info@sakurazakasp.com
　ＵＲＬ　https://www.syougaisyasien.com（障害年金専用）

【監修者紹介】

林　智之（はやし　ともゆき）

1963年生まれ。東京都出身。社会保険労務士（東京都社会保険労務士会）。早稲田大学社会科学部卒業後、民間企業勤務を経て2009年社会保険労務士として独立開業。開業当初はリーマンショックで経営不振に陥った中小企業を支えるため、助成金の提案を中心に行う。その後、中小企業の業績向上のためには、従業員の能力を最大限発揮させることが重要と考え、従業員が働きやすい社内規程を提供している。また、労働者が安心安全に働くことができる職場づくりのための「パワハラ予防社内研修」の実施や、中小零細企業に特化したモチベーションの向上を図れる「人事評価、処遇制度」の構築を提案している。さらにハイレベルな講師よりコーチングを学び、労働者が抱える様々な問題解決の手助けをしている。

主な監修書に、『障害者総合支援法と障害年金の法律知識』『建設業の法務と労務 実践マニュアル』『給与計算・賞与・退職手続きの法律と税金実務マニュアル』『最新 会社の事務と手続きがわかる事典』『最新 社会保険のしくみと届出書類の書き方』『テレワーク・副業・兼業の法律と手続き』など（いずれも小社刊）がある。

櫻坂上社労士事務所（旧さくら坂社労士パートナーズ）
https://www.sakurazakasp.com/

すぐに役立つ
入門図解　知っておきたい
障害年金・遺族年金受給のためのしくみと手続き

2024年12月20日　第1刷発行

監修者	林　智之
発行者	前田俊秀
発行所	株式会社三修社
	〒150-0001　東京都渋谷区神宮前2-2-22
	TEL　03-3405-4511　FAX　03-3405-4522
	振替　00190-9-72758
	https://www.sanshusha.co.jp
印刷所	萩原印刷株式会社
製本所	牧製本印刷株式会社

©2024 T. Hayashi Printed in Japan
ISBN978-4-384-04954-1 C2032

JCOPY 〈出版者著作権管理機構 委託出版物〉

本書の無断複製は著作権法上での例外を除き禁じられています。複製される場合は、そのつど事前に、出版者著作権管理機構（電話 03-5244-5088　FAX 03-5244-5089 e-mail: info@jcopy.or.jp）の許諾を得てください。